日本人に伝えたい 中国の新しい魅力

日中国交正常化45周年・中国の若者からのメッセージ

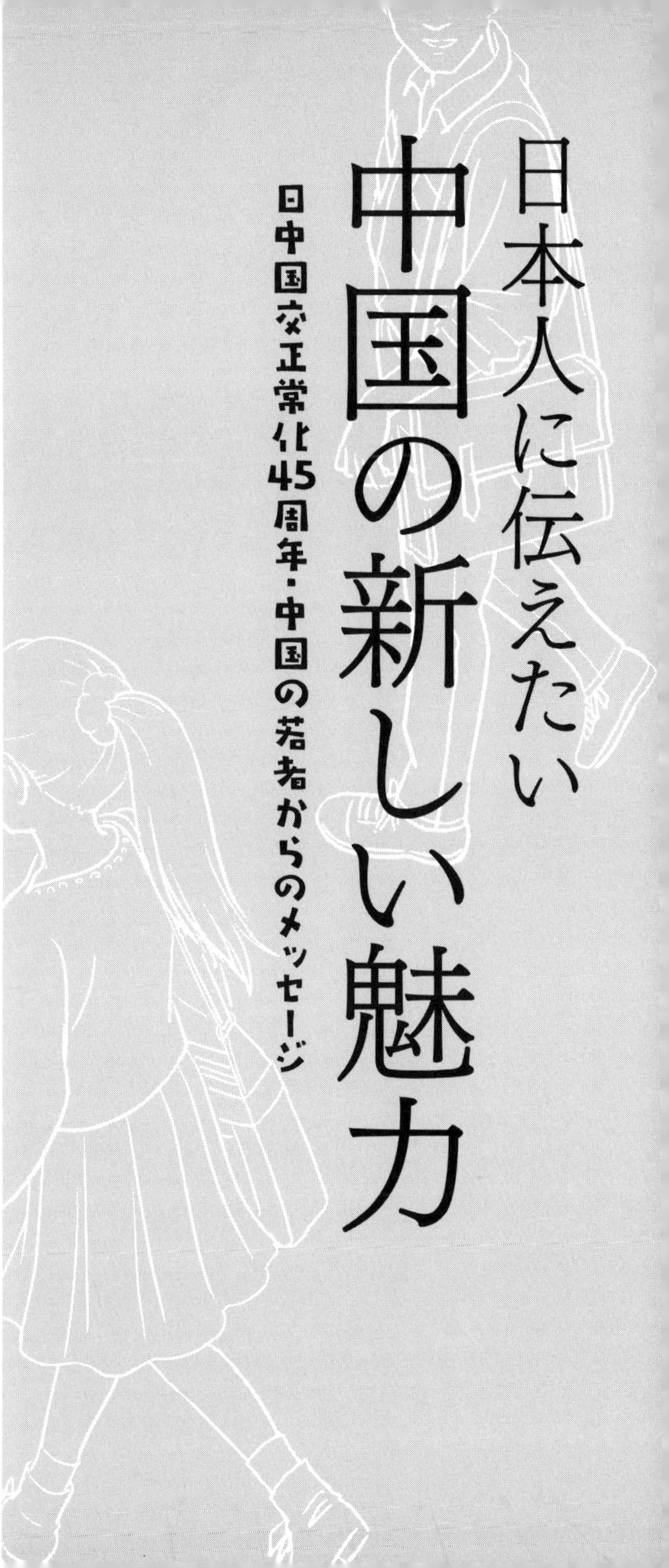

中国人の日本語作文コンクール

［第13回］受賞作品集

日中交流研究所 所長
段躍中 編

日本僑報社

推薦の言葉

石川 好（作家、元新日中友好二十一世紀委員会委員、日本湖南省友の会共同代表）

日中国交正常化45周年の節目の年にあたる２０１７年、日本僑報社・日中交流研究所が主催する「中国人の日本語作文コンクール」は第13回を迎えました。

このコンクールは、日本と中国の相互理解と文化交流の促進をめざして２００５年にスタートしました。以来、中国で日本語を学ぶ学生にとって日ごろの学習の成果を発揮する絶好の機会となり、中国で「最も影響力のある日本語作文コンクール」として広く知られるようになりました。

今やこのコンクールが、学生たちにとって学びの目標の一つともなっています。また作文は一つひとつが中国の若者たちのリアルな「生の声」であり、貴重な世論であるとして、回を重ねるごとに両国の関心を集めています。

ここ数年、難しい時期にあった日中関係も、最近はしだいに改善の勢いが増してきました。２０１７年は国交正常化45周年、来年２０１８年は日中平和友好条約締結40周年の節目の年を迎えます。

こうした前向きな両国関係の背景をとらえ、中国で日本語を学ぶ若者たちの日本語学習熱もますます高まりを見せているようです。今回のコンクールには、中国全土から４０３１本もの作品が寄せられたとうかがいました。テーマは（１）日本人に伝えたい中国の新しい魅力（２）中国の「日本語の日」に私ができること（３）忘れられない日本語教師の教え――の３つでした。

この作文集には、そのなかから厳正な審査を経て選ばれた入賞作81編を収録しています。

毎回のことながら、中国の学生たちの日本語表現力の高さにまず驚かされます。そして、言語学習を通じての日本の社会や文化についての理解の深さ、鋭さにも心底感心させられます。さらには、そうした優秀作の数々を通して、中国の現状や文化に対する私たち日本人の理解がいかに偏っているかを思い知らされるのです。

その意味で、このコンクールは日本語を学ぶ中国の学生たちのレベルアップにつながるとともに、私たち日本人にとっても作文集などを通じて「今の中国」や「本当の中国人」を身近に感じることのできる貴重な機会になるのです。

本コンクールを主催する日本僑報社・日中交流研究所の代表である段躍中さんは、中国湖南省に生まれ、これまで20年余りにわたり日本で出版事業を続けてこられました。と同時に、民間の交流活動である本コンクールに13年間、一貫して取り組んでこられました。

この場をお借りして、13年間努力を続け、中国における日本語教育に大きく貢献するとともに、両国関係の明るい未来のために意義深い活動を続けてこられた段躍中さんをはじめ、関係各社、機関・団体、ご支援ご協力をいただいた全ての皆様に、心より敬意と感謝の意を表したいと思います。

とりわけ今回もこのコンクールに果敢にチャレンジし、外国語である日本語を使いこなして、自分の見方、考え方を率直に「作文」に表現してくださった全ての学生の皆さんに心より感謝を申し上げます。

日本の皆さんには「日本人に伝えたい中国の新しい魅力」に代表される中国の若者の心からのメッセージを、どうか真正面から受け取ってください。そして改めて知られざる中国の魅力や面白さ、不思議さを知り、再認識していただけたら幸いです。

長い歴史的なつきあいのある隣国を「近くて遠い国」と評することがありますが、本書に収められた入賞作は「隣国を遠ざけて考える要因がどこにあるか」を知る手がかりを与えてくれることでしょう。要は、互いに絶え間なく理解を深めること、これに尽きるような気がします。

これからも民間交流活動である本コンクールに変わらぬご指導ご鞭撻をたまわりますよう、そしてこの作文集を引き続きご愛読ご推薦くださるよう、よろしくお願い申し上げます。

２０１7年11月吉日、東京にて

目次

推薦の言葉　石川好……3

上位入賞作品……11

◆**最優秀賞（日本大使賞）**

「日本語の日」に花を咲かせよう……河北工業大学　宋　妍　12

◆**一等賞**

日本人に伝えたい中国文化のソフトパワー……浙江工商大学　邱　吉　15

走り続けるということ……中南財経政法大学　張君恵　18

中国の「日本語の日」に私ができること……青島大学　王　麗　21

里美ちゃんへの返事――中国の新しい魅力「環境保護の価値観」……上海理工大学　黄鏡清　24

故きを温ねて新しきを知る……東北大学秦皇島分校　林雪婷　27

◆**二等賞**

イチジクへの未練……青島大学　王曽芝　30

私も「赤めだか」……南京農業大学　劉偉婷　32

中国の民謡を味わいませんか　青島農業大学　孫夢瑩　34
弄堂と猫　――人情あふれる上海　同済大学　汝嘉納　36
町の味　中国人民大学　王静昀　38
日本人に伝えたい「土楼」の新しい魅力
―土楼の客家が「客」ではなくなったことこそ、世界遺産に―　国際関係学院　余催山　40
忘れられない日本語教師の教え　天津科技大学　李思萌　42
僕の見る「教師」という職業　大連東軟信息学院　李師漢　44
「高級」先生　武昌理工学院　劉淑嫚　46
緑の汽車に乗って、旅に出よう　武昌理工学院　賀文慧　48
自由な世界へようこそ　ハルビン工業大学　杜玟君　50
話芸の魅力である中国の漫才　江西財経大学　王智群　52
忘れられない日本語教師の教え　青島職業技術学院　趙景帥　54
この日、詩は面白いぜ　華僑大学　欧嘉文　56
日本人の知らない中国の「美食」　上海交通大学　陳　艶　58

◆三等賞

忘れられない日本語教師の教え　青島大学　呂暁晨　60
恋せよ乙女　中南財経政法大学　陳　群　62
忘れられない日本語教師の教え　杭州師範大学　陳月園　64

「日本語の日」に経験談を……清華大学　王婧瀅　66
勿体無いこと……長春師範大学　劉思曼　68
忘れられない日本語教師の教え……恵州学院　葉奕恵　70
忘れられない日本語教師の教え……電子科技大学　陳妍宇　72
多面中国　1＋1＞2……華僑大学　傅麗霞　74
ごはん食べた？……浙江農林大学　李夢倩　76
「日本語の日」に、私たちのできること……中南財経政法大学　李婉逸　78
その気にさせる天才……中南財経政法大学　陳馨雷　80
電子マネーを使ってきれいに会計……青島農業大学　宗振宇　82
「日本語の日」への手紙……西南民族大学　高　潤　84
後輩に伝えたい　―自分の努力で周りが変わる―……菏澤学院　鄭秋燕　86
シェアリングエコノミーは中国で！……河北大学　郭　禕　88
世界を読み、世界を歩む……上海市晋元高級中学　史藝濤　90
私の人生を変えた張先生……東華大学　孫婧一　92
電子決済からキャッシュレス社会への思考……寧波外国語学校　王澤一　94
白紙の原稿用紙を前にして……許昌学院　蔡方方　96
託された思い……許昌学院　劉海鵬　98
日本人に伝えたい中国の新しい魅力……大連海事大学　楊　悦　100
日本の皆さん、中国の風情を感じてください……山東財経大学　楊晴茹　102

WeChatを生かして、日本語の日を一層盛り上げよう……上海海洋大学　顧　徐　104
心に根を張る あの先生の教え……上海杉達学院　劉　通　106
タイ族の工芸品……中南民族大学　玉　海　108
私と小川先生……湖南大学　胡茂森　110
忘れられない日本語教師の教え……広東外語外貿大学　蘇暁倫　112
日本が大好きな私ができること……信陽師範学院　梅瑞荷　114
中国の「日本語の日」に私ができること――橋……嘉興学院　馬瀅哲　116
忘れられない日本語教師の教え……武漢理工大学　張天航　118
将来を見る夢……東華大学　劉小芹　120
客家文化の魅力……広東海洋大学　葉忠慧　122
日本人に伝えたい中国の新しい魅力……天津工業大学　王偉秋　124
消えない渡辺先生との思い出……大連東軟信息学院　胡芷媛　126
愛する火鍋……西南交通大学　郭　鵬　128
農民工の笑顔……東華理工大学　周　湾　130
漢服を着て、京都に行こう……江西農業大学南昌商学院　呉夢露　132
すばらしいって……海南師範大学　張少東　134
印象を知識にする……中国人民大学　成悦平　136
美しい雨が降る街――上海……同済大学　徐雨婷　138
忘れ難い先生の教え……淮陰師範学院　史　蕊　140

好きな仕事を探そう！……東莞理工学院 姚文姫 142
小さいけど、おもしろい！……華僑大学 陸　湘 144
忘れられない日本語「教師」の教え……天津科技大学 劉雅婷 146
忘れられない日本語教師の教え……大連大学 鍾一棚 148
お辞儀……寧波工程学院 瀋君艶 150
忘れられない日本語教師の教え……大連工業大学 王　炎 152
正義の逆は正義……浙江農林大学 牟雨晗 154
忘れられない日本語教師の教え……吉林華橋外国語学院 張　婧 156
公共自転車が見せてくれた光景……青島農業大学 鄭　凱 158
「中国らしい」ということば……華東政法大学 姚子茜 160
日本のみなさん、中国現代文学を味わおう！……中国海洋大学 丁昊天 162
トンパ文字と日本の絆……大連外国語大学 張　典 164
普段の中国を味わって！―中国の大豆加工食品はスゴイ！―……常州大学 陳　研 166
中国の本屋さんの新しい魅力……山西大学 張宇航 168
サンザシと胡桃の里「垣曲」……運城学院 張家福 170
難しいことを易しくして……楽山師範学院 竇金頴 172
古くて新しい、中国の「古風音楽」……南京信息工程大学 呉　凡 174
日本人に伝えたい中国の新しい魅力……山西大学 馬　瑞 176
中国における「臭い文化」……安徽大学 劉　琴 178

特別収録
私の日本語作文指導法 …… 181
読みたくなる作文とは …… 河北工業大学　高良和麻 182
文中での出会い …… 浙江工商大学　賈　臨宇 186
感動はここからはじまる～授業外活動からの作文指導アプローチ～ …… 中南財経政法大学　中村紀子 189
日本語作文に辞書を活用しよう …… 青島大学　張　科蕾 193
私の日本語作文指導体験―オリジナリティのある面白い作文を目指して …… 上海理工大学　郭　麗 196
私の日本語作文指導法 …… 浙江師範大学　濱田亮輔 200
私の作文指導―生活作文とエッセイを中心に― …… 菏澤学院　田中弘美 203

特別寄稿
審査員のあとがき …… 湖南大学　瀬口　誠 207

第十三回　佳作賞受賞者 …… 219
第十三回　開催報告と謝辞 …… 223

特別掲載
第十二回中国人の日本語作文コンクール
授賞式開催報告 …… 237
最優秀賞・日本大使賞受賞者の日本滞在記 …… 243

付録　過去の受賞者名簿・関連報道 …… 249

第13回

中国人の日本語作文コンクール

上位入賞作品

最優秀賞（日本大使賞）

宋妍　河北工業大学

一等賞

邱吉　浙江工商大学

張君恵　中南財経政法大学

王麗　青島大学

黄鏡清　上海理工大学

林雪婷　東北大学秦皇島分校

二等賞　15名

三等賞　60名

☆最優秀賞　テーマ「中国の『日本語の日』に私ができること」

「日本語の日」に花を咲かせよう

河北工業大学　宋　妍

去年11月、日本人の先生と大学の食堂へ食べに行ったときの出来事だ。お店の前で、先生と日本語でやり取りしていると、中国人の調理師さんが興味津々でこちらをジロジロ見ていて、突然「あのう、日本人ですね。この牛肉ラーメンが一番美味しいですよ。お勧めですよ」「こちらでゆっくりお待ちください。出来上がったら、お呼びしますよ」と親切にゆっくりとした中国語で先生に話してくれた。以前は珍しい光景だったが、昨今このような優しい対応が増えている現状に、先生は驚きというよりは、むしろ喜びを感じているように見えた。

「日本人とペラペラ話すなんてすごいじゃん。私にも簡単な日本語を教えてくれない？」と調理師の彼は丁寧に私に頼むやいなや、日本についていろいろ聞いてきた。なるほど、日本に興味を持っている人は少なくないのだ。

今日、日中貿易が盛んになっているため、中国に進出した日本人や、日本に第一歩を踏み出して日本文化を味わう中国人が次第に多くなっている。頻繁な日中交流の流れのおかげで、中国人の日本人に対する印象も徐々に良くなってきただろう。のみならず、日本語や日本人をもっと知りたいという中国人も多くなってきているようだ。だが、残念なことに、日本や日本語に触れ合える場が少ないという問題がある。「日本語の日」は、これを打開するのに、まさにうってつけの火付け役に違いない。

ある日の授業で見たビデオで、東日本大震災で被災者がどれだけ大きな被害にあったのか身にしみるほど感じた。そして、NHKで「100万人の花は咲く」のミュージックビデオの活動も知った。日本人はもちろん、オーストラリア人までもビデオを投稿した。外国人が歌うと、メロディーにあまり合っていない子供みたいな歌声だったが、いつの間にか、励ましの声が心の底に届き、私もやりたい思いにかられ、職業を問わず、大学構内にいる人に声をかけて誘ってみた。予想外に、歌ってくれた人は多かった。

最も印象に残ったのは、大学の食堂で働いている青年だ。

「あのう、すみません。日本語が全然わかりませんが、参加してもいいですか？」と私は調理師の服装をした彼に声をかけられたので、「はい！ もちろんできますよ。教えますから」と答え、日本語の五十音図からメロディーまで教えた。発音はそれほど正しくなかったが、彼は心を込めて大声で歌ってくれた。

彼のお母さんはお金を稼ぐため、現在日本で働いている。残念なことに、2011年お母さんは日本で地震に遭ってしまった。もともとお母さんとの連絡は少なかったが、その時通信が完全に途絶えてしまったので、心配でいてもたってもいられなかったと教えてくれた。幸いなことに、日本人のボランティアは、彼のお母さんを助けてくれ、地震発生から数日後、彼は連絡が取れた。母を助けてくれた恩返しをずっとしたいと思っていた彼は、今回の活動はちょうどいい機会だと語ってくれた。

今年の母の日に、彼は撮影した動画をお母さんに送ると、受け取ったお母さんは、そんな彼を誇りに思い、すぐに周りの日本人に見せたそうだ。みんな「いいね」と言ってくれた。小さなことかもしれないが、その価値はみんなに認められた。

この一人の青年のおかげで、参加者が増え、中国人の運転手さんやケニア人の院生も参加してくれた。参加者の幸せな笑顔は、まるで花が鮮やかに咲き誇っているようだ。

「日本語の日」に私一人では大したことができないが、日本語を学びたい中国人や、日本の何かの役に立ちたい中国人など、日本語や日本に触れ合いたい一人でも多くの人と共に、日本語を学びながら、「花は咲く」という歌を歌えば、日本人の心を癒すことがきっとできるはずだ。

今、私の大学の人々は「花は咲く」を歌っている。今はまだ小さな活動だが、これが中国全土に広がり、いつか国境を越え、山を通り抜け、日本人の心に届くと信じている。

（指導教師　高良和麻）

宋妍（そう・けん）

1995年、河北省出身。河北工業大学日本語学部3年。この作文コンクールへの参加は、今回が初めて。

作文は「中国の『日本語の日』に私ができること」がテーマ。東日本大震災の復興支援ソング「花は咲く」のビデオ制作活動を知り、周囲の人たちを誘って実際に歌った経験を交えて「日本語の日」に日本人の心にこの歌を届けたいと綴った。

受賞の感想は「多くの作品から選ばれ、涙がこぼれ落ちるほどうれしかった。日中友好のためにチャレンジした小さなことが認められたようで感動した」。そしてこれからも「今やっている『花は咲く』活動などを続け、日中友好に尽力するとともに日本語能力をさらに向上させたい」と意欲を燃やす。趣味は「スピーチ、ものまね、人間観察」をすること。

◉一等賞　テーマ「日本人に伝えたい中国の新しい魅力」

日本人に伝えたい中国文化のソフトパワー

浙江工商大学　邱　吉

私が日本人に伝えたい中国文化のソフトパワーは漢方医学だ。

私の出身は中国の広西チワン族自治区だ。うちはもともと地元の漢方に関わる家柄で、先祖が残した優れた医術を代々受け継いできた。

しかし、時代が変わって、西洋医術に人気がどんどん集まり、その影響から漢方医学は衰退してしまった。父は後継の役目を諦め、普通の会社員になった。一人息子の私は、新しい後継者になるべく、物心ついた時から、薬草の匂いの溢れる薬局で、祖父の問診している姿を見ながら育ってきた。しかし、漢方には全然興味を持っていなかった。毎日薬局にくる患者さんも少ないし、お金を稼ぐどころか、毎月赤字だった。そんな状況を見ていられなくて、「お爺ちゃん、どうしてそこまで漢方に拘るの。こんな店、早く閉めたほうがお爺ちゃんも楽になるでしょう？」と、ある日そう言った。祖父は何も言わずにただ笑いながら私の頭を優しく撫でてくれて、また仕事に戻った。

何より漢方を大事にした祖父の気持ちが、その時の私には理解できなかった。

２０１０年の12月、祖父はとうとう過労で倒れた。薬局は閉めることになり、心の支えを失った祖父は毎日ぼんやりしていた。しかし、ある日突然、一人のおばさんがうちに駆け込んできた。

「先生、お願いします。どうか母を助けてくださ い」と言い、とても焦っている様子だった。そのおばさんのお母さんは階段から落ちて、右足を怪我した。立つこともできないお婆さんを病院に連れていったら、高齢で手術するのも非常に危険だし、有効な薬もないし、もう助ける方法はないと言われた。途方に暮れているとき、おばさんはかつて有名だった漢方の先生、つまり祖父を思い出し、助けを求めに来たのだ。

祖父は自分の体のことも考えずに、すぐに往診に行った。毎日針灸の治療を施すだけではなく、体に優しい薬草を煎じて薬にしてお婆さんに飲ませた。祖父の命がけの努力の甲斐あって、お婆さんの右足が段々動くようになって、最後は自力で立てるようになった。

その時のお婆さんの喜びの涙と祖父の幸せそうな顔は一生忘れられない。西洋医術に人気がどんどん集まった時代に、これは正に中国の新しい魅力――漢方医薬の力だ！

祖父がなくなってもう四年が経った。漢方の後継役は叔父が務めることになり、今もその小さい薬局で、祖父の一番大切な遺産を守り続けている。今の私は大学の日本語科に入ったが、休日にはちゃんと漢方の勉強をしている。いつかきっと、頭を撫でてくれているときの祖父の気持ちが分かると信じている。

陰陽五行説の基盤に立って論ぜられていた漢方医

学は二千年の歳月を経て、今は国際化されている。シンガポールでは漢方は政府に認められて、ここ数年間に大変な人気となり、国民から愛されている。アメリカでは、漢方の針灸治療は法制化されて、二万人以上のアメリカ人が免許を得て、針灸に関する仕事をしている。日本では、漢方医学に関する仕事に就いている人は十万人を超え、さらに年々増えている。そして漢方医学教育を行う世界初の針灸大学も設立された。

　先祖の知恵の結晶――漢方医学は確実に、全世界に大きな影響を与えている。漢方医学によって、韓国や日本で独自の発展を遂げ、特に日本の医薬品メーカーは伝統中国医学の古典「傷寒論」にある複数の漢方方剤について権利を取得している。また、ここ数年、漢方医薬の効き目が次々に立証され西洋医学との併用で大きな成果を挙げているのだ。

　今、中国漢方が医療の在り方を大きく変え始めている。近年、中国政府は保険制度を改革し、もともと西洋の医療に比べて割安だった伝統医療に新たに保険を適用させた。

　中国漢方は中国人の誇りであり、中国の新しい魅力であり、私が一番日本人に伝えたい素晴らしい中国文化のソフトパワーだ。

（指導教師　賈臨宇）

邱吉（きゅう・きつ）

　１９９３年、広西チワン族自治区出身。浙江工商大学日本語学部4年。この作文コンクールへの参加は今回が初めてだが、コンクールについて知ったのは２０１５年３月、中国大学生訪日団で初来日した際、主催者である日本僑報社の段躍中編集長の講演を聞いたことからだったという。

　作文コンクールには大学2年の当時目標を持ちはじめ、「卒業までには」と4年の時に思い切って作品を応募。「運命は努力したものに偶然という橋をかける」と一定の自信をのぞかせながらも「今回の受賞は予想外だった」と率直な喜びを語る。

　２０１７年の秋現在、関西大学大学院修士課程（1年）に在学中。「この受賞をきっかけに、さらに学力を磨きたい」。趣味は「音楽、アニメ、スポーツ」に関すること。

◉一等賞　テーマ「忘れられない日本語教師の教え」

走り続けるということ

中南財経政法大学　張君恵

「私の言葉を世に届けたいというキミの気持ちは、そんなものだったんだね」。中村先生の言葉が心に突き刺さった。それとともに、この半年のできごとが頭の中に、次々に浮かんでくる。

私は昨年の第12回作文コンクールで、思いがけず一等賞をいただいた。段躍中先生が言うとおり、一編の作文が私の人生を劇的に変えた。一等賞のおかげで、日本大使や上海総領事をはじめ、たくさんの方々と出会い、私の世界はどんどん広がっていった。

北京のステージで、世の中に中村先生の声を届けたいと大きな声で紹介したネットラジオ番組「中村ラジオ」も、あれから順調に成長している。この1年間で登録リスナー数は1万人も増え、3万3千人になり、番組の総再生回数は314万回を上回った。初めて会った人がラジオの大ファンだったなんてこともよくあり、中村先生を知っている人が爆発的に増えた。

私も人から紹介を受けるたびに「全国一等賞」と言ってもらえるようになった。頑張ることが嫌いだった私は、頑張る意味を知り、一生懸命に頑張った結果、大きなご褒美を手にした。達成感って、こんなに気持ちがいいものなんだ。なんだか万事うまくいっているような気がしていた。

そして、今年もこの季節がやってきた。第13回作文コンクールのスタートだ。私の作文が掲載された作品集を読んで、自分の作文もぜひ本に載せたいと、後輩たちは、さらに気合が入っている。この調子だと100作品提出も問題なさそうだ。今年の5月は後輩に作文の書き方でもアドバイスしながら、ゆっくり過ごそうと思っていた。

ところが、中村先生の言葉は、私を一瞬で凍り付かせた。「今年も書いてね。いい作文を期待しているよ」。いつもの明るい声で、先生は今年も作文を書くように言った。私はその場で断った。去年の一等賞で、先生の言葉を世の中に届けるという目的は達成できたと思ったからだ。

すると先生は静かに言った。「私の言葉を世に届けたいというキミの気持ちは、そんなものだったんだね」と。いいえ、決してそういうわけじゃない。いつまでも先生の言葉を届けていきたいと思ってる。でも……。

「作文はコンクールのためだけに書くものなの？思いを伝えるために書いたって、自分が北京で言ったんでしょう。まだチャンスがあるのに、どうして書くことをやめてしまうの？」。その通りだ。去年までの私ならきっと目を輝かせて、作文を書く準備を始めたことだろう。でも、今の私にはコンクールに参加する勇気がなかった。二年連続で一等賞に選ばれた人なんて誰もいないのだ。何もしないで、ずっと第12回の一等賞のままでいたかった。

「普通は一等賞をとれば、その次は参加しないだろうね。でもね、過去にしがみついている自分を壊し、それを乗り越えなくちゃ、もっと大きな自分には出会えないよ」。先生はいつものように、私の目をじっと見ながら力強く言った。

ぐずぐず立ち止まっている私を尻目に、先生はずっと走り続けている。ミニブログやウィーチャット（微信）の一言日記を怠らずに毎日更新し、コメントには一つ一つ丁寧に返事を書く。おもしろいアイディアが次々にわき出し、新しい企画をどんどん打ち出している。

とうとう「中村チャンネル」を立ち上げ、生放送のトークショーやビデオの世界にもデビューしてしまった。最近では作文コンクールのＰＲ番組まで作って、世の中にせっせと作文コンクールを宣伝している。

急いで追いかけなきゃ。先生の言葉を世の中に届けるのは私の役目なんだから、いつまでも過去の栄光にしがみついてはいられない。そう覚悟を決めたら、ババンっと未来に立ち向かっていく勇気が出てきた。

確かに一編の作文で私の人生は変わった。ならば、もう一編の作文で私の人生はさらに大きく変わるはずだ。もう何も迷わない。これからも私はこの世の中に中村先生の言葉を伝えていく。先生の熱い言葉をみんなが待っているのだから。

（指導教師　中村紀子、森田拓馬）

張君恵（ちょう・くんけい）
１９９１年、湖北省出身。中南財経政法大学外国語学院大学院２年。この作文コンクールへの参加は前回（第12回）に続いて２回目で、受賞も２年連続の１等賞受賞となった。本コンクールで連続しての１等賞受賞は初の快挙。

受賞の感想は「大変うれしく思う。実は、昨年思いがけず1等賞をいただき、達成感からか何かに挑戦する気持ちをしばらく失くしていた。その時、臆病になった私を励まし、もう一度挑戦する力を与えてくれたのが中村紀子先生だった。また作文の奥深さについて指導くださった照屋慶子先生にも感謝の意を表したい。これからもこの気持ちを忘れず、何事にも勇気を持って挑戦していきたい」。現在は大学院に通いながら、引き続き中村先生のネットラジオ番組「中村ラジオ」の制作に携わっている。

◉一等賞　テーマ「中国の『日本語の日』に私ができること」

中国の「日本語の日」に私ができること

青島大学　王　麗

「麗ちゃん、来週青島へ旅行に行くんだけど、よかったらちょっと案内してくれない？」

先日、日本人の友達A君から旅行の案内を頼まれました。「いろんな観光地を回りたいけど、中国語が分からなくてね」と、私をたよってきたようでした。

実は、日本語を勉強してからの3年間、私は何度もこのような依頼を受けました。「観光地に日本語の説明看板がほとんどないから、ただ見るだけで、この建物は何のために建てられたのか、この彫刻にはどんな意味があるのか、よく分からない。説明してくれる人がいると本当に助かるよ」。一緒に青島を観光していた時、A君がそう言いました。

確かに、日本人観光客がガイドブックに載っていない建物などに興味を引かれた場合、詳しいことを知りたくても、説明看板がなければ旅行の楽しみも半減してしまうでしょう。中国語の説明看板だけあっても、中国語のできない日本人観光客にはあまり助けになりません。

毎年青島へ観光に来る日本人は多いのに、残念ながら青島に日本語の説明看板が少ないのが現状です。八大関、桟橋、五四広場、ビール博物館などとても有名な観光地の中で、日本語の説明看板があるのはビール博物館だけです。

青島だけでなく、中国のほかの観光都市でも大体同じ様子です。最近中国を訪れる日本人が減少しているなか、どうすればこの近くて遠い「隣人」と心の距離を縮めることができるか、真剣に考えるべきです。

私は自分と仲間たちとの努力でできそうなこととして、観光地に日本語の説明看板をふやすことを提案します。中国を訪れた日本人観光客が日本語の説明看板を目にするだけでも、中国が日本人を歓迎していることを感じ取ってくれるのではないでしょうか。日本の友人が中国に対して心温まるイメージをいだいてくれることを願います。それほど簡単なことではないかもしれませんが、私の提案に賛成してくれる日本語学習者を集めて、みんなで一緒に努力して、12月12日に行われる「日本語の日」にその成果を展示し、日本の友人にこの新たな魅力をアピールしたら、日本人観光客の増加に少しでも役に立てるでしょう。

では、具体的にどうすればいいのでしょうか？

まず、ネットで調査を行って、日本人に人気のある青島の観光スポットを調べ、その中から人気度の高いベスト5を選びます。

次に、青島の日本語学習者からボランティアを募集します。ボランティア全員でその観光地に足を運び、中国語の説明看板がある場合はその写真を撮ります。その後グループに分かれ資料を調べたり、先生の助けを求めたりして、正しい日本語で説明文を作成します。作成したら、一つ一つの説明文に対するＱＲコードをつくります。

最後に、関連部門に連絡して、ＱＲコードを説明看板につけるようにお願いします。これが出来上がれば、観光客はスマートフォンでＱＲコードを読み取るだけで、日本語の説明を見ることができます。

もし12月12日までにみんなの力で全部完成できたら、その日に成果を展示して、日本の友人にこの新しい魅力を紹介します。万が一できなくても、青島にいる日本の友人や中国の日本語学習者を招き、日本語・中国語講座を開いて、私たちの成果の一部を紹介することができます。日本語の上達に役立つ上に、グループ全員が一生懸命努力した姿を見せることによって、日本の友人と心をかよわせることができるでしょう。

もしこの提案が実施に移されれば、参加する人たちは楽しみながらいろいろなことを学び、日本語能力を伸ばし、いい経験になると思われます。微力な学生ですが、日本人観光客の増加に少しでも貢献できれば幸いです。

「日本語の日」には、私のこの提案を紹介し、日本の友人に観光地の新たな魅力をアピールし、「日本語の日」を実り多き日にしたいと思います。

（指導教師　張科蕾、小川郁夫）

王麗（おう・れい）

１９９６年、山東省出身。青島大学日本語学部３年。この作文コンクールへの参加は今回３回目で、受賞は初めて。

日本語を学び始めた当初は「日本語が好きではなかったので、勉強がちょっと苦しかった」と振り返るが、「大学３年生の時、日本語を通して多くの日本人と友達になった。だんだん日本語が好きになり、今回の作文も日本の友人に便宜を図りたいと思って書いた」という。さらに作文については「受賞するためだけに書いたら意味がないと思う。もっと重要なのはそのアイディアを実行すること」として、「これからも一層努力し、『日本語の日』に作文に書いた理想の成果を示したい」と次なる目標を掲げている。趣味は、ウクレレ。

◉一等賞　テーマ「日本人に伝えたい中国の新しい魅力」

里美ちゃんへの返事――中国の新しい魅力「環境保護の価値観」

上海理工大学　黄鏡清

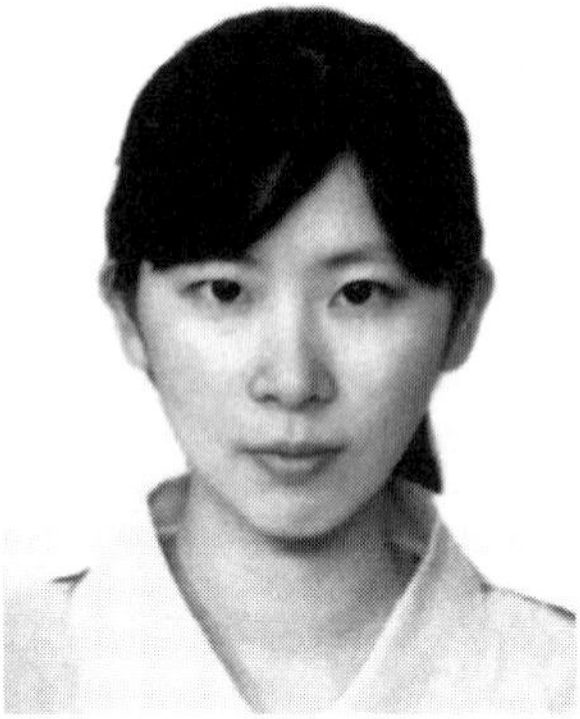

拝復　里美ちゃん

お久しぶり！　最近どうしてる？　別れてもう半年経ったね。去年九月、大学の短期プログラムで来ていた里美ちゃんと一緒に過ごした日々が、昨日のことみたいだよ。一緒に授業を受けたり、食事したり、上海のあちこちを歩き回ったり、ほんとうに楽しかったよね。

里美ちゃんはこの間のメールの中でこんなことも言ってたね。

「中国って本当に広い。歴史的景観も多いし、料理も地方色が豊かだから、あちこち行ってみたいな」。里美ちゃんがそう言ってくれて、私もうれしい。でも里美ちゃんは町の人々のよくないマナーや習慣なども見ていたから、そのことで中国へのマイナスの印象を持ってしまったよね。

「どうして中国人はいつも公共の場所で騒がしくするの？　どうしていつも気軽に道ばたにゴミを捨てたり、つばを吐くの？　中国人のマナーってその程度？」。里美ちゃんは正直な子だね。ここまで言われると、中国人として恥ずかしくなってしまうよ。

里美ちゃんの親友だから私も正直に言うね。実はあの時、私は中国人としての誇りが傷ついたの。同時に、人々のこういうふるまいは、ちょっと注意したり文句を言ったりしても、簡単になくなるものじゃないって感じた。だから私、「この国をきれいで清潔な国にする。そのためにも、自分だけじゃなく、みんなでがんばって環境問題に取り組もう」って決めたんだ。

それで去年の十二月、「グリーンバード」っていうゴミ拾いNPOの活動に参加したんだ。「きれいな街は、人の心もきれいにする」をコンセプトに、日本の原宿・表参道から始まった団体。上海にいる日本人を中心に、最近、この町でも活動が広がっているの。中日両国の青年たちがお揃いのユニフォームを着て、月一回、ゴミ拾いボランティア活動をしているのよ。この活動に参加している間、プロジェクトの日本人リーダーと何度も話をした。ちょっとその会話の一部を思い出してみるね。

「なぜ日本の町は上海より清潔なんですか？」

「うん、そうだね、ぼくたち日本人の多くは、幼い頃からずっと、環境を大切にしなさいって教育されてきたものさ」

「多くの中国人の大人たちは、特に何も考えずポイ捨てしてるんです。でも一方で、グリーンバードに参加するような中国の若者も増えてきましたよ」

「確かに」

「私、グリーンバードに出合えて良かったと思ってます。ここでの活動のおかげで、私たち中国人は、今の中国に足りないものが何なのかに気づくことができます。でも、やはり中国の環境を守る活動の主役は、中国人自身でなければなりませんよね」

最近もグリーンバードの活動があって、私も参加した。そしたら、これまでの活動の成果として、路上に捨てられている吸殻・ペットボトルなどの量が明らかに減ってきているし、街の人々の注目や支持も集まってきているんだって。

上海ではそれ以外にも新しい動きがあったのよ。「シェア自転車」って知ってる？　今、中国各地で大ブームなの。この動きが広がってきたことで、中国では「もう一度自転車に乗って環境を守ろう」という流れが起きているんだ。中国もどんどん変わってきてるんだな、と思わない？

今の中国では、多くの若者が私と同じように、「自分たちの行動を通して中国の環境を守りたい」と思って、実際に行動しはじめている。最近私は、大学内でゴミ分類についての学生意識調査をやったんだけど、環境保護の価値観が確実に定着してきている、ってわかったのよ。こういう価値観が持った人々が、これからの中国を担っていく。そのことが中国の新しい魅力だと言える日が、もうすぐ来るんじゃないかな。

また里美ちゃんに会いたい。一緒に上海の街でシェア自転車に乗ろうよ。私ももっと勉強したり、ボランティア活動をしたりしながら、里美ちゃんが来るのを待ってるからね。またお会いできる日を楽しみに。

敬具

（指導教師　郭麗）

黄鏡清（こう・きょうせい）

1996年、福建省出身。上海理工大学日本語学部2年。この作文コンクールへの参加は、今回が初めて。

国際電話により口述審査を受けた際は「突然、作文の内容から将来の進路まで聞かれて、ちょっと緊張しました。日本語を書くのは先生のご指導のもと何とかなっても、話すのはまだまだで、もっともっと努力する必要があると痛感しました」と反省をバネに奮起している。

今回の受賞作で描いた〝交流〟については「中日友好がいつまでも続くためには、中日両国の国民間の友好交流が必要。日本語の勉強を契機に多くの日本の友人を持つ私は、平和の伝書鳩として、中日友好のために努力したい」とその実践に大きな希望を抱いている。趣味は、テニス。

◉一等賞　テーマ「日本人に伝えたい中国の新しい魅力」

故きを温ねて新しきを知る

東北大学秦皇島分校　林雪婷

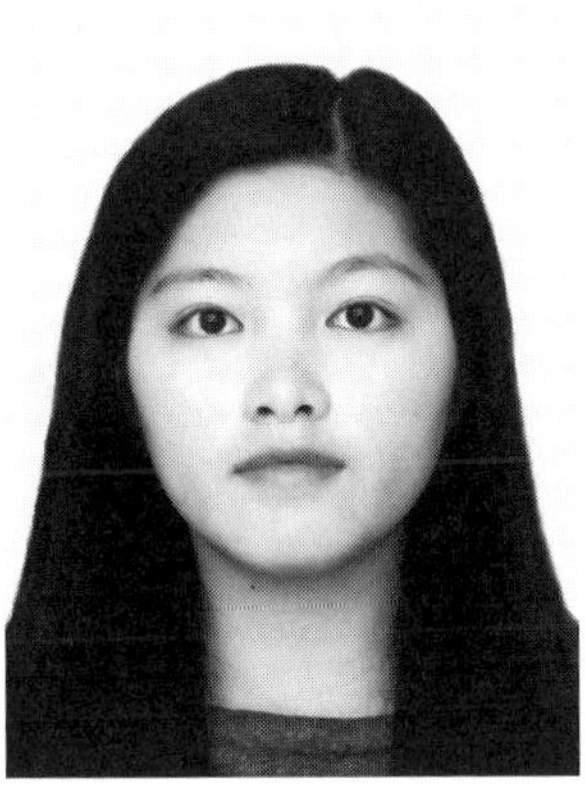

カンカン、コンコン、ダダダダン。

剣がぶつかり、影が舞う。足音が響き、棒と槍をかいくぐる。

私の故郷、広東省の掲陽市にある伝統舞踊がこの「英歌舞」だ。日本の時代劇の殺陣や中国拳法の演舞にストーリーをつけたものと言えば想像しやすくなるだろうか。そのストーリーは日本でも有名な水滸伝だ。

幼い私は、初めておばあちゃんに連れられて見に行ったとき、伝統にも舞踊にも興味がなかった。家でアニメを見たほうがいいと思っていた。遠くから豪傑たちの隈取が目に入った。踊りじゃなくて演劇なのかと思ったとき、突然、銅鑼と太鼓が鳴り響いた。両手に短い棒を握り、跳びながらダダダッと演者が集まってきた。始まる！　おばあちゃんのことも忘れて、わくわくしながら、次の動きを待っていた。

演者たちが隊形を組み、その隊形が颯爽と変わっていく。円陣になり、方陣になり、八の字になり、放射状になる。一斉に走り、止まり、向きを変え、動きを変える。目の前の演者が、さっと後列の演者と入れ替わり、目を奪う。銅鑼と太鼓に合わせた一糸乱れぬ動きは、まさにダンスだ。カンコンと棒を撃ち合う音が、ダンという足音の響きに重なって心地よい。

舞台の場面が変わり、弥勒菩薩の仮面を被った演者が現れたら、楽器が静かになった。もう終わったのかなとおばあちゃんの方を向いたら、おばあちゃんが笑顔で舞台を指差した。そのとき、また銅鑼と太鼓が打ち鳴らされた。いつのまにか、棒が剣に変わり、槍に変わり、突き、切り、殴り、蹴る。一対一で闘っているかと思えば、二対二になり、さらに仲間が増え、敵が増える。英雄たちの目まぐるしい活躍に目がくらむ。上から下から右から左から攻撃し、それを前に後ろに横に斜めに回転しながら危機一髪で避け、それでも隊列は崩さない。目の前で見る争いの迫力に怖くなり、おばあちゃんの手を握り締めた。

ハラハラ、ドキドキする戦いが終わり、周りから拍手が湧き起こる。私も両手が赤くなるほど手を叩いた。急に拍手が静まる。鉄の警棒を持った朝廷の役人が白馬に乗って現れた。反対側から坊主頭の魯智深が登場した。傲慢な役人が魯智深に敗れ、白馬から転げ落ちて逃げ去る。その後ろ姿を観衆の大爆笑が追いかける。私も胸がすっきりした。豪傑たちの正義感、仲間を救う義侠心、そのかっこ良さに身震いした。

そんな私の様子を見て、おばあちゃんは何度も何度も歌舞劇に連れて行ってくれた。でも、何度も見るうちに、ストーリーがいつも同じだということに気付いた。先が読めるから、興奮が冷め、正直、飽きてきた。

「おばあちゃんは飽きないの？　どうして、そんなにこの英歌舞が好きなの?」

また誘われたとき、私はとうとう我慢できずに訊ねた。

「おばあちゃんにはね、辛くて苦しいときがたくさんあったんだよ。そんなときに、この英歌舞がいつも勇気をくれたんだ」

笑顔で優しいおばあちゃんの予想もしない答えに私は黙ってしまった。

「文革で世の中が変わり、誰もが批判闘争に夢中になったとき、誰を信じていいかわからなくなった。心に霧がかかった辛いとき、あの英歌舞を見て励まされた。その感謝の気持ちがあるから英歌舞を何度も見に行くし、お前が苦しいときにも英歌舞に励ましてもらいたいから何度も連れて行くんだよ」

私が知らなかったおばあちゃんの辛さと優しさを知り、涙が出そうになった。大学生の今なら、おばあちゃんの気持ちがもっとわかる。この英歌舞は清朝末期から故郷で流行したもの。アヘン戦争という辛く苦しい時期があったからこそ、この英歌舞が民衆を励ましてきた。温故知新の言葉の通り、伝統を教わることで私は多くを発見できた。

このリズミカルで胸踊る英歌舞は、残念ながら日本人に知られていない。困難を乗り越えた世代が、自分たちも孫の世代も励ます英歌舞。この伝統と心を、日本人が知らない新しい魅力として、私は日本人に伝えたい。


(指導教師　邢雅怡、濱田亮輔)

林雪婷(りん・せってい)
1996年、広東省出身。東北大学秦皇島分校日本語学科2年。この作文コンクールへの参加は、今回が初めて。
作文は「日本人に伝えたい中国の新しい魅力」をテーマに選び、ふるさと広東省掲陽市に伝わる勇壮な舞踊「英歌舞」について書いた。「家族にいろいろ教えてもらい、先生方にも何度も指導していただいた。受賞を聞いた時には、飛び上がるほどうれしかった。先生方をはじめ、励ましてくれた友人、家族にもお礼を言いたい。この作文の受賞で、一人でも多くの日本人に『英歌舞』の魅力が伝われば……」と受賞の喜びを語る。趣味は読書で、とくに「小説を読むこと」だという。

◉二等賞　テーマ「日本人に伝えたい中国の新しい魅力」

イチジクへの未練

青島大学　王曽芝

「イチジクはいいものだよ。食欲を増してくれる作用もあるし、喉の痛みも治してくれるんだよ」と古い漢方医のようにイチジクの効き目を教えてくれた曽祖父の声が耳元で聞こえた気がした。幼馴染の涛くんからの電話は私の心の奥に潜んでいる遥かな記憶を蘇らせた。

　小学校六年生の時、大好きな曽祖父と私は永遠に別れてしまった。その後、曽祖父との思い出が詰まった故郷へは一度も帰らなかった。数年経った今も、なかなか現実に向き合う勇気がない。だから、涛くんが村で会おうと誘ってくれた時、私は複雑な気持ちで胸がいっぱいになった。そして、迷いに迷った末、彼の誘いを断れず受け入れることになった。

　故郷に帰っても、もうそこに曽祖父の姿はないと悲しみながら、村へ向かった。バスの中で故郷の風景を思い浮かべた。澄んだ川をはさんで幾重にも重なる青い山並み。初夏の暗闇の中で無数に瞬くホタル火と星光。秋の澄み透った空の青に美しく映える紅葉。純白の雪に覆われて静かに眠る冬枯れの山里。それから、記憶の中でずっと漂っているイチジクの甘い匂いと子供たちの愉しげな笑い声。自然は豊かだったが、村人の生活は貧しかった。若者はどんどん村を離れていき、残ったのは廃田、廃墟ばかり。過去の思い出に浸っていて、いつの間にか村に着いた。

　バスを降りると、目の前の光景に大きく驚かされた。記憶の中の廃墟はなんと一つの大きなイチジクの果樹園となっていた。各農家の庭にはイチジクの木を植えるという村の決まりは昔からあったが、それが今、こんな大規模な果樹園に変わるとは思いもしなかった。

餓鬼大将の涛くんとその果樹園で会って、いろんなことを初めて知った。彼は数年前、大都市での高収入の仕事をやめて、村に戻って「大学生村官」になったのだ。「いたずら好きな涛くんが村の役人になるとはね……。なんで」と尋ねたら、彼は「故郷の宝物を無駄にしたくないから」と答えた。「イチジクを全国に売って、村の人々が豊かな生活を送れるように支援したい。そして、仕事のチャンスをたくさん作って、村の若者を呼び戻したい」とすっかりカリスマリーダー的回答だった。私は一瞬完全にぼうっとしてしまった。イチジクの木を見つめながら、よく「こんないいイチジクが外で売れたらな。もっとたくさんの人に食べてもらいたいな」と嘆いた曾祖父の姿が涛くんの姿と重なって見えたのだ。

果樹園を出ると、大きな加工工場が見えた。ここでは、ドライイチジクやジャムなどが作られている。また、先端設備が使われていて、仕事の環境もよかった。さらに、インターネットなどを利用して販路を拡大しているため、利益が上がって、給料もそこそこいいはずだ。すでに何十人もの出稼ぎ労働者が村に戻って工場と果樹園で働いている。彼らの目は、誰よりも希望に輝いている。サプライズはそれだけでなく、これからイチジクの鉢植えの販売も始めるとのこと。そして、イチジクに関わる商品やサービスがワンストップで提供されるようになるらしい。

夕方、村の全景が眺められる山に登った。工場が建てられたにしても、涛くん達は村の自然環境をよく守ってくれている。夕方の村は格別に静かで穏やかだ。「芝ちゃん、曽祖父さんの願いを叶えてやろうよ。今度、村のイチジクを日本に売ろう」と涛くんが言った。それを聞いて私は涙が止まらなかった。その一瞬、村の発展に自分の微力をささげようと決心をした。

村は依然として青空には白雲が美しく流れているが、皆の生活は大きく変わった。皆が豊かになって、活気に溢れている。曽祖父は村の変化を見たら、きっと喜ぶだろう。涛くんみたいな大学生村官を誇りに思う。彼らの努力は、農民の考え方やライフスタイルを変えた。彼らは農村経済の繁栄、農民生活水準の向上、農村改革の深化と農村発展の活力の増強に重要な役割を果たした。「中国の新しい魅力」は絶えず発展していく農村に潜んでいて、強い心と志を持つ若者にあるのである。

（指導教師　范碧琳）

◉二等賞　テーマ「忘れられない日本語教師の教え」

私も「赤めだか」

南京農業大学　劉偉婷

　学期末の面接試験で、石原先生の「あなたが、今学期に最も努力したことは何ですか」という問いに、私は小さい声で「授業で、手を挙げたことです」と答えた。クラスメートが、教室の隅で笑いを堪えているのが分かった。先生の聞きたい答えはこんなものではない。教わった文法や文学作品について話すべきだろう。先生は、「それが、最も努力したことですか」と私に確認した。

「大学は間違いが許される快適な場所です。思う存分、間違って向上して下さい」。常に先生は、私達に発言を促す。いつものように、先生は先週の講義内容を尋ねた。皆は直ぐに手を挙げた。先生は、一番手を高く挙げている人を選ばなかった。他の誰も指名しなかった。その代わり、私を見て「私は、授業中あなたの声を一度も聞いたことがありません」と怒ったように言った。「えっ」。驚いて、黙っているしかなかった。「静かに聞いているのだから非難される必要は無いし、発表したい人がいるのだから、その人達を選べば授業もスムーズに進むでしょう。テストでは正しい答えを書きますよ」。心の中で呟いていた。

　しかし、先生の指摘を無視することはできなかった。先生の言葉で、皆と自分の違いが分かってしまった。積極的な友人の横で、いつも観客のように眺めているだけの自分。もう、日本語だけの問題ではない。「私もやって見せる」。決心したものの、内気な性格を変えるのは難しく、なかなか実行できなかった。学期の後半になって、やっと手を挙げることができた。発表は詰まりながらになってしまったけれど、ほっとして気持ちが明るくなった。

「手を挙げることは、私にとっては大きな変化です」。先生には理解してもらえないかも知れないが、正直に自分の考えを表した。先生は拍手しながらこう言った。「自分の意見を堂々と述べるあなたは本当に立派です。素晴らしい進歩です。感動しています」。認められ、褒められている。堪えきれず涙が溢れてきた。涙が止まらないので眼鏡を外した。心配そうな先生に、泣いている理由を伝えた。「談志師匠を思い出しました」

「落語と築地がつながった」。これは、ドラマ『赤めだか』に出てくる立川談志の弟子、立川談春の台詞だ。師匠に築地で一年間働くように言われ、談春は反発する。嫌々やっていた時は叱られてばかりだったが、今いる場所で努力すると決めてから、彼は大きく変わる。分かりやすい言葉で商品の説明をし、お客様や周りの人への気遣いが出来る人間になった。やがて、談春は師匠の気持ちを知る。落語も、築地での仕事と同じ、話を覚えるだけでなく周りの全てに目を向けて努めなければならない。それは、一人前になるために一番重要なことだ。

ある時、談春は「金魚」を買うために師匠から渡されたお金を使ってしまい、安い「赤めだか」を「珍しい金魚」として差し出す。師匠は、嘘と知りつつ一向に大きくならない「赤めだか」に餌をやり続ける。一見、冷たいけれど、実は思慮深く優しい。

そういう師匠は、目の前の先生と不思議に似ている。もしも、「あなたも発表して下さいね」と優しく声を掛けられていたら、私は「はい、分かりました」と礼儀正しく答えるだけで、何も変わらなかっただろう。

なぜなら、私が手を挙げられなかったのは、性格のせいではなかったからだ。自分の実力を知りたくなかったのだ。話せばボロが出る。黙って行儀よく座っていれば能力を実力以上に見せることもできる。自分をも欺いていたのだが、保身の為に、この術を手放すことができなかった。内向的な性格を隠れ蓑に、ずっと使い続けてきた。先生は、お見通しだった。

「めだか」は赤くても「金魚」ではない。どのような場所でも、正直な人が求められるだろう。手を挙げた時、私が手にしたものは「自分の可能性」だと思う。これからは、失敗から存分に学べる。しっかりと手に握らせてくれた先生に心から感謝している。

（指導教師　石原美和）

◉二等賞　テーマ「日本人に伝えたい中国の新しい魅力」

中国の民謡を味わいませんか

青島農業大学　孫夢瑩

　大学一年生の時、私は、学校の中日学生友好交流会という活動に参加しました。その活動の中で、皆でカラオケに行き、私が「信天游」という陝北地域の民謡を歌ったところ、日本人の友達は皆、聞いたことがないようでしたが、懐かしい過去の出来事を思い出したかのような微笑みを浮かべ、「リラックスできそうな曲ですね」と言ってくれました。そして、勉強で疲れた彼らの顔が変わったのを見ると、民謡の癒しを伝えたいという気持ちが湧いてきました。

　二年前の冬休み、私は、第一志望の大学に入学できなかったので傷心旅行で陝西省へ旅行に行きました。特に陝西省に行きたかったというわけではなく、自宅から離れたところで、気分転換ができれば、どこでもよかったのです。陝西省の気候は、故郷よりも寒く乾燥していて、私には合いませんでした。そのため、私の沈んだ気持ちは全く晴れず、それどころかイライラがさらに募ってしまいました。

「これじゃ、何のために旅行に来たのか分からない。もう帰ろう……」と思った時、どこからか、美しく自由奔放な歌声が聞こえてきました。黄土高原の大地の上で、地元の人達がその土地の民族衣装を身にまとい、山間に向いて「信天游」を大きくよく通る声で歌っていたのです。「我抬頭向青天，搜尋遠去的従前，白雲悠悠尽情地游，什麼都没改変（私が頭を上げて青い空を見上げると、以前のことが雲のようにすぐ消えますが、心の中だけは変わらない）」という歌詞に含まれる感情が、まるで今の私を慰めているかのような気分になりました。その歌声の響きは耳元で長い間残りました。以前、私は、他のほとんどの若者と同じようにポップスを聞くのが好きでした。リズムが速く流行りのフレーズもよく出てくるそれらの歌は面白く、聞いていると時々笑ってしまいます。しかし、それと同時に、どうも豊かな社会の中で、人間らしく生きていく上で大事な何かを失ってしまったような寂しさを感じます。しかし、偶然に陝西省の民謡を聞いた時、知らず知らずのうちに、落ち込んだ気分が消し飛び、徐々にやる気が出てきました。民謡には心を落ち着かせ、ストレスを解消させる効果があるのだと思います。それ以来、私は、時々「信天游」をはじめ陝西省のあたりの民謡を聞くようになりました。とてもリラックスできるので、かえって勉強が捗るようになりました。

また、日本に関する勉強が進むにしたがって、日本の民謡にも関心をもつようになり、触れる機会も増えてきました。日本の民謡も中国の民謡も人間と自然の関係や、人生の道理を直接、歌詞を通じて表すという点で通じるところがあると思います。そして、たとえ歌詞が分からなくても、そこに込められた思いを感じ取ることができるのではないでしょうか。お金を稼ぐことばかりを追い求める人達にとって、民謡は、働き詰めの自分の本来あるべき生き方を取り戻す良薬になるのではないでしょうか。それなら、中日学生友好交流会で知り合った日本人の友達も、民謡で少しでも勉強している時にたまったストレスを解消できると思います。

しかし、「日本にも民謡があり、日本人にとっては日本の民謡の方が言葉もメロディーも理解しやすいでしょう。わざわざ陝西省へ民謡を聞きに行く必要があるのですか」という疑問も出てくるかもしれません。確かに、日本の民謡と中国の民謡には共通点もあります。しかし、「信天游」などは、実際に黄土高原へ行き、そこで山を眺めながら聞かなければ、中国人の私でも、なかなかその民謡に込められた思いを感じ取ることはできません。「風土が人柄を育てる」という中国の道理があるように、気候や地方によって、民謡の独特の音色、歌詞に込められた思いなどは違っています。「信天游」の他にも、それぞれの地域の特色があるすばらしい民謡はたくさんあります。日本の皆さん、実際に中国を訪ねて、中国の民謡の魅力を味わってみませんか?

（指導教師　佐藤敦信、曹春燕）

◉二等賞　テーマ「日本人に伝えたい中国の新しい魅力」

弄堂と猫 ――人情あふれる上海

同済大学　汝嘉納

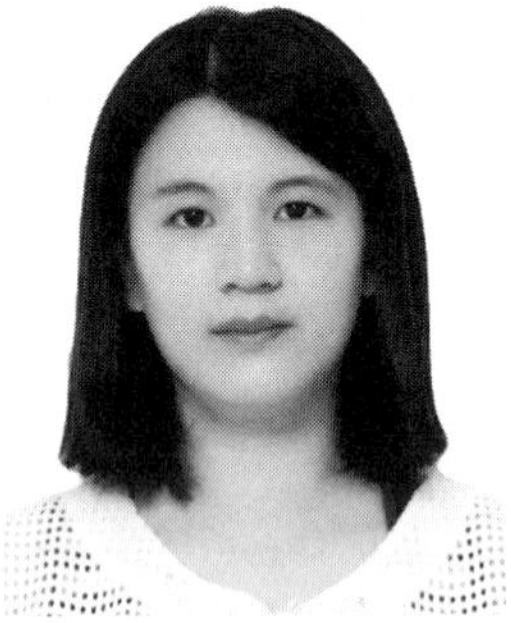

「日本人には人情がある」と言われているが、「人情」は日本の専売特許ではない。中国にもあたたかな「人情」がある。私が伝えたいのは、日本人が知らない中国の魅力――「人情あふれる上海」である。

昔のことである。その頃の上海はまだ国際都市ではなく、小さな町だった。あちらこちらに「弄堂」（ノンタン／ロンダン）と呼ばれる共同住宅が軒を連ねていた。その狭くて不便な「弄堂」に住む住民のことを「七十二家房客」と呼んでいた。我が家もその一員だった。みんな共同で台所やベランダ、トイレまで使って、まるで一つ屋根の下で暮らしているかのようだった。近所は全く赤の他人だが、何かあった時は、やはり「遠くの親類より近くの他人」である。普段、年配の人たちは縁側で夕涼みをし、扇子であおぎながらおしゃべりを楽しんだ。子どもたちは細長い弄堂で鬼ごっこしたり、縄跳びをしたりして、明るい笑い声が消えることはなかった。「弄堂」はあたかも上海の縮図の如く、義理と人情があふれるところだった。

しかし、高層ビルの建設に伴って、弄堂も笑い声も歴史の渦に巻き込まれ、消え去った。我が家も引っ越した。新しい隣人に「早上好」（おはようございます）と挨拶したところ、向こうは気づいていないかのように、急いで防犯ドアを閉め、さっさと去っていった。昔の「石庫門」は鍵すらいらなかったのに、今の防犯ドアは人と人の繋がりを隔てるようなものだ。みんな赤の他人になった。名前も知らない「近所」なんて、「遠くに住む人」

である。これほど悲しいことはない。

それを変えるきっかけになったのは、一匹の野良猫である。うちの前でニャーニャーと鳴き続けているその猫にご飯をあげると、常連になった。うちの家族はその猫を「チロ」と呼んだ。ある日、いつものようにチロにご飯を食べさせていると、一人のおばさんがやってきた。「あら、『ミミ』じゃない。最近うちに来ないと思ったら、本当にどら猫だね」。話しかけると、彼女もここの住民、いつも「ミミ」にご飯をあげていたようだ。雑談に夢中になっていると、チロは突然走り出した。そして、年配の夫婦の足元へ擦り寄り、尻尾を真上に向けた。「おやおや、『アミ』が来た」と言いながら、手元の猫飯をあげた。もちろんその後、四人の間では、その猫の話に花が咲いた。面白いことに、それ以来、その猫にたくさんの名前がつけられた。「Ｋｉｔｔｙ」と呼んでいたのは大学受験に励んでいた二人の女子高校生で、「ヒメ」と呼んでいたのは懸命に働く四川のカップルだった。日当たりのいい午後、木漏れ日を楽しんだ。そこにいたのはペロペロと舌舐めずりをしている猫とペチャクチャとおしゃべりをする住民たちだった。みんなは赤の他人なのに忘年の友になった。

最近中国では野良猫を大切にする意識が芽生えてきた。ＳＮＳで猫の話題が盛り上がっている。猫の可愛らしい仕草のシェアから野良猫の救助まで、名前も知らない人々が猫でつながっている。冷たいコンクリート城の中で、猫が人と人との温もりを取り戻してくれた。猫を愛する同士の間に「弄堂」の雰囲気が甦った。

「より良い都市、より良い生活」というスローガンを今でも覚えている。都市を建設するのは豊かな生活のためである。しかし、上海の急激な発展の恩恵に浴した私たちは、一時的に「心」を見失ったようだ。さいわい、今はまたあの時の和やかな佇まいに戻った。それはきっと私たちの精神性、「海納百川」のおかげであろう。海は百の川を受け入れるからこそ、あれだけの大きさを保っている。たとえ、ちがう場所から来ても、お互いに思い合えば、分かり合える。深い懐が人情を生み、その人情が上海に活気をもたらす。変わりつつある都市と変わらない人情、それが上海の魅力である。人情あふれる上海はいかがでしょうか。

（指導教師　池嶋多津江）

◉二等賞　テーマ「日本人に伝えたい中国の新しい魅力」

町の味

中国人民大学　王静昀

朝、軽快な光が町に溢れてきた。通勤通学の人々が動き始めると同時に、町の市場で働く人々も忙しい一日を始めた。ぱたぱたという足音、賑やかな呼び売りの声、魚のぽちゃんと跳ねる音……毎日、市場で奏でられる町の曲だ。その活気みなぎる一曲は、地元の人々の生活風情そのものが感じられ、町の独特な魅力を伝えている。

冬休みの帰省中に、友人の葉さんからの誘いで一緒に地元厦門の「八市」に行った。八市とは「第八市場」の略称で、厦門（アモイ）最大の市場だ。埠頭に近いので、ここで売っている海産物が一番新鮮だと言われている。有名になるにつれ、軽食を売る専門店も集まってきて、規模がますます大きくなってきた。

着いたのは朝7時半ごろだった。二人とも朝ごはんをまだ食べていなかったので、まずは朝食探しだ。路が狭く、地面も濡れていて、海産物や野菜や肉が入れてあるかごが地面を覆っているので、私たちは小股でしか歩けなかった。

歩いているうちに、漂う甘い香りに誘われ、「満煎餻」の専門店を見つけた。出来上がったばかりの満煎餻は、焼いた皮が熱くてパリパリし、中がケーキみたいにふわふわし、真ん中にピーナッツとごまの具があり、一口で自然の甘みと豊富な食感が楽しめる。普通、満煎糕は豆乳と相性がいいが、その日は無性にピーナッツスープがほしくなった。ほかほかとしたスープを飲んで、ピーナッツの香りが口いっぱいに広がり、この暖かさも久しぶりだった。このような昔ながらの味はアモイの方言閩南語で「古早味」と言われている。

店を出ると、八市はすでに買い物客で賑わっていた。海産物の新鮮な香りが空気に漂っていて、閩南語と訛った共通語がにぎやかなざわめきの中に入り混じっている。売っている海産物の中には私が知らないものがたくさんあり、お店の人に聞くと、「あ、あれか。食べたことがある」と悟った。厦門の郷土料理「土筝凍」の原材料である海の虫も見つけた。いつも料理の中で見ているが、水槽に泳いでいるのは初めて見た。私が水族館気分を満喫していると、葉さんはカメラを取り出した。「何を撮影するの」と聞くと、「ここは厦門的だ。生活の雰囲気がある」と答えた。

「厦門的」とは何か。私はずっと考えている。

急速な経済成長の中で発展してきた中国の町はだんだん自分の「味」を失い、ほかの都市と同化しているのではないかと時々思う。そんな中で、町の特別な味を保存しているのは地元の人々がいつも通う市場だ。市場に溢れる町の「味」は、旅行者にとっても不思議な魅力がある。昨年、日本に短期留学していた時に、一度築地市場に行った。そこで初めて海鮮丼を食べ、様々な魚を見学し、非常に印象深かった。築地市場には毎日国内外から買い物客が押し寄せているが、それは、彼らがただ名所旧跡を回って写真を撮ったりするだけの旅行に満足できず、日本の「味」、東京の「味」を味わってみたいと思っていることの表れだと思う。

だから私は各町の市場を中国の新しい魅力として日本の皆様にお薦めしたい。地元の人も観光客も足繁く通う「八市」では、豊富な品揃えを見ながら軽食を買い、食べ歩きもできる。ここでは、観光地を回る旅のようなよそよそしい感じはしない。気軽に店先の人に話しかけたり現地の食材を楽しんだり、街の味が味わえる。もちろん規模は築地市場ほどのものではないかもしれないが、その土地で生きている人々の食文化や生活を展示しているという点では一緒だ。

「民は食を以て天と為す」ということわざがある。食を大事にし、そこに愛情を込めるのは中国の伝統だと言える。それはまた故郷への愛情でもある。地元の市場、そこで買える食物、それは故郷を離れた人々にとって夢に見るほど恋しいものだ。

翌朝。人々は八市に再び集まってきた。満煎餅の香りが立ち、お店の人が声を張り上げて食材を紹介し、海風が吹く。これが私の故郷、厦門の味だ。

（指導教師　大工原勇人）

◉二等賞　テーマ「日本人に伝えたい中国の新しい魅力」

日本人に伝えたい「土楼」の新しい魅力

―土楼の客家が「客」ではなくなったことこそ、世界遺産に―

国際関係学院　余催山

「福建の土楼」は、実は福建省の「恥」なのではないだろうか。「福建の土楼」は、２００８年、世界遺産に登録された。しかし、「福建人」の私には誇りとは思えない。

「土楼」とはその名の通り、１８０センチメートル以上の高さの厚い土壁が特徴の建築物である。3～5階の集合住宅で、多いと４００人以上の住民が共同生活をしていた。入口は1つ、「要塞」のような建築物である。

私の故郷は福建省「南靖県」である。私の故郷には「南靖田螺坑土楼群（以下南靖土楼群）」という「客家土楼」がある。その「南靖土楼群」には、清嘉慶元年（１７９６年）から黄氏一族が共同生活している（百度百科「田螺坑土楼群」）。

「客家土楼」は「客家」と呼ばれる「よそ者」が建てた建築物で、地元「福建人」の家ではない。今年、新年の連休に南靖土楼群へ来た観光客は、30万1千人、前年比31％の増加である。30万人もの観光客が「土楼」を見て何を感じたのか、気になる。

客家は、以前、中国の中央、現在の河南省の平原に住んでいた人々である。しかし、戦争・飢餓などが原因で5回ほど中国の西部や南部に大移動した。「南靖土楼群」の黄氏一族は、河南省から福建省まで１４００キロメートルも移動してきたことになる。客家は、移住先の地元民にとっては「よそ者」なので「客」と呼ばれた。しかし、地元民に接客されない客だった。日本の社会学者、高木桂蔵は客家を「中国の内なる異邦人」と呼んでいる。

福建省は80％が山地で平地は20％しかない。貴重な平地を「よそ者」に分けてあげる余裕はなかった。福建の地元民は、客家を無視した。無視された客家は山岳地帯に住んだ。そこは盗賊が出没する地域であった。土楼が要塞のようなのは、当時の福建省の治安の悪さと福建地元民の心の狭さの現われとも言える。私が「福建の土楼」を「恥」と思う理由はそこにある。

しかし、現在、状況は変わった。私は故郷の慈善団体の1つ「携手未来（未来へ手を携えよう）」のメンバーである。「携手未来」は県内の困窮家庭を援助する団体で、具体的活動としては、金銭より、心の慰めを重視し、1カ月1回、困窮家庭を訪問し、語り合う。それにより、その家庭の生活を把握し、200～300元（3500～5000円）程度の経済的支援をする。支援する対象に、客家の家庭もある。

私は、支援のため、土楼に住む被支援家庭を訪問したことがある。70歳の難聴の男性が90歳以上の実母の介護をしている家庭だった。このように「携手未来」は、客家も現地民の家庭も差別することなく、支援する。

また、客家の人たちも「南靖県」に貢献している。私が卒業した小中高の国語教師は客家出身者だったが、3人とも土楼ではなく、市街地に住んでいた。

6年前、中学の国語教師、簡先生の家を訪ねた。簡先生は「魔女」という仇名だった。担任だったが、生徒には特別、厳しかったからだ。高校入試の直前、彼女は病気で1カ月ほど学校に来なかった、私たちは、厳しい担任の管理がなくなり、気ままに過ごしていた。しかし、クラス長の提案で、簡先生を見舞うことになった。

土曜日の夜、私を含め10人ぐらいの学生が先生の家に行った。先生はマンションの3階の客間で私たち10人を迎えてくれた。病気のせいか、学校で見たような厳しさはなかった。先生は私たちにお茶をいれてくれた。その時、先生は「余さん、今回の模擬試験、成績が上がったわね」と褒めてくれた。驚いた。簡先生は、病気だったにもかかわらず、クラスのことを把握していた。そんな簡先生のことが忘れられない。簡先生は客家出身だが、既に福建の「南靖人」なのだ。もう、土楼に住む必要はない。土楼は、既に客家を囲い込んだ「要塞」の役目はしていない。客家と地元民の間に土楼の壁は必要ない。

今、「福建省の名勝地」土楼を見に来てくれる観光客に私は言いたい。「土楼はもう『要塞』ではないですよ、客家の皆さんは、もう『客』ではないですよ。同じ『南靖県』の県民ですよ。それが福建省土楼の新しい魅力なのですよ」

【参考資料】
林芸蓉『南靖土楼巧打「知恵」「暖心」牌遊客創歴史新高』黄淑彬・陳志遠編集、東南ネット http://www.fjta.gov.cn/ar/20170203000084.htm（更新日2017-02-03）（検策日2017年5月28日）
高木桂蔵（1991）『客家－中国の内なる異邦人』講談社新書

（指導教師　駒澤千鶴）

◉二等賞　テーマ「忘れられない日本語教師の教え」

忘れられない日本語教師の教え

天津科技大学　李思萌

私は、忘れっぽい人間である。でも、私はある人のことを永遠に忘れないだろう。彼女は私の高校時代の日本語教師——濬先生だ。

実は、彼女は実際に私に授業で日本語を教えたことがなかった。それどころか、中学の時から、私は日本語科ではなく英語科で勉強していた。私は日本語が嫌いなわけではなく、むしろ興味を持っていた。なのにどうして日本語を選択しなかったのか、私もよく分からなかった。多分「好きな物を負担に感じたくない」と思ったのかもしれない。勿論、大学で「日本語を専攻しよう」とも全然考えたことがなかった。

高校二年生の時、学校でアフレコ大会が開催された。私のクラスは英語のクラスなので、英語のアフレコチームに参加した人は多かったが、日本語チームに行く人は少なかった。私はたくさんの日本のアニメを見ていたという理由で、日本語グループに選ばれた。指導教師は濬先生だった。彼女の第一印象は悪くなかった。丸い顔が小さい体にくっついていて、まるで子供のようだった。自己紹介を通し、私は、彼女が私よりただ7歳年上だということを知った。どおりで彼女の言動は子供っぽいのだと思った。

しかし、練習の最初の日、私たちは濬先生の厳しさを知った。子供のように見えるが、決めたことを絶対やり抜く人だった。活力に満ちているというよりも、むしろ日本語に執念を持っているといえよう。夏の暑い日にもかかわらず、ずっと私たちに発音を練習させた。それに、キャラクターの気持ちも注意しなければならないと教えてくれた。本当に難しかった。

「李さんは、アフレコが上手ですね。日本語を勉強したことがありますか」

休みの時、潘先生は私に声をかけた。

「いいえ、アニメが好きなので、アフレコに関することを少し知っているだけです」。私はちょっと驚いたが、ちゃんと答えた。

「今度の練習も疲れていないし、多分アフレコが好きだからだと思います」

それ以来、私と彼女とは仲のいい友達になった。

二カ月間の厳しい練習のおかげで、私たちは決勝戦で優勝した。その後、潘先生と私はレストランへ行った。食事をしながら、私たちは日本語について語り合った。私が日本語を選択しなかった理由を知った彼女は、突然怒り出した。

「もし本当に好きなら、負担になんてならないでしょう」。彼女は私の目を見つめて、「さっきアフレコの練習している時、あんなに大変だったのに、李さんは文句を全然言わなかったよね。それはアフレコが好きだからでしょう。李さんは何を恐れているの。他人の偏見？　自分をだましてはいけないよ」と言い、私を驚かせた。私を驚かせたのは彼女の言葉の厳しさではなく、自分の本当の考えを言い当てたからだった。確かに、好きではないというよりも、むしろ家族の気持ちを気にかけていたのかもしれない。私はずっと自分をだましていた。何も言えず、私はただ黙っていた。

「実は、私も李さんと同じ悩みがあったのよ。日本語をやると決めた時、反対の意見はたくさんあった。でも、日本語が好きだから、続けてきたんです」

彼女は落ち着き、「私は李さんに強制したいわけじゃなくてね。ただ、たとえ失敗しても、人生は一度だけ、残念な思いを残さないほうがいいと思うの。さっきの態度、ごめんなさい」と言った。

その後、私は日本語を勉強したい気持ちを両親に伝えた。予想外に、両親は私を応援してくれた。心配なことは最初から存在しなかったのだ。潘先生の話のおかげで、今はもう日本語学科の二年生になっている。あの夜の記憶はずっと私の心に残っている。潘先生は私に日本語を教えたことはなかったが、人生の一番大切なことを私に教えた。それは私にとって最高の授業だった。自分の気持ちに直面して、好きなことを全身全力でやりぬくこと、先生が教えてくれたこの言葉が私の人生の原動力となっている。

（指導教師　李敏、後藤那奈）

◉二等賞　テーマ「忘れられない日本語教師の教え」

僕の見る「教師」という職業

大連東軟信息学院　李師漢

　昔、僕が通った高校は遼寧省の進学校である。クラスも、席も、何でも成績で決める。クラスの皆は毎日勉強ばかりで、折角の休日でも、塾に通っている。先生は毎回試験の結果を壁に貼る。ということで、学校のすべてに私は息苦しく感じていた。「後ろに座る人、他人を邪魔しないように静かに黙ってなさい」。これが高校時代、僕の心に残っている先生の唯一の言葉だ。遥か遠くのステージに立っている先生の姿を見て、「教師という職業は一体何だろう」。僕の心の中に、そんな疑問が浮かんでいた。

　高校時代には、希望と不安が、夢と恐れが共存しているはずだが、僕にとって、高校時代は全く不安と恐ればかりだった。「逃げよう」。こう考える僕が運命のいたずらで日本語専門に入った。日本語に全然興味を持たなかったが、受験浪人になる勇気がないため、好きではないのに、就職しにくいのに、それを承知の上で、僕は日本語を専攻した。大学生になった君はこれから何をしたいのか?と聞かれたら、本当に答えられなかっただろう。今の僕が将来の自分のために何かできることと言えば、日本語をちゃんと勉強することしかないということは分かっていた。

　一年生の時、うちのクラスの会話の授業を担当する人は木村恵理子という女の先生だった。彼女はいつもお洒落な格好をして、親切に笑顔で授業をしてくれた。ある日、僕は職員室に先生を訪ねた。予めネットで言いたいことを日本語でどうやって話すのかを調べて用意したが、先生の前に来た直後にもう半分ぐらい忘れていた。「先生、僕と一緒に会話練習をしてくれませんか」と、どもりながら、終始うつむき加減で先生に聞いた。「いいよ」。こんなすっきりした返事をもらえるとは思っていなかった。驚いた僕が顔を上げると、そこには先生の笑顔があった。

その後、僕は木村先生から晩自習の時間を利用して、日本語の発音やアクセント、日本の習慣や文化を教えてもらった。段々僕は日本語に対して興味を持つようになり成績も上がった。日本人と会話することもできるようになって、多くの日本人と交流したおかげで、僕は物事を見る角度が多様になり、僕自身の世界も広がっていった。

一年が終わる頃、ある日授業中にほかの先生から木村先生はもうすぐ国に帰ると聞かされた。クラスの皆は騒ぎ出した。しかし、僕は頭が真っ白になって、ただぼんやりして何も言えなかった。期末試験が終わった後、僕と先生は一緒に食事をした。帰り道に僕は悲しい気持ちを抑えて先生にずっと前から聞きたかったことを聞いた。「先生は中国で一人生活しています。色々なことが大変なのに、なぜ毎日積極的に授業することができますか?」「そうね、毎日生きていれば必ず辛い事や悲しい事もあるでしょう。人生は一度きり。同じ一日を過ごすなら、悲しく過ごすより、楽しく過ごしたい。それから、毎日、周りの全てに感謝している。それは、人間だけでなく、自然や食べ物何にでも感謝の気持ちを忘れないでいる。李君にも感謝しているのよ」。先生の回答は今でも覚えている。この答えは種のように僕の心の中で成長して、僕の生活の態度を変えた。それが先生の言行から教え導かれた最も大事な実りだ。

現在、僕の大学生活も三年が過ぎようとしている。「君は日本語を勉強したことを後悔しているか」と聞かれたら、「いいえ、日本語学部の先生たちと出会い、日本語を勉強して本当に良かった」と答える。「教師という職業は何だろう」。いろんな先生と出会って、この質問の答えが少し分かった気がする。教師は学生を育てる職業であるのは当たり前のことだ。だが、学生は「学生」の前にまず「人」だ。優秀な成績より健全な人格の方が大切だと思う。「君は教師になるつもりがあるか」と聞かれたら、「教師になれるなら悪くないね」。これが僕の今のところの答えだ。

（指導教師　太田敦雄）

◉二等賞　テーマ「忘れられない日本語教師の教え」

「高級」先生

武昌理工学院　劉淑嫚

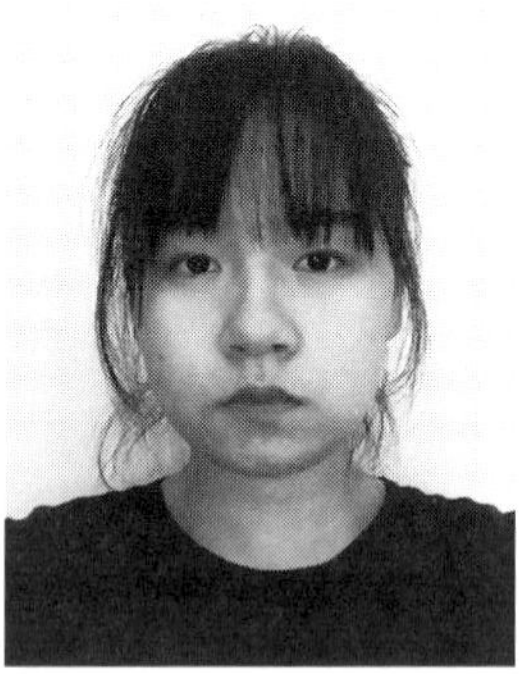

「皆さんは高級人材だ」という言葉を日本人の先生からよく聴かされた。日本人の先生との初対面は、大学に入ってから、初の日本語の授業だった。服も髪も丁寧にしていた40代ぐらいの男性で、下手な中国語と日本語で自己紹介してくれた。耳元に流れてきた先生のその励ましの言葉は、わたしに日本語をしっかり勉強しようとする決意を固めさせた。

しかし、授業が始まると、あんな優しそうに見えた先生は、ものすごく厳しい一面があることがわかった。毎日たくさんの宿題があるばかりか、莫大な単語の書き取りをさせられた。私たち学生が犯す細かい間違いを一つも漏らさずに指摘し、訂正させた。書き取りが不合格になったら、クラス全員が連帯責任の罰を与えられる。毎日宿題や書き取りに追われていた私たちは、先生によく「皆は高級人材だから宿題くらい大丈夫だよ」と言われた。初めてこの話を聞いた時は、励まされたような気がしたが、いつも宿題に支配される私たちは、最初の気持ちと打って変わって、日本語に対しての情熱もだんだん薄れてしまった。けれども先生は、私の怠惰な状態に気づかないかのように、相変わらず笑いながら、「君たちは高級人材だ」とばかり話していた。皆は「何だ、高級人材なんて言って、私たちを馬鹿にしているの?」という愚痴をこぼし始めた。私たちも「高級人材」という言葉に対して胸を躍らさなくなって、高級人材を口癖とする先生に「高級先生」というあだ名をつけた。

ずっと「高級先生」の圧迫を受けるまま卒業すると思

いきや、ある小さなことで、「高級先生」に対する見方がすっかり変わった。

あれは中国の先生の授業の時だった。先生は私たちにある文章を見せ、「文章の中の間違いを探し出して下さい」と言われた。最初は「ちゃんとできるかな」と心配したが、驚いたのはその文章の中の間違いを一目で発見できたことだ。どうやらこの間違いをどこかで見たことがあるようだった。隣のクラスメイトからは「これは半場先生の授業でやった事と全く一緒だ。あの時、大した過ちじゃないと思ったのに、容赦なく罰されたので、すぐ分かったよ」とか、「私も私も、あの時漢字を１００遍書かされた。辛かったよ」というような声が出た。私は思い出した。「そうだ、これは高級先生の授業で自分達が犯した間違いだ。探し出した間違いをもう一度見ると、いくつもの間違いは、私たちが高級先生に指摘された問題点だ」と気づいた。

「高級先生」の授業はなんであんなに厳しかったのかという疑問は、今更ようやく分かった。新しい言語を学ぶからには、簡単な基礎から勉強しなければならない。言語の勉強だけでなく、きっと仕事に就いた時もそうだろう。どんな会社にいっても、どんな職に就いても、簡単な事からやり始めるに決まっている。もし一番簡単なことさえよくできなければ、他人に自分の能力を認めてもらえるわけがない。今の若者は、細かいことに拘るという意識が欠けていて、何もかも一気に一番上に行きたいと思ってしまう。しかし、しっかりした土台や基礎なしに、どうやって上に行けるの？　ピラミッドを作るように、頂上を高く造りたいなら、まず平らな「敷地」がなくてはいけない。授業で間違っては直し、間違っては直しという単調なことを繰り返すのは、もう一度同じ間違いを犯さないための努力で、つまり「土台」を築くことだったのだ。私たちを「高級人材」と呼んだのは、決してからかってのことではなく、私たちがいつか本物の高級人材になることを望んでいたからであろう。

「皆さんよくできたね」。中国人の先生の褒め言葉を聞いて、少し前に「高級先生」に言った文句の数々が思い出された。急に恥ずかしくなって、うつむいた。「高級人材」になる日まで、この教訓を抱いて頑張りたいと思う。

（指導教師　半場憲二）

◉二等賞　テーマ「日本人に伝えたい中国の新しい魅力」

緑の汽車に乗って、旅に出よう

武昌理工学院　賀文慧

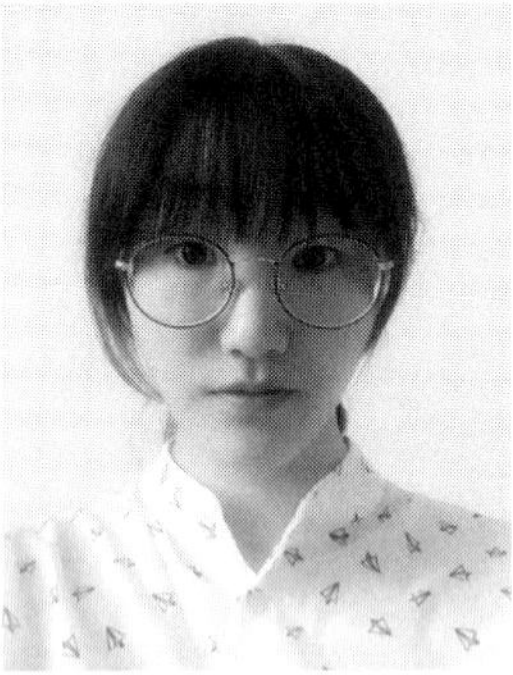

中国には古くて緑色の汽車がある。外見は深緑のペイントなので、中国語で「緑皮火車」と呼んでいる（以下、緑汽車と呼ぶ）。この汽車は中国の最もスピードの遅い、歴史のある汽車として、特に田舎のお年寄り達にとっては忘れられない特別な存在だ。

緑汽車は大体１９９０年代以前に造られていた主な交通機関だった。その時、中国には飛行機はおろか、高速鉄道（日本の新幹線にあたる）も普及していなかった。安い切符とあって、正に当時の貧しい農民達の救い主だった。どこに行っても皆、この汽車を利用していた。だから緑汽車は20世紀の象徴と言っても過言ではない。緑汽車は交通手段として人々に必需品とされただけでなく、人々に愛されていたのだ。もし日本人のあなたが中国の緑汽車に乗ったら、きっとびっくりすると思う。なぜかというと、この汽車であなたは様々な場面に出合えると思うからだ。

２０１５年の1月27日、阿爾山から白城までの４３４６号の緑汽車内で、一つの面白いシーンがカメラに記録された。それは、窓際で4つの黒い、肌の弛んだ手が何かを盛ったミネラルウォーターのボトルの蓋で乾杯しようとしている姿だった。4人の農民工は故郷から数年も離れていて、やっと家に帰れる。その帰途につく汽車に乗った喜びは言葉では表すことが出来ないだろう。あえて例えるなら、思わず蓋を盃にして誰かと酒を飲み交わしたくなるような高揚感だろうか。私はそう考えた。

速度が遅いため、車中で1泊するのは常にあることだ。

夜になったら、座席に座ったまま寝る人もいる、床にシートを敷いて寝る人も少なくない。少しお金がある人は寝台で寝る。でも、どこであれ、目覚めたら、周囲は見知らぬ人ばかりで、汽車もまだ走っている。窓から朝日の光が入り、通り過ぎる樹木の隙の中に顔が映る。こんな心地よくて、奇妙な体験は汽車でしか味わえないと思う。

そして、携帯電話やインターネットがまだ普及していない時代に、人々は人間同士の交流を通じて長い道のりを過ごしてきた。緑汽車の中で、どこでも車両の床に座ってグループを組んで、きままにトランプで遊んでいる人が見える。遊び方が違っても、皆の方言が通じなくても、交流できるなら問題はない。

緑汽車が普及した20世紀、人々は交流によって絆を深めて、心の距離を近づけてきた。だからこそ、現代のお年寄り達は緑汽車への愛着が非常に深いのだ。更に、車両の中で、ある老人は二胡を演奏しながら故郷の民謡を歌っている。男性は女性が縫い物をするのを手伝っている。こんなどの場面も大袈裟なものではなく、日常生活で見られる一般的な風景だ。この小さい緑汽車の中の世界は、まるでその時代の中国の縮図だった。

時代が発展するにつれて、飛行機や高速鉄道などの普及で、今の中国では利用される緑汽車は非常に少なくなった。速度はもちろん、設備も環境も新興の交通機関に如かず、利用者は大体貧しい人と過去の思い出を再体験したい人たちだ。そのため、緑汽車の数は大幅に減少させられ、以前ならどこでも見ることのできた車内の主人公たちは、私たちの視野から徐々に遠ざかって行った。

目まぐるしく変化する社会に追われている私達は、しばらく忙しい日常から離れて、人々の、過去の豊かな感情をも載せている緑汽車に乗って、どこかへ旅に出てもいいのではないか。未知の風景を楽しみながら、今まで見つけられなかった奇妙な出来事が、きっと発見できるし、面白い人々とも友達になれると思う。

これが、私が見つけた中国の新しい魅力だ。もしこの文章を読んで、日本の方々が緑汽車に興味を持ったら、私にとっても、古い時代と共に消えていく緑汽車にとっても、最高の喜びだ。

（指導教師　半場憲二）

◉二等賞　テーマ「日本人に伝えたい中国の新しい魅力」

自由な世界へようこそ

ハルビン工業大学　杜玟君

中国人の先生から面白い話を聞いた。それは先生の娘さんが中学生の時に日本に行った時の話だ。日本から中国に戻る時、先生が娘さんに「何を持ち帰りたいの」と聞いた。すると「自販機がいい」と返事した。

その話を聞いてクラスのみんなは思わず笑い転げた。みんなが笑い出したのは、今の中国には所々にたくさんの自販機があるからだ。みんなの笑いが止まったあと、先生が改めて「日本の自販機は本当に便利ですよ」と言った。

去年の夏休みに、僕は短期留学で京都に行った。京都の夏はすごく暑かった。道をちょっと歩くとすぐ汗をかいてしまって、とても辛かった。でも道のあちこちにジュースを売っている自販機がたくさんあった。ポカリやカルピスなどはどこでも簡単に買えた。自販機のすぐ横にゴミ箱があって、飲みきったボトルを捨てるのも便利だった。

「日本の自販機は本当に便利だな」と僕は感心した。ホテルに帰る途中、なんとなくタバコを吸いたくなったので、どこかの自販機で買おうかと思ったら、予想外のことが起こった。

タバコの自販機はジュースの自販機と違って、お金を入れてボタンを押すだけではタバコは出てこないのだ。変だなと思ってその自販機をよく見たら、変わったところを見つけた。その自販機は何か特別なカードが必要らしい。気になって日本人の知り合いに聞いたら、そのカードは二十歳以上の者しか手に入れられないそうだ。二十歳以下の者はタバコが買えないわけだ。

「便利なはずだったのに、意外に不便なところもあるな」と僕は改めて思った。日本はある意味で「便利な社会」を求めている国である。日本の人々は日本がもっと便利な社会になるように頑張っている。日本にいる間に、新幹線や地下鉄でどこにでも行ける便利さ、百円ショップで生活必需品が安く買える便利さ、ネットで検索すればなんでも解決できる便利さなどをよく感じていた。

でも、この便利さを保つために、みんなはたくさんのルールを守らなければならない。それを逆に考えると、不便となってしまう。何かをしようとする時には、それに関するルールを守りながらやらなければならない。それで不自由さや面倒くささなどを感じることもありうるのだ。特にこの不自由さは初めて日本に行く外国人にとって、日本人よりもっと辛いのではないのかと思っている。

僕自身の経験から言うと、初めて日本に行ったら多かれ少なかれ不自由を感じることがある。顰蹙《ひんしゅく》を買いたくないので、なるべく現地のルールを守るからではないだろうか。

ルールには納得できることもあるが、できないこともある。大阪でエスカレーターに乗った時にみんなは右にずらりと並んでいるので、僕も同じようにした。でも京都駅に着いて、伊勢丹で買い物した時、不思議なことが起こった。エスカレーターに乗る人はみんな左に並んでいた。「どうして同じ国なのにエスカレーターの乗り方が違っているんだ」と僕は迷った。ネット上の資料では、それは1970年の「大阪万博」と関係があるらしい。このようなところは外国人にとって迷惑なほどではないが、不便さを感じかねないのだ。

つまり、日本はもっと便利な社会になっていくと共に、不便さも生じているわけだ。この不便さは特に外国人が不自由と感じさせられがちだ。一方、中国は日本に比べ、便利な社会を構築するのに強い力を入れていない。そのおかげで、人々はより自由に暮らしている。もちろん、日本と同じようにちゃんとルールを守っている。でも、初めて中国に来る人があるルールに戸惑って、おかしいことをしてしまっても、誰も突っ込んだりしないし、「あの人おかしい」とも思わない。恥を感じることはなく、誰でも気楽に過ごせるのだ。

この自由を感じさせる雰囲気こそ、中国の新たな魅力の一つだと思う。中国に来て、この自由の素晴らしさを思う存分味わってください。そして、この気楽な生活の虜になってください。

（指導教師　若菜郁夫）

◉二等賞　テーマ「日本人に伝えたい中国の新しい魅力」

話芸の魅力である中国の漫才

江西財経大学　王智群

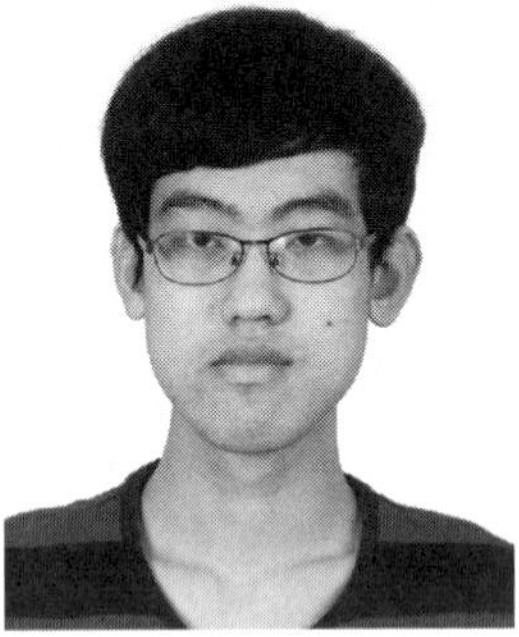

私の出身地は天津市だ。天津飯と天津甘栗の「天津」だ。しかし、天津飯も天津甘栗も日本の料理で天津にはない。

天津は古くから「北方演芸の郷」という美称がある。天津人は、大阪人と似たところがあり、話すときに、冗談やボケ・突っ込みを入れるのが大好きだ。だから、「哏都」（ユーモアのある町）という別称もある。なぜかというと、天津は港町であるため他の地域から来た人が多く、それぞれの娯楽も一緒に入ってきた。多種多様の芸術が刺激し合い、日に日に盛んになった。この中で最も流行っていたのは、中国の漫才だ。先に名を上げる漫才師が多かったから、漫才の発祥地は天津だと言う人もたくさんいる。初期は「像声」とも呼ばれ、物や人の声を真似る芸能であった。

昔、北京や天津には茶館が数多くあった。お茶を飲みながら京劇やお芝居を見て、お茶だけでなくお菓子も提供され、観衆がそれを味わいながら、演芸を楽しめるようにした。今漫才はその形式を発展させ、茶館のような小劇場で演じる。手ごろな価格のチケットで演じているため、若者だけでなく、家族連れなど比較的広い層に人気がある。

いつの世も日常生活に「笑い」は欠かせない。ストレスが多い現代社会には、さらに重要だと思う。漫才は人に喜びを与える、そういうものだ。よく笑うことで、ストレスが一切解消する。中国の漫才は日本の漫才と同じように、基本は「ボケ」と「ツッコミ」だ。中には、夫婦漫才やレッツゴー三匹のような三人漫才もある。現在は二人が主流になって、ボケとツッコミによる滑稽な掛け合いで、観客に笑いを提供する。

中国の漫才には、話す、習う、笑う、歌うという四つの伝統手段がある。話すとは、笑い話や掛詞や早口言葉などを言うこと、習うとは、いろいろな声（人の声や動物の鳴き声など）、方言、風習をまねること、笑うとは、聴衆を笑わせること、歌うとは、曲を特別なアクセントで大げさに歌うこと。その中で、特に「太平歌詞」（「太平歌詞」は、天下の太平を寿《ことほ》ぐ、そして乱さぬという隠れ蓑としての名であろう）という芸は、聴衆を笑わせる。

芸術の使命は、自然を模倣することではなく、自然を表現することだ。伝統的な漫才の主な題材は、時代を風刺したもの。しかし、直接政府の欠点をとやかく論じるという意味だけではない。空気を吸ってパンパンに膨れ上がった蛙のように、誇張によって自分を大きく見せる。「俺の法螺吹き加減はすごいんだぞ」と、互いにあり得ないことをでっちあげて自慢し、やりとりで風刺される。そして、その内容の誇張ぶりは、どんどんエスカレートしていく。

私も子供の頃からよくラジオで漫才を聞いた。知らず知らずにこの伝統芸術に興味を持っている。「報菜名」（料理の名前を言う）は早口で中国の２４８品の料理の名前を並べていく「貫口」を聴かせる中国漫才の代表的な伝統演目だ。高校時代に親睦会でこの演目を演じたことがある。ただ口を開けて話せばいいというだけではなく、台詞の言い方やタイミングがとても重要になってくる。舞台に立った瞬間とても恐く感じた。堂々と舞台に立ち、上手に演じる漫才家に恐れ入った。

今年の日中国交正常化45周年を記念し、中国の人気漫才師、「庶民派の代表格」といわれる郭徳綱さんが6月24日に東京・有楽町で中国漫才の公演を行うそうだ。言語が通じなくても、芸術は通じる。一番感覚的なもので始まり、一番抽象的なものにまで通じることができるのだ。彼の漫才は庶民の生の言葉の代表みたいなものだから、きっと親近感をおぼえると思う。漫才を通じ、中国の話題になっていることを理解できるだろう。また、中国語を勉強するのもいいかもしれない。漫才という懸け橋を利用し、中日両国の若い者同士の相互理解を促進していくのだ。これは話芸の魅力、言葉のマジックではないか。私は、話芸を通じての中日友好を願ってやまない。

（指導教師　山口文明）

◉二等賞　テーマ「忘れられない日本語教師の教え」

忘れられない日本語教師の教え

青島職業技術学院　趙景帥

私は大学に入る前まで、人生の目標は全くありませんでした。ただ、毎日学校に行き、勉強するだけです。「何のために勉強するのか」なども考えたことがなく、親に言われるまま過ごす毎日でした。そんな私を両親は心配し、私にある提案をしました。「このまま内モンゴルで生活していても、いままでと同じ人生しか歩めないかもしれない。思い切って知らない町に行って新しい人生を始めよう」と。普段の私なら、何とも思わないはずです。でもその時に両親の話を聞き心を動かされました。そして、遠く離れた青島で私の人生を変える出会いがあったのです。

大学に入学し一年生の最初の授業から坪井先生の会話授業がありました。初めて直接話した日本人も坪井先生でした。故郷で勉強していた日本語。通じた時の感動は今でも忘れられませんし、私の日本語を褒めてもくれました。子供の時からアニメが好きで、耳から覚えた日本語。話すことはなんとなくできました。ですが、正式に勉強したわけではありませんから、文法は全く知りません。でも、「少し勉強すればできる」と舐めていました。基礎日本語は毎週試験があり、淡い期待は木端微塵に打ち砕かれました。試験のたびに私の成績はどんどん下がるばかりで、多くの先生から、毎日のように怒られて自信を無くしていきました。でも、坪井先生だけは私の事を怒らず、優しく話しかけてくれるのです。ある日、坪井先生は、「趙君は毎日アニメの描いてあるカバンや文具を持っているけど本当にアニメが好きなんだね」と話しかけてくれました。私は、高校生のころからこのようなものを持っていました。高校の先生は私のアニメグッズを見ただけで、怪訝な顔をするか非難をするばかりでした。でも坪井先生は、「アニメが好きなのは悪いことではないよ。原文でわかるように頑張ろうね」と言うのでした。アニメを否定しない先生を見たのは初めてでした。その日から原文でアニメを理解したいと思うようになり、日本語に興味を持つようになったのです。そして、将来「アニメと日本語で何かをしたい」という漠然とした目標を立てるようになりました。志は高くなったのですが、やはり、試験は全く駄目でした。一年生の春学期。能力別クラス編成が始まりました。私は、会話以外他の成績は悪く、Bクラスに入る事になりました。落ち込んでいる私を見て、坪井先生は、「趙君はなんでアニメが好きなの?」と聞くのです。「面白いですからです」と答えると、「『好きこそものの上手なれ』だよ。だから、趙君も好きなアニメのために勉強すれば。一度しかない人生、好きなことをしてみたら」と言い、「私も、教えることが好きなので、先生をしているんだよ」と話してくれました。そうなのです、一度しかない人生、何の目標もなく生きていても面白くないのです。私は若いのです、失敗してもまだ取り返しがつきます。その日から、日本でアニメを学ぼうと決めたのです。ダメ学生だった私は、勉強方法も変え、毎日必死で勉強しました。そして、学校代表としてスピーチ大会の選手として全国大会に出場できるような学生に変わったのです。

スピーチ大会の成績は2位でしたが、それでも十分満足です。ダメ学生だった私が、先生に認められるようになっただけでも大きな進歩です。そして、なによりの収穫は、正しい方法で一生懸命努力すれば、良い結果が得られるということが分かったことです。今までの私は、漠然と勉強しているだけでした。でも、先生の指導のおかげで、勉強方法も学ぶこともでき、今は何事も絶対に成功できるという自信を持てるようになりました。私は、来年日本でアニメを勉強することが決まりました。留学したら、辛いことがたくさんあるでしょうが「好きな物のためなら何でもできる」その気持ちでこれから頑張っていこうと思っています。

（指導教師　坪井弘文、杜小平）

◉二等賞　テーマ「中国の『日本語の日』に私ができること」

この日、詩は面白いぜ

華僑大学　欧嘉文

中国には千年以上も伝わることわざがあり、これはもう中国の家庭教育に深く根差しているようだ。このことわざというのは「唐詩三百首を心に刻み、詩が作れなくても吟ずることができる」。中国人は趣に満ちた唐詩に対して、鑑賞したがる情念があるといっても過言ではない。

もしかすると運命により、私は日本語学科に入り、日本語作文の授業で川柳と出合い、日本にも中国の唐詩のような詩があることを知った。初めて川柳を勉強していた時、私は川柳という妙な詩が好きになってたまらず、まるで一目ぼれのようになった。唐詩が大好きな私は川柳にも心を奪われた。

「川柳、面白いぜ、自由発想な詩を作ろう」。これは初めて川柳と出合った日の最も忘れられないセリフだった。唐詩は小学校から暗記してきたが、作るのは苦手で、何度も試したが、高校生の中国語のレベルを持っていても作りだした詩は先人の足元にも及ばなくて、もうあきらめた。しかし、先生のその言葉を聞いて、川柳が作れる気がした。

「先生、川柳なんて、こんなに簡単に作れるの」。川柳についての疑問がどんどん出てきた。「『くさに寝て　心ひと時　休ませる』。これは川柳だよ、大したものだねえ、五七五の音節を使い、自分の感情を思いきり表すものだ」。先生の詳しい説明で、作る興味がますますわいた。「じゃあ、試して、話題は何でもいいよ」と言われた。「はい。アイデアが出ました。これ、聞いてください。『ある国で　難しいこと　人探し』」「欧君、すごい、きっとあの国だねえ」と先生に褒められた。川柳は本当に柳みたいなもので、自由に風になびき、自分の感情を表現できる。川柳が作れるのは幸せだ、私はこう思う。

自分の感覚をやさしく表現することができ、唐詩の複雑な作り方がない川柳の面白さを知ってから、川柳に興味がある周りの友達は時々集まり、一緒に川柳を作ることがあった。例えば、ダイエットしたがるある人に、こんな川柳があった。「ダイエット　ケーキを見ると　明日から」

「ねえ、聞いた。今年の中国人の日本語作文コンクールがもう開かれているよ。『中国の日本語の日に私ができること』と言うテーマがある。何か素晴らしいアイデアはある？」と友達が言ってくれた。

「この日、一緒に川柳を作ろう。きっと面白いぜ」。私は思わず言い出した。実はこの話には根拠があった。最近、中国のテレビで詩についての大会が放送されるなど、唐詩を鑑賞する風潮が起こっているのだ。ただ唐詩は暗記と鑑賞だけで、われわれの詩を作る才能を表せないだろう。この川柳の大会をきっかけに、自身の才能を探すことができ、日本語を活用することもでき、一石二鳥の策だと私は思う。

「ええ、素敵な考えね。でも、これだけだとちょっと単調かなあ」と友達が教えてくれた。

そのあと、頭を絞り、いろいろな考えが出てきた。一つ目は川柳を作る時間を選手たちにあげ、制限時間内に完成させる。この考えは三国時代の七歩のうちに詩を作るという典故に基づいていて、ピンチの時、人の隠れた才能と資質を引き出す効果がある。二つ目は唐詩を入れ、中国語の唐詩を日本語に訳す。これを通じて、中国の単語と日本の単語を巧みに活かす才能を身に着けられるだろう。三つ目は日本語の唐詩の聴解録音を選手たちに聞かせ、中国語に訳させる。語学を学ぶ人にとって、聞き取りは最も厄介なことといっても過言ではない。このゲームの作用はこのためだと思う。四つ目は川柳の後半部分を先に抜き、選手たちに考えさせる。川柳の前半部分を読んでから、後半部分を考え、思考力と判断力を高めることができる。

この大会のことを考えるたびに、私は胸がわくわくし、中国の「日本語の日」の開催をたのしみにしている。今、私ができるのはもっと、もっと、日本語を勉強して、中国人の川柳大会」の司会になれるだけの才能を身に着けることだ。

（指導教師　小川友里）

◉二等賞　テーマ「日本人に伝えたい中国の新しい魅力」

日本人の知らない中国の「美食」

上海交通大学　陳　艶

中国には「民以食為天」という諺がある。つまり、人にとって食べ物が一番重要だという意味だ。日本人にとって、中国の食文化と言えば、あるいは「北京ダック」「トンポーロウ」という世界的に有名なおいしい名物料理であろうか。しかし、今回私が日本人に伝えたい、魅力の一つとしての中国の食文化は、もしかすると聞いたこともないような食べ物である。

一、

「人参の葉のギョーザ」という料理は、おばあさんが話してくれた美食である。おばあさんは若い時代の昔話をするたびに、懐かしそうにこの食べ物について話してくれた――。「これは私の20歳ぐらいのころのことだね。当時は60年代だった。食糧が不足していたから、お父さんはどこからか1袋のにんじんの葉を手に入れてきた。これは宝物のような物だよ。餃子の餡にすることができたからだ。この時、お母さんはいつもモロコシの粉で作られた皮をなるべく薄く伸ばして、にんじんの葉をちゃんと細かく刻んで、それを餃子の真ん中に多く包んだ。醤油が乏しかったので、お酢だけをつけて食べた。そうだ、お酢にちょっと唐辛子を添えると、もっとおいしかったよ。そのころ、私は30個ぐらいの餃子を食べられた。お腹がいっぱいになってとっても幸せだったよ」。ここまで話すたびに、おばあさんは満足そうな顔をした。

「残りの餃子は、ストーブに輪に並べて置いて、きつね色になるまで焼いた。これは私の夜勤の後の美食だよ。熱い餃子が焼けて香ばしい香りを放って、金色の皮がさくさくだった……」。この時、おばあさんの話を聞くと、私の脳裏にはいつもきつね色で、ぷっくり太った餃子が浮かぶ。何よりも貴重な人間の美食だと思う。

二、

中学生の時、有名な作家である劉紹棠の「ユチエンファン（楡銭飯）」という文章を読んだことがある。この文章は作者の幼い時に楡の葉を取って食べた思い出を述べている。毎年の三月と四月、あるいは食糧供給の端境期に、六歳の作者と十六歳の姉はいつも一緒に楡の葉を取った。「ポプラと柳の葉は食べられるが、楡の葉より、おいしくなくて、ご飯のおかずにすることができない」。楡の葉は生食すると甘みがあって、噛めば噛むほど良い味がする。「幼い私は楡の葉を鷲掴みにして口に押し込んだ。……九割の楡の葉と一割のトウモロコシの粉を混ぜて、せいろうで蒸した。それから、碗に盛って、細かく刻んだ薄緑の葱と塩漬けの人参の汁を加えて、上からかけ混ぜて食べた。とても口にあった」。劉紹棠先生の作品中の「ユチエンファン（楡銭飯）」は、私に深い印象を残した。甘味、薄緑の葱、ちょっと辛くて酸っぱい漬け物、黄色のトウモロコシの粉……いろいろな味覚と視覚が混じってそんなイメージが私の「楡銭飯」を早く食べてみたいという気持ちを募らせた。

やっと、農村の親類に頼んで、通りがけに楡の葉をちょっと持ってきてもらった。想像していたほどはそんなに甘くないが、自然から贈られたすがすがしい香りが口の中でずっと漂っていた。

「人参の葉のギョーザ」と「楡の葉のご飯」は、日本人の友達はよく知らないだろう。「北京ダック」「トンポーロウ」などは食材が豊かで、栄養価値が高く、色、香りと味がいずれも素晴らしい。このような中華料理は中国の飲食文化を代表しているが、「人参の葉のギョーザ」や「楡の葉のご飯」などの食べ物は見落とされてしまうだろう。今の私たちにとって、それは「北京ダック」と比べてそんなにおいしくないかもしれないが、中国の60年代の人にとってはとっておきの美食だった。極度の穀物不足の大躍進の時代に、知恵と実践によって、中国人は簡単で粗末な食用可能の物で、できるだけおかずを作り出したのだ。

このような楽観的な精神と強い生存意識が、中国の魅力の一つとして、中国の食文化の流れに不可欠な精髄なのではないだろうか。

（指導教師　河崎みゆき）

◉三等賞　テーマ「忘れられない日本語教師の教え」

忘れられない日本語教師の教え

青島大学　呂暁晨

「日本語を勉強して、何をしたいのですか」

私が日本語を勉強していることを知り、よく聞かれる質問の一つです。正直、私もよくわからないけど、いつも「通訳かな」と曖昧に答え、すぐ話を変えていました。なぜかというと、外国語を勉強してできる仕事は、「通訳」だろうと思うし、それしか思いつかないから。まあ、なんといっても、通訳と言う響きも良くてカッコよく思えます。でも本当の事は何もわかっていません。そして、試練がやってきました。

先日、大学の主催する会議があり、日本からのお客さんが来られました。日本語を勉強しているし、通訳希望と言っていたので、私が通訳を務めることになりました。随行通訳ですので、常にお客さんと一緒に行動することが多かったのです。ホテルのチェックインや、会場やレストランへの誘導など、難しい内容はあまりなく、自分でも上手に通訳できたと思っていました。しかし、時々お客さんに変な顔をされます。その顔を見ると不安や嫌な気持ちにもなりますが、この通訳で日本語にも自信を持てるようになりました。そんな事を思っていた休憩時間に、同じく会場で会議通訳を担当している先生に呼ばれました。「そういえば、呂さんって、卒業したら通訳になりたいと言いましたよね」。どうしてこんな時に、進路相談みたいな話を持ってくるのかと不思議に思いました。「はい。そうです」と答えると先生は。「呂さんの使った日本語はどれも文法的には正しいけど、相手の気持ちをあまり考えていないようですね。さっき、会議が終わった後、呂さんがお客さんに『これから、休憩してください』と言って、まず自分が先に席を離れたでしょう。お客さんに命令している感じだし、面倒くさそうに早く会場から離れたい気持ちが見え見えでしたよ。まだ二年生だからわからないかもしれないけど、このことは仕事では重要だからね」と言われたのです。先生は別に怒っている顔はしていなかったですが、その言葉は重かったのです。時々お客さんに変な顔をされたのは、私の下手な日本語にではなく、私の適当な仕事ぶりだったことがやっとわかりました。今やっていることは、アルバイトかもしれないけど、お金をもらっているのだから立派な仕事なんです。学生だから適当にやっていい事ではないし、私の通訳でお手伝いする日本人は、その通訳を聞いて仕事をするのです。この仕事は責任がある仕事なのです。その後の通訳では、私はできるだけ勉強した尊敬語や謙譲語を使って話し、先生を見習って、身振りなども使いお客様が理解しやすいように通訳をしてみました。担当するお客さんは徐々に笑顔を見せてくれるようになって、最後お別れの時、「呂さん、いろいろ気を遣っていただき、ありがとう」と言ってくれました。その言葉を聞いて本当に嬉しかったですし、通訳とは単に言葉を訳すだけではなく、相手の心も訳す必要があると分かったのです。この会議がきっかけで、「なんとなく将来は通訳になりたい」から、「絶対に通訳になりたい」と思うようになったのです。

言葉の力って本当に不思議なものだと気がつきました。同じ意味をそのまま日本語に直訳するのと、丁寧に日本語らしく訳すのと、まったく聞き手に違うイメージを与えます。それに、丁寧な言い方を通して、聞き手に気を遣っていることをきちんと伝えられるなんて、日本語ならではの魅力でしょうか。このことを気づかせてくださったのは、先生です。先生があの時、注意してくれなかったら、今までと同じようになんとなく勉強していただけでしょう。適切な時期に、私の気持ちや考えを分かって注意してくれた先生は、日本式の注意方法だったのかもしれません。今更になるかもしれませんが、日本語って本当に奥ゆかしいものです。これからも、先生のもとで、もっと日本語を勉強していきたいですし、相手の事を考えられる通訳になりたいと思っています。

（指導教師　杜雪麗、坪井弘文）

◉三等賞　テーマ「忘れられない日本語教師の教え」

恋せよ乙女

中南財経政法大学　陳　群

私は男性に絶望していた。恋することに恐怖を感じていた。九歳の時、母の悲しい涙を拭きながら、恋や結婚の暗闇に絶対に落ちるものかと決心した。成長するにつれて、男の子への嫌悪感と偏見はますます強くなっていった。

そんなコチコチに凝り固まった心を抱えて、私は大学に入った。そこでのある先生との出会いが、偏見そして人生そのものを変えるとは、まったく想像もしていなかった。その方は中村紀子先生だ。

一年生の後期、中村先生が私たちの日本語会話の担当になった。先生は授業中、あまり教科書の内容にこだわらず、自分の言葉で生き方や人生について熱く語る。それは、授業以外の時間でも留まることを知らない。私は先生の言葉のおかげで、大きく変わった学生の一人だ。

日本語学科の男女比はあまりに不平等で、恋愛する人も少なく、多くの学生は週末になっても、寮にこもってばかりだった。先生はそんな私たちにいつも恋愛の話をする。「せっかく人生で一番美しい時期にいるんですから、今、目の前にチャンスが来た人は、逃げずにパアッとつかんじゃってください。応援していますよ」と先生は、手を伸ばしてからぐっとつかむジェスチャーで言った。

私は、最初、その言葉はただの冗談だと思って、全然気に留めていなかった。大学の先生ともあろう人が、学生の恋愛に関心があるなんて、ばかばかしいことだと思って、聴き流していた。それでも先生は、皆の前で何度も恋愛の話をした。「私たち外国語学習者にとって、異文化コミュニケーションは永遠のテーマです。でも、この世で一番難しい異文化コミュニケーションは恋愛です。恋愛って、相手はもちろんのこと、普段なら自分でも気づかない自分の新しい一面がどんどん出てくるんです。もちろん、いいところばかりじゃないから、恋は難しいんですけどね。でも、どんな結果になっても恋はあなたを大人にしてくれます。一つの恋があなたの世界を変えますよ」

先生の話は、もちろん、恋する話だけではなく、学生を激励する言葉でいっぱいだ。長い時間、中村式の激しい言葉のシャワーを浴びて、男性に絶望していた私の考え方も知らず知らずのうちに変わってきたようだ。

ある日、パーティーで一人の男性に出会った。初めて会ったのに驚くほど気が合って、その人は私に手を差し出してくれた。数日間のためらいの中、ふと先生の言葉が頭に浮かんで、私は、逃げずにパアッと彼の手をつかんだ。

私は大きく変わった。以前の私は非常に引っ込み思案で、何事も他人の態度や気持ちを考えすぎていた。自分のスペースを最小限に縮めて、その中で息をひそめるように生きてきた。私が人との接触をできるだけ避けていることに気づいた彼は、武漢市二十四キロ徒歩大会をはじめ、私をいろいろな活動に連れ出しはじめた。彼やその友達と付き合っていくうちに、私はだんだん外の世界が好きになってきた。

こんな私が恋をしたことは、確かに仲間内では大きなニュースになり、先輩や後輩からもずいぶんからかわれたが、しばらく経つうちに、冗談を冗談で返せるようになった。毎週参加している日本語サロンでも、恋にまつわる話を披露するようになった。それも何十人もいる前で！　数カ月前までは、人前で話そうとすると、どもってしまっていた私なのに、この変化には自分でも驚くほどだ。

もちろん、中村先生にも真っ先に報告した。先生はニコッと笑って、こう言った。「ね、キミの世界があっという間に変わったでしょう」

そう、一つの恋は世界を変える。私はこの経験を一生忘れないだろう。先生は「検証のない固定概念ほど、人生をつまらなくさせるものはない」とよく言う。この恋がこの先、どうなっていくか、それは自分にもわからない。でも、はっきりわかっているのは、私はこれからの人生、殻を一つひとつ破りながら、新しい自分に出会っていくということだ。本当に中村先生の言うとおりだった。「命短し、恋せよ乙女」

（指導教官　中村紀子、森田拓馬）

◉三等賞　テーマ「忘れられない日本語教師の教え」

忘れられない日本語教師の教え

杭州師範大学　陳月園

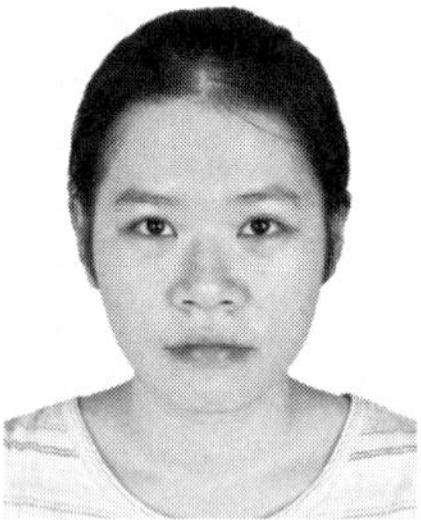

大学二年の時、大学院を卒業したばかりの日本人の先生が私たちに作文を教えていた。ある時、メールで提出する宿題が課せられたが、その次の授業で先生は「本文なしの宿題は見ません」とおっしゃった。それを聞いて、私は驚いた。私も「本文なし」の一人だったからだ。メールにはファイルを添付するだけでいいと思っていたので、本文には何も書かず、真っ白のままだった。「本文なしのメール」を先生に送ることは、極めて失礼なことだと初めて知った。その後、先生はメールの本文の書き方、例文などについて細かく説明された。だが、どうして先生は、こんなに細かいことばかり気にされているのかと思った。本文を書かずにファイルだけを添付しても、ほかの先生に注意されたことは一度もなかったからだ。少し反発を覚えた。

やがて作文の授業は、クラスがいくつかの組に別れて、論文を書く形で進み、期末にＰＰＴ（パワーポイント）とレジュメを準備して発表することになった。ＰＰＴはネットでテンプレートを探して、内容をその中に書き込めばいいと思っていたが、先生の授業ではそうはいかなかった。先生はＰＰＴの作り方について、また細かく説明された。文字の大きさ、文字の色、文字と図の配分など、いちいち説明された。私は、「そんなにいちいち説明してもらわなくても、ＰＰＴくらい作れるのに」としか思わなかった。文化の違いがあるとは思うが、先生は細かいことにこだわりすぎる。そうは思いながらも、先生の教えは知らずと私に影響を与えていた。

三年生になると翻訳の授業で、メールで提出する宿題が出た。今度は中国人の先生だから、メールの書き方を気にする必要はないと思ったが、念のため短く挨拶を書いた。クラスメートたちもそうだった。すると後で翻訳の先生は、「メールを読んでみて、みんなの礼儀正しさに感心した」とおっしゃった。それを聞くとうれしくなって、作文の先生のおかげだと心の中で思った。

また、日本文化の開講講座で、ある教授が日本の大学院の研究計画書のメールでの送付について説明をされた。日本の大学院の教授に研究計画書を送る際、メールの書き方は非常に重要で、その下手さから入学が許可されなかった学生をよく見かけたという。メールの書き方には多くの注意が必要で、うまく書けないと大変なことになるのだとそこで初めて実感した。そして、作文の先生のことを悪く思っていた自分が恥ずかしくなった。

またある時、自動車工程専攻の友人とのことである。友人は調査発表の宿題でＰＰＴを作っていたが、作り方に迷っていた。そこで、作文授業で先生に習った知識を教えた。数日後、友人から報告があり、「簡潔で、一目瞭然だ。よく作った」と先生にほめられたという。面倒くさくて嫌になりながら覚えた知識がこんなところで役に立ったと、またうれしくなった。

作文の先生の教えは、「こだわりすぎだ」と当時は思っていたが、今になって振り返ってみると、それは単なるメールやＰＰＴの作成といったことだけでなく、細部に気を配り、些細なこともしっかり完成させようとする精神の教えでもあった。先生の授業を通して、細部に注意を払うことの大切さを改めて考えさせられた。

中国にも細部にこだわる精神は存在するが、日本ほど厳格ではない。細部にこだわる人も少ないと思う。私自身も、もし先生の授業を受けなかったら、この精神に気付くことはなかったと思う。しかし、細部へのこだわりの欠如は、中国製の製品が壊れやすいとか、手抜き工事が多いなどといった社会問題へとつながっていく。今なお急速に発展している中国において、質を高めるために欠かせない細部へのこだわりの精神は、忘れ去られている気がしてならない。だからこそ作文の先生の教えは、私たち中国人が求めるべき精神の一つなのではないだろうか。

（指導教師　南和見、田苗）

◉三等賞　テーマ「中国の『日本語の日』に私ができること」

「日本語の日」に経験談を

清華大学　王婧瀅

「日本語の日」を新設するのは、中国人に一層深く日本と日本語を理解してもらうためである。そして、この日に私のような普通の日本語学習者に何ができるのかと問われたら、一つの案を提案したい。

中国と日本はともに漢字を使うとはいえ、やはり相互理解にはかなり難しい思いをさせられることが多い。なぜかというと、おそらく言語を真剣にいちいち翻訳してもお互いに理解できること以外に、ニュアンスの差というものがどうしても残るからだと思う。日常生活においてのみ身につけられる、授業で学ぶことができないニュアンスのズレは、日本人と付き合う際に最も難しい問題の一つである。そのため、「日本語の日」に、日本語の学習者たちが自分と日本人との面白い勘違いを共有できたら、そのようなズレを少しでもなくすことができるかもしれないと考える。なぜそのように考えるかと言えば、これまで大学の日本語学科において二年間日本語を勉強してきた私自身も同様の誤解を経験したことがあるからである。

今でも深く印象に残っているのは、日本人の友達と食事をした際のエピソードである。大学の食堂は、大抵同じメニューが並んでいるが、時に新しいメニューが登場する。ある日、私たちは講義棟近くの食堂で「あ、新しいメニューがある！」と喜んだ。日本人の友人は、すぐその料理を頼もうとしたが、私はちょっとためらっていた。すると、

「いいよ、私が食べてみて、おいしいかどうか教えてあげるよ」

と、友達は言った。彼女は嬉しそうに注文した食事を持って席に戻ってきた。そして、期待したような表情のまま注意深く、一口食べた。

「どう？」

私は興味津々に聞いた。すると彼女は複雑な表情で、
「うん、面白い味……」
とだけ言ったのだ。私はそのとき、面白いという言葉のニュアンスがはっきりとはわからなかった。ただ、面白いというのがいいイメージの言葉であるということだけを知っていた。そこで、別の日に一人で同じ料理を期待しながら注文してみた。しかし、その料理は人の好みの差とかそういう次元を越え、明らかにおいしい料理ではなかった。その時に私は、日本人の彼女は料理がおいしくなくても直接伝えたら中国人の私の感情を害すると心配したから、「おいしくない」の代わりに「面白い」と言ったのだとようやく理解した。

また、買い物に行き、友達が「いい値段しますね」と嘆いていた時、私が「値段がいいなら、買えばいいじゃない」と答えてしまったこともあった。実は彼女は、値段が高いから手が出ないと言ったのだった。

日本人と付き合っているうちに、このような注意すべきことが思ったより多いということに気づいた。言葉というのは、辞書を調べていちいち置き換え、それだけですむ問題ではないのだろう。そして、日本人と交流することも、自分の考えをいちいち日本語の言葉に訳し、相手の言葉をいちいち母語に訳して理解しようとしてすむ問題ではないのだろう。

そのため、「日本語の日」を機にして、このような日常によく起こる勘違いをほかの人とシェアするのは日本人と日本語への理解を深めることにもつながると考えた。みんなが日常のこのようなズレについての話を紹介し、議論とその結果の共有を行えば、日本の正しい理解に近づけるであろう。勘違いについてのエピソードを紹介するだけでも構わないが、その場面を演じるとかビデオを作るなど様々な方法で表現することが理解をさらに深めることに役立つであろう。

私のような普通の日本語学習者から経験談や少しの失敗談を集めることで、参加者は興味深い一日を楽しみながら日本語への理解も深められるわけである。日本語学習は教室での授業ももちろん大切であるが、日本人との日常生活の中でこそもっと理解できるわけである。その経験談の発表者の一人になることが、私が「日本語の日」にできることだ。

（指導教師　日下部龍太）

◉三等賞　テーマ「忘れられない日本語教師の教え」

勿体無いこと

長春師範大学　劉思曼

「私は何をしてもダメなんだ」。小さい頃から、体育も、勉強も、周りの子どもと比べてダメだと言われ続けてきた。そんな私は、できるだけ何も試さないように生きていた。何もしなければ、何も失うことはない。

そう考えていたある日、私の学校に新しく日本人の先生が来た。初めての授業で、先生は簡単に自己紹介をした後、「皆さんは、どうして日本語を勉強しようと思ったんですか」と、新しく来た先生にありがちな質問をした。「日本のアニメが好きだから」「親戚が日本にいて、私も将来日本で生活したいから」など、様々な答えが次々と出ていた。そんな中、私は「特に理由はありません。日本語にも、日本文化にも別に興味がないです。ただ学校の割り当てに従って日本語学科に入っただけです」と答えた。すると、先生は「でもそれもいいかも知れませんね」と言って、優しく微笑んだ。そして「もし日本語学科に割り当てられていなかったら、日本語に触れることもなく、日本語の良さや面白さに気付くこともなかったかも知れませんね。そして、それに気付かず、ただ何となく日本語を勉強して卒業してしまうのは、勿体無いことだと思いませんか」と話を続けた。

このとき、「日本語を勉強しないことは勿体無いことで、確かに損かもしれないが、大した事じゃない。外国語の才能もないし、別にそんなことに気付かなくってもいいだろう」と思っていた。

そして、その先生が学校に来て何カ月か過ぎたある日、新入生向きの朗読大会が開催されることになった。私は参加したくなかったが、先生が勝手に決めて、私は参加することになった。強制だった。舞台の上で恥をかくのも嫌だったので、私は先生と一緒に一生懸命練習をしたが、朗読大会当日、緊張してしまったこともあって、結果はあまり良くなかった。大会の次の日、きっと先生をがっかりさせただろうし、先生に会うのが嫌で、私は先生の授業を休んだ。すると、先生から電話がかかってきた。「ごめんね。朗読大会で結果を出せなかったのは、すべて私のせいだから、Rさんはあまり気にしないでね。Rさんの能力を引き出せなかった私の責任だから」と、電話の中で先生は言った。

意外だった。私は咎められるとばかり思っていて、まさか先生が謝るとは思ってもいなかった。「日本人は本当によく謝るなぁ」と思う一方で、そこまで私の力を信じてくれていることに驚いた。そして、「いやいや、先生、勘違いですよ」とも思ったが、「そんな力があるといいな」と望む自分がいることに、私は気付いた。私はこれまで、誰も自分を認めてくれないと思っていて、自信がなかった。そんな私は、自分を信じたいという、気持ちが他の人より強かっただろう。

しかし、この気持ちのために私は何をしてきただろうか。自信がないために、できるだけ問題を避け、すべて人に任せて、ただひとり閉じこもっていただけだった。これでは、ダメな自分を見ることもないが、同じように自分の良さや良くなる可能性に気付くこともできない。

先生が初めての授業で言ってくれたように、確かに私は「勿体無い」ことをしてきたのかもしれない。私は、私が本当は望んでいるような自分になろうとはしていなかったのだから。授業で先生が「勿体無い」と言ったとき、私は単に日本語の良さや面白さに気付かないことだと思っていたけど、そうではなくて、日本語の良さや自分の可能性に気付かず、止まったままでいるのは勿体無いということなのだ。

先生が私達の学校にいたのは一年だけだった。先生と話をする機会はあまり多くはなかったが、先生が私に言ってくれたことは、ずっと心の中でこだましている。先生は私に「色々な可能性に眼を向けないことも損であり、勿体無いことだ」ということを教えてくれた。あれから一年が経った今でも、私は先生が教えてくれたことを宝物にして生きている。

（指導教師　平塚貴嗣、馮立華）

◉三等賞　テーマ「忘れられない日本語教師の教え」

忘れられない日本語教師の教え

恵州学院　葉奕恵

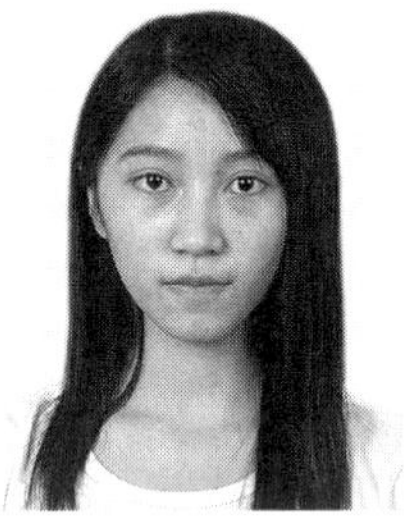

私は今、家から三百キロほど離れたところで生きている。恵州学院、ここで四年間の大学生活を送っている。ゆっくりと生活の中の雨露を吸い取って、日差しを浴びて、でも、時には霧の中で見当がつかなくて立ち尽くしている。

大学に入学したばかりの二年前の私は、何も心配せず、自分の専攻もあまり気にかけていなかった。だが、時々、自分はなぜここにいるのか、なぜ日本語を専攻したのか、何をしたいのかなど自問していて、五里霧中にあった。

私は、かなり頑固な人間である。自分の嫌なものは絶対嫌だ。大学の専攻も好き勝手に選んだ。その時は何にしたら良いのか全然見当がつかなくて、日本のアニメに熱中したことを思い出して、日本語にしたのだ。しかし、落ち着いて考えてみると、日本語を勉強したら将来どんなことができるのかとか全然わからなかった。

そんな私は、他人からみれば、かなり明るい人間だったかもしれないが、その心の中は、実はとても虚しかった。そこへ、転換期が訪れたのだ。

それは、日本語の授業中のことだった。その時、先生は友人の話をしたのだ。その先生の友人は動物学の研究家であるということだ。ゴキブリ、彼はこの強い生命力を持っている気持ち悪い生物に熱中して、研究をしていた。でも、それはかなり人気がない専門だったから、周りの人に理解されなかった。だが、彼は毎日毎日ゴキブリと一緒にいた。いろいろな成果も出て、多くの本も出版できたが、彼の生活は相変わらず低迷していた。そんな未来を見通せなかった時にも、彼は後悔したり弱気になったり全然しなくて、研究し続けた。それから何年も経ってから、北京でひどいゴキブリの被害が発生した。すると、彼はやっと人生の春を迎えたのである。数多くの研究成果はとても役に立って、大成功を収めたのである。

ここまで聞いて、私はびっくりした。先生は話を続けた。「誰も何年も後の災難を予想できなかった。でも、一つのことは断言できる。もしもあの時彼が研究を諦めてしまえば、今の成功は絶対になかった。だから、君たちも、今は未来のことがぼんやりしていてわからなくても、とりあえず目の前にあることをちゃんとやった方がいい。そうすれば、機会は自然にやって来るから。もし今努力しなければ、未来に何も起こらないのは間違いないんだから」

私は、「とりあえず目の前にあることをちゃんとやっていればいいんだ」って、心の中で何回も繰り返した。それから、私の目の前が、何か、ちょっと明るくなってきたような気がした。

その後、私の生活は変わり始めた。それは、霧の中を抜け出して、青い空に巡り合って、その光を迎え入れたみたいな感じだった。

今の私は、悪くない成果を挙げたと言えるだろう。私はいつも元気に目の前のことをちゃんとやり遂げてきた。去年からずっと日本語の勉強を一生懸命頑張ってきたのだ。おかげで、日本語の能力試験にもパスできた。だんだん自分のしたいこともわかるようになってきた。日中相互理解を促進すること、私はこんな目標を立てたのである。その目標に応じて、私は今でもちゃんと頑張っている。新学期の初めには、日本からの短期留学生の接待役として、中国をよりよく理解してもらうために、多くの観光地にも案内したし、中華料理も作ったし、いろいろなことを十分に体験させてあげた。日本語のスピーチコンテストにも参加して、日中相互理解について発表した。自分の目標に向かって、少しでも自分の力を尽くして頑張ることができて、本当に嬉しかった。少なくとも、私はもうぼんやりと生きていない。

これらの私がやってきたことはすべて、以前の私なら絶対思ってもみなかったことばかりだ。先生のおかげで、私は五里霧中の状態から抜け出して、光を迎え入れることができたのである。先生の教えは、私にとっていつまでも忘れられないものになった。これからも、ずっと私の心に銘記されるだろう。

（指導教師　李楽）

◉三等賞　テーマ「忘れられない日本語教師の教え」

忘れられない日本語教師の教え

電子科技大学　陳妍宇

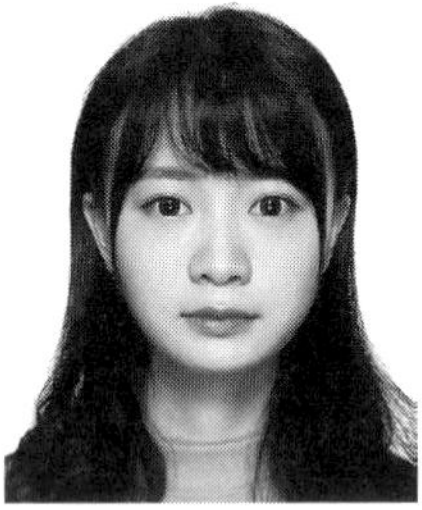

今、私のWeChat（微信）には、たくさんの日本人の名前がある。拓弥さん、玲奈ちゃん……みなとの出会いは、すべて張先生が繋げてくれた。でも、先生はもう私の側にいない。先生が私の側を離れるとき、私は別れの言葉も感謝の言葉も言えなかったことを後悔している。

大学一年生の時、「総合日本語」の授業を担当する予定だった先生が病気で来られなくなり、代わりに来てくれたのが張先生だった。

私の高校の先生は、成績が良い学生にしか関心がないようだった。私のように、勉強にあまり興味がない学生は、ほとんど無視されていた。だから、高校でも大学でも、私は先生のことをあまり信頼していなかった。

気ままに日本語を勉強することが好きだった私は、大学で日本語を専門に勉強しようとは思っていなかった。単語、文法、テスト、毎日毎日つまらなくて苦しかった。日本語が好きだという気持ちも次第に薄れていった。朝の朗読にも行かなくなったし、授業でもぼんやりすることが多くなった。そのうち、だんだん他の専門に興味が移っていった。

そんなある日、張先生が「有名な日本人の先生が成都にいらっしゃって講義をしてくれます。陳さんも行きませんか？」と、なぜか私を誘ってくれた。まだ一年生だし、日本語講座なんて聞き取れないし、会場は学校から遠いし、あまり行きたくなかった。でも、張先生は、車で送ってあげると言って、何度も何度も熱心に誘ってくれた。

その講座の内容は、もう覚えていないけど、ちょっぴり面白かった。だから、次の夏休みに、張先生が紹介してくれた北京のサマーキャンプに参加しようと決心した。

夏休み明けに張先生が、「サマーキャンプはどうでしたか？」と聞いてくれた。「初めてあんなに多くの日本人留学生と出会えて、一緒に勉強して遊びました。日本語の勉強って、意外に楽しいです。これからもっと頑張ります！」。私は先生にそう言った。「そうですか、日本語の勉強は楽しいでしょ。今の気持ちを忘れないようにね」。先生はそう言ってくれた。

今でも、単語をたくさん覚えなければならない時、試験のプレッシャーがきつい時、日本語を勉強したくない時、よく先生の言葉を思い出す。「日本語の勉強は楽しいでしょ」

一年生の後半に、なんとなく日本語能力試験N２に挑戦したくなった。他の先生はみな、「陳さんは一年生だから、まだちょっとねえ」と言ったが、張先生だけは、「きっと大丈夫、頑張ってね。何か質問があったら、いつでも聞いてね」と励ましてくれた。そして、毎週水曜日の午後に時間を取って、私の質問に答えてくれた。一年生の私にとって、この試験の問題はやはり難しかった。模擬テストでもよい点数をとれなかったが、先生はいつも「大丈夫だよ」と励ましくれた。

そして、奇跡が起きた。私は試験に合格した。張先生の励ましがあったから、最後まで諦めずに頑張れたのだと思う。

二年生の前期試験の前に、張先生が「試験が終わったら、みんなで一緒にご飯を食べに行きましょう」と誘ってくれた。その日、私は都合が悪く、来学期にまたチャンスがあると思って行かなかった。でもそれが、張先生と話す最後の機会になってしまった。

「今度、N１に合格したら、先生にご馳走しますよ」と約束したのに、結果が出た時、先生はもう私の側にいなかった。二年生の冬休みに、先生は家族の都合で実家に帰ってしまったのだ。突然の別れに、「サヨナラ」を伝えるチャンスもなかった。どうしようもなく悲しくてつらかった。

日本語の授業が嫌いだった私、学校の先生が嫌いだった私。日本語の楽しさを教えてくれた先生、教師の仕事はこんなにも魅力的なのかと感じさせてくれた先生、いつも励ましてくれた先生、いつも私を見守ってくれた先生。日本語の勉強を続けていれば、きっとまた先生に会えると信じている。

学校の廊下を歩いていると、時々心に張先生の声が響く。「日本語の勉強は楽しいでしょ」

（指導教師　上田裕）

◉三等賞　テーマ「日本人に伝えたい中国の新しい魅力」

多面中国　1＋1＞2

華僑大学　傅麗霞

小さい頃、私は村に住んでいた。その時、村の皆が普通に自分たちの方言をしゃべっていた。しかし、ある日、隣の村の人がほかの方言をしゃべっているということに気づいた。「こんなに近いのに、どうして私がぜんぜんわからない方言をしゃべるの?」と私はとても驚いた。母は、「武夷山脈は山が多いから、山を一つ越えると、方言が大きく違うことがあるのよ」と説明してくれた。

小学六年生の時、故郷に少数民族が多くいることが本当に分かった。その時にはじめて、民族によって習慣が違うということを意識した。

中学時代に時々ある親友の祖母の家に行った。親友はシェ族の人だ。みんなで「烏飯」を作ったのは、今でも忘れられないことだ。「烏飯」はその名称の通り、烏のように黒い色のご飯で、旧暦の三月三日、シェ族の「三月三」という伝統的な節句に必ず食べなければならないものだ。穀物の一粒一粒が皆の苦労の賜だということを子孫に覚えさせるため、三月三日を穀物の誕生日にしたのだ。

この烏飯を作る過程は面白い。「烏枝」という植物の葉を砕いて汁を搾り、その汁にもち米を浸す。数時間後、このもち米が黒くなる。この黒くなったもち米を炊き、烏飯ができる。米が白色から黒くなるのは、服を着て、お誕生日を迎えるようだ。友達の祖母は、「この烏飯を食べたら、アリに噛まれる心配をする必要がなくなるのよ」と私たちに話してくれた。

シェ族の伝統の服装は主に黒色と青色で、きれいだ。その伝統の服装の中で一番有名なのは、「鳳冠」と「牛角帽」だ。「鳳冠」は帽子の上に鳳凰のようなものがあるものだが、「牛角帽」は額のところにウシの角のようなもの一つがあるものだ。一般的に、帽子は銀の飾り物によって飾り付けられている。このウシの角の色は常に赤色だ。

六、七歳ぐらいの時、私はピアスの穴をあけた。私の子供時代の思い出の一部は、いろいろな銀製のピアスだ。今も家には小さい頃につけたピアスがある。残念ながら、あの頃の私はわんぱくで、大多数のピアスは片方だけになった。私にとってピアスの穴は普通だが、六、七歳ぐらいにピアスの穴をあけたことを友達に話すと、皆びっくりした。そうして、一般的に、こんな小さい頃にピアスの穴をあける人はなかなかいないという事実を意識するようになった。どうして私は少数民族ではないのに、小さい頃から銀製のピアスをつけたのか。シェ族の影響を受けたからかもしれない。

シェ族の人々は銀製の飾り物が大好きだ。実は、中国で銀製品が好きな少数民族はいくつもある。例えば、タイ族やチベット族やミャオ族などだ。しかし、民族によってトーテムが違うため、銀製品の形も違う。シェ族の人々にとって銀製品は魔物を近づけないための魔除けだ。私の故郷では娘が成人した後、両親が銀の腕輪をあげる習慣がある。それもシェ族から学んだものだと思う。

故郷には、シェ族のほかに、客家の人もいる。客家は少数民族ではないが、ある習慣から見れば、漢族らしくない。例えば、客家の人々には彼らの特別な伝統の服装があり、客家の人の話す方言はシェ族の方言によく似ている。それから、シェ族にも客家にも「米酒」というお酒がある。シェ族の「米酒」はもち米で作った緑色のお酒で「緑米酒」と言われるが、客家の「米酒」は赤色で、正式名称は「紅米酒」というお酒だ。しかし、「緑米酒」も「紅米酒」も普通は「米酒」と呼ばれている。それらの面から見れば、客家とシェ族はよく似ている。もしかすると、客家は漢族文化とシェ族文化の融合した後の新しい存在だと言ってもいいかもしれない。

中国は日本と違い、民族の少ない国家ではなく、56の民族からなる多民族国家だ。この50あまりの民族にそれぞれの特色があり、さらに異民族間の交流によって新しいものができていく。この包容力が豊かな中国文化こそが中国の本当の魅力だと私は思っている。

（指導教師　稲木徹）

◉三等賞　テーマ「日本人に伝えたい中国の新しい魅力」

ごはん食べた？

浙江農林大学　李夢倩

中国では人に会った時、「ごはん食べた？」と挨拶する。「食べてないよ」と答えたら、相手の家に呼ばれてごちそうになることが多い。

夏になると、おばあさんとおじいさんが縁側や大きな木の下で、扇子で扇ぎながら夕涼みをする姿がよく見られる。そばを通る人を呼び止め、隣に座らせて、おしゃべりを始める気さくなおばあさんも少なくない。

日本の人は、初めは煩わしいと思うかもしれない。でも、中国での滞在時間が長くなるにしたがって、このような光景に馴染んでくるだろう。これこそ中国の最大の魅力――「人間味」だ。

私の知り合いのある日本人の男性は、中国に来たばかりの時に財布を無くしてしまった。財布には全ての現金やカードが入っていた。仕方なく、彼は中国の友人にお金を借りた。友人は借用書をもらわずにお金を貸してくれた。彼はそんな体験は初めてだったので、友人に借用書を書かせない理由を聞いた。友人は、君は信用できるからとだけ言って、笑いながらお金を差し出した。日本ではまとまったお金を貸す時、借用書をもらわずに貸す人はほとんどいないという。しかし、中国では多くの中国人は自分が信用できる人にお金を貸す時は、借用書は書かせない。親しい間柄なのに借用書を書かせるのは、水臭いと感じるのだ。形式や法律より人情を重んじるのである。

最も人情に溢れている場所は、道端に長蛇の列ができている賑やかな屋台である。日本には「名物にうまいものなし」ということわざがあるが、屋台には高級レストランの食事以上の味があると思う。小さなテーブルの向こうに座っている初対面の友人の笑顔に温かく迎えられ、粗末な椅子に腰掛けて、安くておいしい食べ物を味わう。周りの人の笑い声を背景にして杯のやり取りをしているうちに、ずっと前から知っている友人同士のような気持ちになってくる。こんな出会いを通してあなたが感じる中国人の人間味は、異郷にいる孤独と不安を和らげる最大の良薬となるはずだ。

　そんな国民性のおかげで、中国ではどこでも人と人の距離が近く、和やかだ。他人に対して垣根を作らず、温かく接し、しかし礼儀も忘れない。こうした振る舞いは中国では「君子の交わり」と言われる。

　毎朝、路地を抜け、肉まんや焼きそばなどの屋台の前を通ると、お店の人が朝食を売る声が聞こえる。新しい一日を始める人々にとって一番エネルギーをもらえる場所だ。そして毎晩、帰る途中に、おばさんたちがダンスを踊っている広場を通り、やさしい眼差しをもらう。時には自分も一緒に踊りの輪に加わる。それで一日の疲れもふっとんでしまう。

　もし機会があれば、春節の間に中国人の家を訪ねてみてほしい。そしてそこの家族と一緒に中国の伝統的な食べ物――餃子を作るのだ。餃子は中国語で「長長久久」（家族や恋人が長く幸せに生きること）という意味がある。家の人達と一緒に小麦粉を捏ねて皮を作り、ひき肉を皮に包む。談笑しながら手を動かしているうちに、餃子はできあがる。台所から流れてくる正月料理の美味しそうな匂いに胸がわくわくしてくる。それから、除夜の鐘を聞きながら自分で作った餃子を食べる。このようにして、中国の独特のスタイルで、中国人にとって最も重要な祝日を祝うのである。微細なところに中国人の本当の生活の醍醐味を感じることができるはずだ。

　心のこもった料理の並んだ食卓、百年の歴史を持つ民芸品や食品の老舗、公園の老人の顔のしわ、バスの中で席を譲る若者、道端で無邪気に遊ぶ子供達、それら全てに中国人の人間味を見つけることができる。これは中国人の血の中に流れる気心で、生まれつき持っている情熱である。

　中国に来てくださるみなさん。「ごはん食べた？」と聞かれたら、変に思わずに、「食べたよ」とか「まだだよ」と笑って返事をしてほしい。そうやって中国人の日常に入って来てくれれば、きっとみなさんのまだ知らない中国の顔が見えてくるだろう。

（指導教師　鈴木穂高）

◉三等賞　テーマ「中国の『日本語の日』に私ができること」

「日本語の日」に、私たちのできること

中南財経政法大学　李婉逸

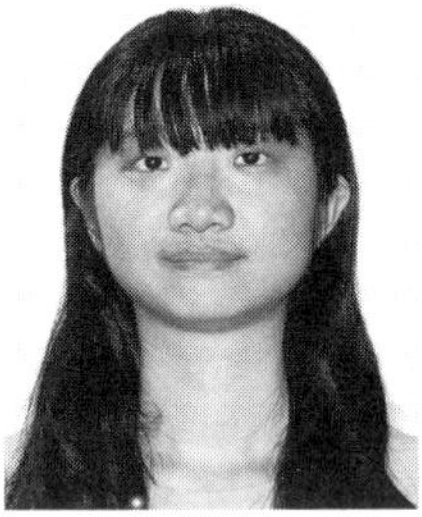

「ねぇ、そこのあなた」

何だろう、誰かが私を呼んでいる。

迷いながら声の主に目をやると、そこにはたくさんの屋台がある。何か活動でもしているようだ。「日本語の日」のお祝いという字が大きく目立つ。ふいに、ある若い女の子と目があう。

「私を呼んだ?」。私は疑惑の顔をしながら自分を指す。

「うん」。彼女は笑いながら頷く。

なんで私を呼ぶの? 私、日本語わからないし、日本のこともほとんど知らない。もしかして私は美人だから? いやそれは違うか。

心の中で突っ込みながら、私は屋台へ足を踏み出す。たぶん、彼女の笑顔があまりにも綺麗だから。

屋台に入って、彼女に尋ねようとするが、彼女はまず私にお茶をくれた。

「暑いね」

「そうね。あのう……」

「あ、さっきからあなたは一人でふらふらしていて、つまらなさそうに見えたの。ちょうど私のところにも人がいなくてつまらないから、声をかけちゃった。ごめんね」。彼女は笑う。「今日は『日本語の日』のお祝いをしているよ。どう、面白いでしょう?」

私は周りを見渡す。様々な屋台がある。お寿司を作ったり、和服を試着したり、簡単な日本語を学んだり、和菓子の作り方を教えたり。人込みで賑やかだ。皆楽しそうに見える。でも、彼女の屋台はあまり目立たないところにある。そして、屋台は質素で、物も少ない。

「ところで、この屋台は……」

「あ、私の方は日本の物語を語るのよ。歴史、童話、怪談……どう、試してみる?」

「面白そうね」

「では、聞きたい事を一つ選んでください」

「そうか、それじゃ怪談にしよか」

「あ、怪談か。いいね、こんな暑い日に、涼しくなれるかも」。彼女が微笑む。「今日は日本小説『陰陽師』の物語を語ろう。私、最近この小説を読み終わったばかり

でね。面白い物語だよ」

そして、怪談を語り始める。

「清涼殿、とのいの者たちが、濡れ縁に近い広庇に集まって、話をしている。ここ数日、とのいでの話題は、もっぱら、三条東堀川橋でのことになっている……」

微風が静かに通って、夏の花の匂いを挟む。隣の木が風とともに揺れて、葉がざわつく。木の影も揺れる。手にお茶を持って、飲みながら怪談を聞く。気持ちいい。

「女が、白い右手を懐に入れて、それを外へ出すと、その掌の上で、無数の赤い小蛇であった。それが橋に落ちて、炎になった……」

「あ」。私は思わず叫ぶ。寒さを感じる。

「で、藤原景直の請求で、博雅はその橋に行くことになった……」

博雅はいい人だな。

知らないうちに、周りに怪談を聞く人が多くなってきた。

「橋から飛び降りて、奥に行ったら、博雅が晴明を見た……」

あ、陰陽師の晴明だ。なんか安心する。

「……八月になって、橋桁の下から、白い蛇が現れて下へ流れ下った。それを、三~四人の匠が見た」

物語が終わる。お茶も飲み終わる。

でも、私たちはまだその雰囲気に浸っている。木の葉がざわつく。

私はショックを受ける。なんと面白い物語。それに、主人公は人の心を惹く。そこに、平安時代の風情が見られる。そこに、以前私の知らない世界がある。私は、ふと以前の自分の無知を省みる。

日本にはそのような素晴らしい文学があるんだ。以前の私は、確かに日本の知識が少ない。

「日本語の日」、いいね。

「ありがとう」。私は心からいう。「いい物語が聞けた。私は日本の美を少し見つけた」

彼女も嬉しそうに笑う。

周りを見ると、活動の参加者が皆嬉しそうに笑う。きっと、皆も日本の美を感じて、日本の美を楽しんでいる。

ふと目が覚めた。

夢の中で感じた嬉しさがまだ残った。

どうしてこのような夢を見たのか?

多分、この間私がずっとこの作文を考えていたせいだろう。

でも、もしこのような「日本語の日」があれば、きっといい思い出になるだろう。私はそう思った。その時、多分私は物語を語る女の子になる。いい物語をたくさん見て日本の美をもっと味わって、伝える側になるのも良いな。


（指導教師　中村紀子、森田拓馬）

◉三等賞　テーマ「忘れられない日本語教師の教え」

その気にさせる天才

中南財経政法大学　陳馨雷

「やってみないとわからないでしょう。挑戦してみたら」と言わんばかりに、中村先生は私の目をじっと見つめた。その瞬間、先生に魔法をかけられたかのように、私の心の殻はパチンとはじけた。

その日、「日本語スピーチコンテストがあるんだけど、参加してみない?」と、中村先生が声をかけてきた。それを聞いて、私は嬉しく思うどころか、身震いがした。教室でみんなの前で話すことすら緊張してしまう私が、何百人の前でスピーチをするなんてとても無理だと、心の中は弱気一色だった。実際のスピーチコンテストの場面を想像するだけで、指先が冷たくなってくる。

私は日本語が好きだから、日本語学科に入った。毎日一生懸命に日本語を勉強した努力が報われ、クラス一位という好成績を収めることができた。みんなは「すごい」と言うけど、私は自分の弱点を知っている。それは会話力だ。この弱点をみんなに見せたくない。私にだって一位の「プライド」がある。その時、私はとっさに嘘をついた。

「コンテストは再来週ですか。もうすぐ試験なので、ちょっと無理かもしれません」と下を向いて、小さい声で先生に答えた。ばれたら、先生に叱られる。でも、先生は静かに「三年生の中で、このスピーチコンテストに出られるのは、君しかいないと思うよ。もっと自信をもっていいよ」と言いながら、私の目を見つめた。

先生にこれほど評価されているとは思ってもみなかった。でも、同時に、嘘が見破られたことに気がついた。恥ずかしくてたまらない。「でも、私は会話が下手なので、即席スピーチは無理です」と誰にも言えない本音を打ち明けた。

「だからこそ、先生という存在がいるんだよ。困っている生徒を助ける。会話が弱いなら、私が教える。大丈夫。君ならきっとできる」と先生は優しく言葉を続けた。

その瞬間、何だか突然心強くなった。中村先生がいるから、挑戦してみようと思った。「私が助けるから、大丈夫」。私はずっとこの言葉を誰かに言って欲しかったのかもしれない。「君はすごい」という褒め言葉ではなく。先生の言葉が強い後ろ盾になって、「はい、やります」と私は大きくうなずいた。

そして、コンテストの日。ステージに立つ瞬間、私は自分でも不思議に思うぐらい全然緊張しなかった。むしろ、確かな自信を感じていた。中村先生からもらった言葉が私を支えていてくれるからだ。最初の言葉が口から出た後は、広い会場全体が私のコントロール下にあるかのように思えた。小さなプライドなんて、もう関係ない。私は自分の弱点と正面から向き合えるようになった。

これはスピーチコンテストに限った話ではない。先生は常に私たち学生に挑戦の大切さを訴え続けている。「大きなことをやりなさいと言っているのではありません。生活の中のどんな小さいなことでもいい。まずは、やってみなさい。結果がどうであれ、それに挑戦したこと自体が、君の大きな糧になるから」。大きなイベントの責任者、やったことがないスポーツ、外国の不思議な食べ物、歩いたことがない路地、初めて会った誰か。私は先生の言葉に励まされ、新しい挑戦を続けている。

そして中村先生こそ、最大の挑戦者だ。先生はいつも新しい何かに立ち向かっている。毎日、中村ラジオで前向きな言葉を放送し、全国の日本語学習者にエールを送る。番組のコメントコーナーには、先生の声を聴いて、「心が温かくなった。やる気が出てきた」のようなコメントがずらっと並んでいる。きっと今日もどこかで、中村先生の言葉に励まされて、新たな一歩を踏み出した人がいることだろう。

私はこれから社会に出ていく。時にはつらいこと、挫けそうなことにも出合うかもしれない。そんな時は中村先生の「やってみないとわからないでしょう。挑戦してみたら」の教えを忘れず、前向きに頑張っていこうと思っている。

（指導教師　中村紀子、森田拓馬）

◉三等賞　テーマ「日本人に伝えたい中国の新しい魅力」

電子マネーを使ってきれいに会計

青島農業大学　宗振宇

以前、買い物をする時に、嫌なことが一つだけあった。それは、会計の時、店員から渡されるお釣りの中に、汚いお札があることだ。今にもちぎれてしまいそうなボロボロのお札や、知らない人の名前が書いてあるお札などが渡された時は、「次の買い物の時に、早く使ってしまおう」と思っていた。特に、大学の食堂でお昼を食べる時などは気になって仕方がなかった。ほとんどの学生はカードにお金をチャージし、端末にかざして会計をする。しかし、学外から来たであろう人達は、当然、カードを持っていないので現金で払う。店員は素手で現金を受け取り、同じ手で食器に料理を盛り付けるのだ。「汚いお札を触った手で、料理に触らないで」と思いながら、そのような光景は、あえて見ないように目を逸らしていた。私の知り合いに食堂の店員がいるが、彼女も、「衛生上、できれば現金ではなく電子マネーで払ってほしいが、規則がない以上、仕方がない」と言っていた。気になっていたのは私だけではなかった。それから、いつも私は「きれいな環境で食べたいのです。みんな、そう思っています。現金は厳禁してください」などとつまらない冗談を心の中で呟きながら過ごしていた。

そして、今年四月、私は大学の食堂の前に掲げられた通知を見てほっとした。その通知には、「衛生面やサービスの向上を図るため、五月から、大学の全ての食堂では、カードでのみ支払いができ、現金での支払いは認めない」ということが書かれていた。私達の願いが大学に届いたのだ。これで、食堂で現金を見ることはなくなるのだ。そう思うと、食堂に行くのが一層楽しみになった。五月一日、大学の通知通り、現金のやり取りは完全になくなっていた。あるのは、「ピッ」という電子音だけだ。しかし、私には、その電子音が何よりも美しく聞こえた。

そして、お昼を注文している時、私の隣で会計をしようとしていた男性が、「あれ、現金で払えないの？」と不思議そうに聞いていた。その年配の男性は作業服を着ていて、おそらく学内の工事のために来た業者の人なのだろうと思った。昨日まで当たり前のように現金で払っていたのだから、戸惑うのも当然だろう。

その店の店員は、にこやかに「ええ、大学の方針で、今月からカードでのみ支払いが可能なんですよ」と答えていた。すると、男性も、ニコッと笑い、「そうなんだ。まあ、今は電子マネーの時代だから仕方ないね。俺もカードを持たないと」と言っていた。

その男性の言う通り、今は電子マネーの時代だ。若者も老人もこの流れに対応しないといけない。そして、電子マネーを使えば、現金をいつも持ち歩く必要はない。現金には、コンピューター上で、ハッキングされ盗み取られるという心配はないが、多くの人達の手を経て自分のところに来るので、特に食品を買う時には電子マネーを使う方がいいと思う。これからの中国は、食品衛生面もさらに向上させていくだろう。私も、大学だけでなく、さらに多くのレストランやスーパーで電子マネーを導入していってほしいと思っている。そうすれば、客も店員も衛生に対する意識が高まり、いずれ中国全体で衛生環境がさらに良くなるだろう。

以前、日本でも中国の電子マネーを取り扱うアリペイの導入が進んでいるというニュースを見た。これを機に、日本でアリペイが定着してほしい。中国には各地方に特色のある料理があり、中国人だけでなく、日本をはじめ、多くの海外の旅行者も味わっているはずだ。ただ、せっかく中国に来て味わうのだから、できるだけ、きれいなイメージの中で食べてほしい。料理の味はもちろん大事だが、食べる雰囲気も大事だからだ。電子マネーは、中国での食事を一層おいしくさせるに違いない。

日本人の皆さん。中国に来て食べる時、あなたの手元のカードで「ピッ」としませんか。

（指導教師　佐藤敦信、朴京玉）

◉三等賞　テーマ「中国の『日本語の日』に私ができること」

「日本語の日」への手紙

西南民族大学　高　潤

Dear「日本語の日」さん

こんにちは！　僕はごく普通の中国人で日本語学習者の一人だ。今度、あなたが日本・日本人・日本語の理解を促進させるために、中国へ来てくれることに対し、ほんとうに心の底から嬉しく感じている。その目標の達成のために、こちらも微力ながら力を尽くしたい。

子供の頃から馴染んできた英語と違って、日本語との付き合いは大学に入ってから始まったのだが、何となく日本語に親しみを感じていた。なぜだろう。それはやはり毎日使っている母語と何か繋がり、絆といえるものがあったからだと思う。中国では僕と同じような気持ちをもっている人が少なくない。

その中でも、一目瞭然としての繋がりといえば、「四字熟語」が挙げられる。四字熟語は簡単な四文字だが、その中に含まれているものは簡単ではない。今、四字熟語を使う国は中国と日本しかないので、日本の四字熟語の意味を深く味わえる人は日本人以外、中国人しかいないだろう。

特に近年では中国の人気番組「成語クイズコンテスト」が若者の注目を集め、大人気となっているようだ。その中に、日本語の四字熟語と文字表記が同じだったり、似ていたりするものがあって面白い。さらに、日本語と中国語の類義語を比べて分析すると、更に面白いものが見つかる。それは言語の裏に隠されている思惟様式の違いが生み出すものだと思う。例えば、「落花流水」という言葉に関する意味解釈は中日間で全く違っている。中国人はそれを「落花無情」と理解しているが、日本人のほうは「落花有情」と受け取っている。ほんとうに不思議だった。花が散ったり、川が流れたりするように、過ぎ去ったことはもう二度と元通りにはならない。人生って、はかないものだと残念に思っている中国人。花が川に恋心を抱いているが、川に無視されてしまって、情けない。これが中国人としての僕にもちゃんと感じられる。それに対して、日本人は、「はかなさ」そのものに美しさを感じている。同じ風景に対して、日本文化の「物のあわれ」に対する考え方を窺うことができる。

このような表現を整理したり、比較したりしてクイズという形でゲームをしてみたらどうだろう。それぞれの相違点を見分け、その裏にある日本人と中国人の考え方、美意識などをみつけることができるだろう。相違点の分析を通し、両国の文化の特色をとらえ、両方の文化の魅力を味わうことこそ、お互いに理解と交流のレベルを高められる有効な方法だと考えている。

もちろん、中国語と日本語との繋がりはただの漢字で表記されている「四字熟語」だけではない。その繋がりはすでに日常生活の中にも溶け込んでいる。ただ、その絆は昔だけではなく、現代においても築かれ続けているようだ。その根拠として、最近日本のネットで見られる「偽中国語」という流行りが挙げられる。

それは日本の若者の間で使われているもので、仮名を抜いて、漢字だけを残して、中国語として使う。例えば、「全然問題無」のような言葉だ。厳密にいえば、それは誤った文だ。しかし、その文から中国語の日本化の一面が垣間見える。中国人にとって、その漢字だけで構成された文に親しみを感じる一方で、その文を読んだ後、両国の言語の違いに気付く。それで、このような「偽中国語」の文を選び出し、それを日本語に戻すとか、自分で「偽中国語」を作り出すとか、「偽中国語」の文を「本当の中国語」の文と比較して味わうのはどうだろう。このような比較から、お互いに文化の交流の歴史を調べたり、文化の違いの理解を深めたりできるのではないだろうか。

そうそう、最後に、中国の普及率の高いスマホとネットを利用し、歓迎式を生放送するのもいいかもしれない。そうすれば、歓迎式の雰囲気はきっと一層盛り上がるだろう。

では、あなたの返事を聞かせてもらえるのを楽しみに待っている。

（指導教師　徐秋平、藤崎郁美）

◉三等賞　テーマ「中国の『日本語の日』に私ができること」

後輩に伝えたい

―自分の努力で周りが変わる―

菏澤学院　鄭秋燕

「どうして日本に留学するのはダメなの？　どうして許してくれないの！」

必死に訴える私。それでも、母は頑として譲りません。

「ダメなものはダメ。一年間の留学は少なくとも十万元かかるんだよ。燕ちゃんの大学の学費で、うちはもうギリギリなの。それに、燕ちゃんは女の子なんだから、近くにいる方がいいよ。わざわざ日本に行く必要なんかない」

三年生の冬休み、私は以前から胸に秘めていた日本留学について、両親に相談しました。でも、意見が真っ向から対立し、両親と私は喧嘩しました。私はもっと広い世界が見たくて、日本に留学したいと思っていました。しかし、両親は猛反対でした。

日本への留学は、両親にお金を援助してもらってこそ実行出来ることです。しかし、

「大学を卒業後、福建省に戻って両親の家の近くに就職し、それから何年か経って結婚する。その後、子供を産んで育てる」

それが、両親が望む私の人生の道筋です。

（人生はそれだけなのだろうか。これから何十年も生きる私が、両親の希望にただ、大人しく従うだけでいいのか……）と、私は自分に問いました。真剣に考えた後、私は

「いや、それだけの人生なんか、私はいらない」

とはっきり答えを出しました。

日本留学は、今は叶いません。でも、大丈夫。中国で日本語を勉強しながら、自分のできることをやっていれば、必ず、将来日本に留学するチャンスはあります。

私は大学での三年間の過程を思い出しました。日本語専攻を選択したのは偶然で、ただ漫然と外国語に興味を持っていた私は、最後の希望順位で日本語学科にたどり着いたのです。

一年生の一学期間勉強しても、私は日本語で人と話す

勇気が出ませんでした。夏休みに、両親は厦門の日本料理店でのアルバイトを探してきました。でも、アルバイトの時、私は日本人どころか、見知らぬ中国人にも一言も話せませんでした。一カ月の間、私が言ったのはただ「いらっしゃいませ」と「少々お待ちください」だけです。

自分でも悔しかったので、二年生の夏休みは、自分から進んで同じ日本料理店でアルバイトしました。勇気を出した甲斐があって、その時は、日本語で話せば話すほど日本語が好きになってきました。大学の先生以外では初めての日本人とも知り合いました。

この三年間は、恥ずかしくて委縮していた自分が、勇気を出して日本語を話し、少しずつ自分の世界を広げてきた年月でした。

今年の五月上旬、大阪から四人の女性講師団が来て、着物や茶道などを体験させてくださいました。その時、私はモデルとして花嫁の着物を着て、外国語学部のみんなの前に立つ機会を得ました。花嫁衣装を着た写真を両親に送った時、母は

「さすが私の娘だねえ。とても美しかったよ」

と嬉しそうに言いました。私が、

「ママ、今回はとてもいい体験だったよ。もっと他のことも体験したいので、私は将来必ず日本に行くよ」

と言うと、母はしばらく考えて、

「うん、確かに。じゃ、本当に日本に行きたいなら、自分で頑張りなさい」

と言いました。着物ショーのおかげで、両親は私の留学への頑固な態度を少し変えました。これははじめの吉祥です。

その二週間後、私は校内スピーチコンテストで何と、優勝してしまいました。また、両親はとても喜んでくれました。

こんな私が「日本語の日」にできることは、後輩たちに自分の三年間の歩みを語ることです。まず、縮こまらず、勇気を出すことが大切だということ。もし自分が、日本語が好きなら、日本語学習に集中して努力すること。それは自分を輝かせ、また、周りをも照らす力を持つこと。それが三年間で得た私の確信です。

自分の努力を通じて、身の回りの人に日本や日本語の魅力を感じてもらうことは可能です。そうすれば周りの人々はだんだん日本に好い感じを持つようになります。一人の力は小さいですが、同時に、無限大に大きいんです。

（指導教師　田中弘美）

◉三等賞　テーマ「日本人に伝えたい中国の新しい魅力

シェアリングエコノミーは中国で！

河北大学　郭　禕

「リーン、リーン」。六時に林さんは夢の中から目覚めて、腕を伸ばすと枕元の目覚まし時計を押しました。物憂げに腰を伸ばし、北京で暮らすサラリーマンである林さんの一日がここから始まりました。急いで支度を終えるやいなや、林さんは家を飛び出しました。地下鉄の駅を出て、腕時計を一見するともう八時半になっていることに気が付きました。九時の定時出勤に遅刻しないように、会社に向かって全力疾走するいつもの林さんとは違って、今日の林さんはとても落ち着いていて、地下鉄の入り口に並んでいるシェア自転車の中から一台を選んで、その自転車についているコードをスマホでスキャンし、ロックを解除して自転車に乗ると、わずか十分で余裕を持って会社に到着することができました。

目の回るような一日がやっと終わり、夜家に帰ると疲れて料理をしたくない林さんはスマホを取り出して、町の家庭厨房に大好きな豚バラの醤油煮を注文しました。三十分ほどすると、配達のお兄さんから温かくてお袋の味の料理を受け取ることができました。

土曜日、林さんは友達と町の郊外へ日の出を見に行こうという約束をしました。そして、前日の夜、林さんは「滴滴打車」という白タクで集合場所に行きました。夜は近くの農家に泊めてもらいました。

林さんの日常について話すのはここまでにしましょう。以上は杜撰でもなく、夢でもありません。シェア自転車や家庭厨房や滴滴や民泊などはすべて中国で近年急速に流行り始めたシェアリングエコノミーの産物なのです。

ネットワークの普及とモバイル決済の広がりに伴ってシェアリングエコノミーは猛スピードで人々の生活に入り込んできました。シェア自転車のおかげで、大都市で駆け回る人々の「最後の一キロ」の問題を解決し、通勤、通学を便利にしました。白タクは、人々の外出を便利にすると同時に環境にもやさしいです。また、家庭厨房だろうと、家庭ホテルだろうと、何れもアイドル（余剰）資源をさらに活用することで、提供側も顧客側も恩恵を受けることができるのです。

現在、シェアリングシステムはすでに人々の衣食住など生活の基礎面にまで及んでいて、おそらく遠くない未来、医療や保健衛生などの〝生きること〟に密接な関係がある方面にも普及し、中国人に今まで体験したことのない利点をもたらすに違いありません。

中国では、「診療を受けることは難しく、受けられても医療費が高い」という民生問題がずっと存在していいます。実は私の叔父は八年前、地方の病院で手術をした時、設備の故障で治療が遅れ、病床でそのまま亡くなってしまいました。その時、市内の大きい病院に転院しようとしましたが、度重なる転院手続きのため、2つの病院の間を何度も駆け回ることになりました。不幸にもこの間、叔父の病状が突然悪化したため、結局、転院もできないまま、ちょうど働き盛りの叔父はこの世を去ることになってしまいました。

現在、シェアリング理念は医療分野にも入り始めています。ネットにより、市内の大きな病院は地方の病院と病人の資料のシェアができるようになります。そうすると、複数の病院を駆け回らなければならない場合に、病人側に受け付けやカルテの提出や支払いなど沢山の手間を省くことができるようになります。

今、中国は三級病院を核心として地域医療検査センターの設立を計画しています。遠くない未来、医療資源や病人情報を病院の間で気軽にシェアできるようになり、大幅に中国の医療資源不均衡という難問を緩和し、結果的には中国人の幸福感を向上させるでしょう。

現段階、中国では、シェアリングエコノミーの発展にはまだハードルが存在する上に、このシェアリングシステムに対する人々の信頼を得るまでには時間がかかりそうです。しかし、それでもシェアリングエコノミーは近いうちに、日常茶飯事のように中国人の生活に入り込み、人々に生活の各方面で恵みを与えることになるでしょう。

（指導教師　史艶玲）

◉三等賞　テーマ「日本人に伝えたい中国の新しい魅力」

世界を読み、世界を歩む

上海市晋元高級中学　史藝濤

今時の中国の若者の、世界に対する態度が中国の新しい魅力だと思います。

新しい物事、多種多様な文化に対し、旺盛な好奇心で接し、自分の目で見、自分の手で触れ、自分の肌で感じ、この無限に広い世界を観察し、体験し、確認するのです。

私には、去年大学に入った先輩がいます。彼女は今大学の日本語科で勉強をしています。今年の冬休みに、日本へ10日ぐらい個人旅行をしてきました。そのあと、すぐにまたロシアへも1週間旅行してきました。彼女は旅行中に写真をたくさん撮り、旅先であった様々な面白いことや、楽しいことと一緒に、ウィーチャット（微信）に投稿しました。

彼女のモーメンツにはこういう感想が載っていました。「私が思う青春は、足を踏み出し、世界を見ることだ」。それを見て、「素敵な思い出と経験だなー」と、思ったのです。

最近先輩と会って、冬休みの旅行のことについて、たくさん聞きました。先輩によれば、大学生の多くは、冬休みや夏休みになると、国内外へ行って旅するのだと教えてくれました。専攻とは関係がなく、興味を持つところへは、暇を見つければアルバイトで貯めたお金で見に行くのだそうです。国内の旅は高速鉄道網が徐々に完備されているから、思い立ったら出発することができるし、海外へも、学生のうちにどんどん貧乏旅行で行くのだそうです。とても行動的で、身軽に飛び回るのだそうです。

このような大学生に自分もなりたいと思いました。

中国では、昔から「万巻の書を読み、万里の道を歩む」という教えがあります。日本語にも「万巻の書、千里の道」とう言葉があると、以前日本人の先生から聞きました。たぶん、英語にも、ドイツにも、フランス語にも、アラビア語にも、同じ言葉があると思います。たくさん本を読むのと、自分の足でたくさんの土地へ行ってみるのは、昔も今も、世界を知るのに最も確実な方法に違いありません。高速鉄道もなければ、飛行機もなかった昔は旅をするのは大変難しかったでしょうし、本を手に入れるのも簡単ではなかったはずです。

それに比べて今の時代は、読書も、遠方への旅も簡単になりました。問題は、知らない世界に好奇心を持つかどうかです。せっかく本があっても、紐解かずしては宝の持ち腐れですし、新幹線や、飛行機があっても、家に閉じこもっては世界が狭いままです。

本をたくさん読んでも、それ以外のことに関心も持たない人は、「勉強バカ」と呼ばれていました。逆に、本を読まないで、ただあちこち飛び回るのも、知識の蓄積や思考の奥行きがないと思います。

私は今高校一年生です。今は大学受験に備えるための勉強に明け暮れる生活を送っています。「万巻」はないが、読むことが中心で、将来「万里の道を行く」ための準備段階であると認識しています。大学に入ってから、先輩と同じように、いろいろなところへ行って、自分の目で世界を見てみたいと思います。そのためにも、今は「読む」ことに集中し、読むことで、私なりに、できるだけ積極的に多様な文化に触れたいと思います。外国語もしかっり勉強し、訳文の本や小説じゃなくて、原作を読む力を身につけるのがこの私にとって、一つ目の目標です。

身を以て体験したのでなければ、本当に「その土地を知り」「そこの文化や風俗を知る」のはとても難しいでしょう。その意味で、この「読む」から「歩む」へのシフトは中国人の価値観の変化の現われであるとともに、中国人の世界との関係も変えてくれることになると思います。

若者の足取りはやがて中国人の世界に対する認識をより豊かで、より客観的なものにすることでしょう。

私は先輩から、その友達から、この中国の新しい魅力を感じました。その魅力を日本人に伝えたいです。

（指導教師　陳霞）

◉三等賞　テーマ「忘れられない日本語教師の教え」

私の人生を変えた張先生

東華大学　孫婧一

「孫さん、今日から私の助手になってください」

張先生にこう言われた私は驚き、そして喜んで「はい」と答えた。これは先生からの信頼だと思った。

十二歳の時、中学校に入学した。普通の中学校と違い、私の学校には日本語の授業があった。張先生は私達に日本語を教えてくださった先生だ。

当時の先生は四十歳位で、いつも髪をポニーテールにしていた。先生は優しい先生とは言えなかった。声が大きく、少し短気で、生徒が宿題をきちんとしなかったり、授業中私語をしたりすると、怒ることもあった。

当時の私は試験の成績はよかったが、少し内気すぎた。いつも無口で、授業で先生の質問に自発的に答えないことは言うまでもなく、友人も少なくて、先生方に気に入られるタイプの生徒ではなかった。通信簿によく「もっと元気よくお友達と遊べるといいですね」などと書かれていた。

新学期が始まる際に、各科目の先生は、宿題を集めたりお知らせを同級生に伝えたりする助手をクラスの学生の中から選んだ。張先生の助手を担当していた同級生があいにく他のクラスに移ったため、代わりに私がこの仕事をするようになった。お陰で、存在感が薄かった私も、クラスの皆との接触が多くなった。

授業を面白くするため、先生はよく日本語の歌や日本の伝統文化と日本人の日常生活に関する動画などを使ってくれていた。

ある日、張先生は日本の剣玉を持ってきてくれた。「誰かやってみる？」。張先生は最前列に座っていた私に、「孫さん、やってみない？」と声をかけてくれた。

正直、私はそれほど興味がなく、自分にできる自信も全くなく、皆の前で恥をかくことに怯えていて、本当はやりたくなかった。

「いえ、結構です……」。私は困惑したが、張先生は「面白いよ。やってみて」と言いながら剣玉を渡してくれた。

「うわ、最悪だ」と思いながら、しぶしぶ教壇に立った。やはり私は要領を得なくてうまくやれず、その日私はずっとこのことが頭から離れず、恥ずかしくてたまらなかった。

数日後、学校の廊下で張先生とばったり会った。最近クラスの中で起きた面白い出来事などを少し話した。

「孫さん、覚えてる？　私が昨日何を着てたか」。いきなり張先生はこんなことを聞いてきた。

「え、注意してなかったです……」。意味が分からず、私はあぜんとしながら答えた。

「そうだろうね。昨日、遅刻しそうになって、ちゃんと服を選ぶ暇もなくて、急いでださいパンツを穿いて家を出ちゃったんだ。でも孫さん、気づかなかったよね」。先生は自分の子を見るような目で、当時まだ背が低かった私を見つめていた。

「授業で答えを間違えた時とか、恥ずかしい思いをした時とかも、同じようなもんだよ。自分は気にせずにはいられないことでも、他人は全く気にしてなくて、すぐ忘れちゃうよ」

よく考えてみると、確かに先生の言う通りかもしれない。私は人の目を心配しすぎて、いつも勇気を出せず、自信を持てないでいた。

その後、私は性格が少し明るくなった。内向的で良い成績を取ることしかできなかった私が、演劇コンクールや声楽コンクールに参加するなど、自分でも想像できなかったことだ。

中学校で学んだ日本語の内容は非常に簡単だったが、それより張先生が励ましてくださったことは、私にとって最も大切な思い出だ。先生のお陰で、私は日本語が好きになり、大学も日本語科を選んだ。

高校卒業後、私は一度中学校に戻り、恩師を訪ねた。

担任の先生は「時間の流れって素晴らしいね。こんな内気で小さかった女の子を立派な大学生に大変身させてくれて」と変わり様に驚いていた。

もちろん張先生とも再会した。「先生、私、日本語科に入りましたよ」。張先生は「それはよかったね。嬉しいよ」と笑いながら言ってくれた。

今でも、時々張先生の励ましの言葉を思い出す。先生の励ましがなければ今の私はなかったと言えるほど、人生を変えてくれた張先生、私は感謝にたえない。

（指導教師　岩佐和美）

◉三等賞　テーマ「日本人に伝えたい中国の新しい魅力」

電子決済から
キャッシュレス社会への思考

寧波外国語学校　王澤一

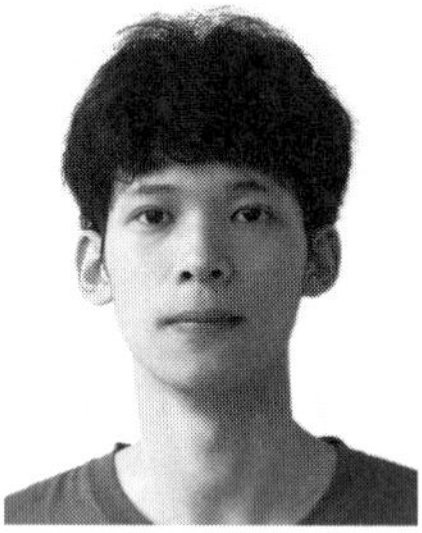

「おふくろ、ウィーチャット（微信）で三十元送金して」

早朝、弟の甲高な声が家に響き渡った。

「何の用なの？」

バルコニーで洗濯する最中のお母さんはちょっぴり不愉快そうに同じぐらいのデシベルをもって問い返した。

「タクシー代だよー」

「あら、どこ行くつもり？　明日月曜日でしょう？　宿題、ちゃんとやらないと先生に怒られるのよ」

「わかってるよ。本屋さんに参考書買いに行こうと思って」

わがままな弟とますます不愉快になるお母さん。ぶつぶつ言いながらバルコニーに行って、すぐ送金してくれないと離れないとばかりにお母さんの後ろに立った。

「おい榊、俺が振り替えしてやるから静かにしろ。おやじ寝てるし」

携帯を翳してみせると、てきぱきウィーチャットアプリをタップし送金ボタンを押す。すかさず軽い電子音に伴って俺の「ウォレット」にあった三十元はたちまち消えてしまった。

「おお兄貴大好きっ！　とは言わんがあざーす！」

弟の笑顔を見る俺は軽く笑って手を振った。

「ああよかった。ウィーチャットにお金なきゃ生きちゃいけないっぽい」

ウィーチャットにお金なきゃ生きちゃいけない。不意に発した弟の一言が少し大袈裟とはいえ、現在の中国人にしては当たらずとも遠からずだと俺は思う。

中国人にとって、携帯なくしてはかなり不便なのだ。携帯に搭載された様々なアプリを通してお金のやりとりどころか水道代や電気代の支払いまで可能になっている。みんなはとっくに電子決済サービスによって手に入れた便利な生活に浸っており、一帯一路経済圏の中でも一番印象的な新たな魅力として中国に未曾有の変遷をもたらした。

電子決済が知らず知らずのうちに不可思議と思うぐらいに生活の隅々に浸透してきている。昔用件を済ませるのに20~30分もかかっていた自宅近くにある中国銀行でも、今やネットバンクでわずか2分足らずで済むということは別に目新しくともなんともない。外出時、ネット予約車アプリを開け順番に操作するだけで十分以内にタクシーがすうっと前に止まり、目的地についた後、OKボタンを押しさえすればウィーチャットの電子マネーで直接決済することができる。また、デリバリーサービスも普及し、スマホのデリバリーアプリを利用すれば、ほぼ二十分もしないでうちの呼び鈴が鳴る。

昨年の夏休み、俺のメル友である寧波大学のある日本人留学生が羽田国際空港に降り立ったとき、財布には日本円の現金が入っていないことに気づいた。幸い、ICカードのSuicaを持っていたのでなんとか西川口の家に帰ることができたという。ネットで自分の誤りに文句を言いながら、「だって、寧波じゃ現金持ってなくてもスマホさえあれば何でも買えるから、財布や現金を持たず暮らせるもの」と俺にこう愚痴を零していた。

世の中の物事には両面性があるとよく言われる。キャッシュレス社会は人類の歴史を変える力がある一方で、キャッシュレス社会へ凄まじく進んでいく俺たちも考えねばならない問題も生じたのだ。電子決済サービスは須らくインターネットに依存している。それが故に、一旦ハッカーはとある致命的なバッグを通じて決済システムサーバーに侵入してモバイル終端を攻撃したら、数千万億の金額が損失するに留まらず、全社会に恐ろしい影響を与えるに違いないのだ。つまるところ、暮らしにかかる大事な数字の安全を保障できなければ、いわゆるキャッシュレス社会などはただの冗談にすぎなくなる。

キャッシュレス社会は決しておぼろげな夢とは言えないのだ。差し当たって至極便利な生活を送っている俺は、にんまりと微笑んで玄関を飛び出そうとする弟の姿を見送った。

（指導教師　馬光超）

◉三等賞　テーマ「忘れられない日本語教師の教え」

白紙の原稿用紙を前にして

許昌学院　蔡方方

5月6日の日本文学の授業の時だった。最初に先生が日本語作文コンクールに参加する学生を確認した。その時教室にいた23人のうち、手を挙げたのはいつもの優等生の5人。私も他の学生もちょっとしたお知らせだと思って聞き流していた。私たちの学校では3年生には作文の授業がない。2年生の作文を担当している水口先生は3年生にも参加してほしいと、最初の授業でもこのコンクールのことを紹介していた。

「これはチャンスですよ」

その時も、今日も先生は学生を見まわしながら言ったが、7月のN－1試験（日本語能力試験）の準備でみんな忙しかった。第一、日本語作文は難しい。白紙の原稿用紙を見ると気分が重くなる。1500字以上？　何日かかることやら……。自分より成績のいい人が手を挙げないのだからと、私は当然参加なんて考えなかった。しかし、

「蔡さん」

先生が私の名前を呼んだ。どうして？　私は目が点になった。

「蔡さんは文学の授業でやった昔話の翻訳のことを私に話してくれましたね。あの時のことをまとめれば、いい作文になります。わかりましたね」

と、先生は強引に私を参加者にしてしまった。

昔話の翻訳。それは日本文学の授業で最初に先生が出した課題だった。外国の文学を理解するには、その国の歴史や文化、国民性も理解しなくてはならない。先生はそう言いながら、

「河南省では日本語を使う機会がないでしょう？　中国の子供のために、日本の昔話を中国語に翻訳してください。日本の童話サイトで発表します。翻訳の経験になりますよ」

と、付け加えた。先生が言う通り、河南省は日本企業も日本人も少なく、学校がある許昌市には日本料理店すらない。授業以外で日本語を使う機会がないから、日本

語学科の学生はN－1試験に合格することだけを目標にしていた。なのに！　私たちの翻訳が日本の童話サイトで発表される？　日本語に自信がなかった私は、渡された原稿を見て不安になった。

私が担当したのは、酒呑童子という鬼が源頼光に殺された後の物語だった。日本語と中国語では「鬼」の意味が違う。「グァッグアッ」という鬼の笑い声も中国語では動物の鳴き声になる。最初は物語のイメージがつかめず、自分には無理だと思った。しかし、繰り返して読むうちに妖怪とそれを怖がる人間の構図が見えて、子供に分かる中国語で物語の場面を再現していった。言葉を選ぶ作業の中で、「翻訳は外国語以上に母国語の力が必要」という、先生の言葉も理解できた。楽しい！　日本の物語を理解していく過程も、中国語を選んでいく作業も。私の翻訳を読む子供を想像すると、自分が大人になった気がした。

「今まで自分には日本語を使って何かをするなんて無理だと思っていました。でも、翻訳が大好きです。もっと、日本の物語を知りたい！」

授業を終えて教室から出る先生を追いかけて、私は自分の気持ちを日本語で伝えた。こんなことさえ、それまでの私にはできないことだった。

「じゃあ、面白いと思っているうちに、どんどん翻訳しましょう」

先生が嬉しそうにに笑った。

残念なことに、先生が作文コンクールの準備で忙しく、2度目の翻訳はまだできていない。いつの間にか私の興味も薄れて、あの時の気持ちをすっかり忘れてしまっていたのだ。しかし、作文を書き始め、私は驚いた。嫌だ、無理だと思っていたことに自分が懸命に取り組んでいる！　良い作文を書きたいと努力している！　あの時と同じ充実感を私は感じていた。

成績に自信が持てないから、もっと重要なことがあるから……。私は今まで様々な理由を見つけて、多くのことを挑戦しないうちから諦めていた。いくつものチャンスを無駄にしてきた。あの時、先生を追いかけたように、一歩踏み出す勇気があれば、できないと思っていたことが目標に変わる。経験と自信がそれに続く。

作文を書き上げた今、私は胸を張ってみんなにこう言える。

「やってみなければ、原稿用紙はいつまでも白いままだよ」

私は変わった。

（指導教師　周暁氷、安田悠）

◉三等賞　テーマ「忘れられない日本語教師の教え」

託された思い

許昌学院　劉海鵬

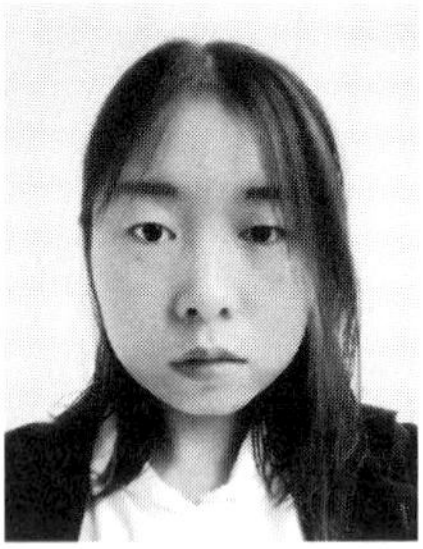

1年生の時、私は目立たない学生だった。漠然と卒業後は貿易関係の仕事に就きたいと思っていたが、日本や日本語に特に興味もなく、毎日、先生が出す宿題をして、覚えなければならないテキストを暗記していた。幸い、成績はクラスのトップグループにいたが、だからと言って留学を考えるでもなく、狭い世界にいたと思う。

国慶節の休みが明けて学校生活に慣れてきたころ、担任の先生が作文コンクールがあることを告げた。安田日本語作文コンクールという名前のそのコンクールはわが校の日本語学科の学生だけを対象にしたもので、安田悠という日本人が主宰、協賛してくれているのだと聞いた。このコンクールの特徴は応募作品を集めて審査するのではなく、参加者を会場に集めてからテーマが発表され、2時間の間に学年によって決められた文字数の作文を書くというものだ。但し、1年生は中国語で構わないということなので、私は少し興味を持った。1年生は人数が少ないので入賞も無理ではないと、作文に得意だった私は参加を決めた。

結果は1年生の部で3等賞だった。内心優勝を狙っていた私は悔しくて、2年生になっても参加して必ず優勝してやろうと心に決めた。2年生は日本語作文だ。そのため、私は必死で日本語を学んだ。そして、2年のコンクールを迎えるときには私は成績が学年トップになっていた。2度目のコンクール、緊張しながら臨んだ会場で発表されたテーマは「高校時代の親友」で、私は高校時代の受験勉強に励んだ同級生のことを書いた。結果は目標通りに優勝でき、私は努力が報われたと有頂天になった。

その授賞式の夜、私にスマホに日本語のメッセージが届いていた。「貴方の作文は綺麗です。今後、私が作文の指導をしてあげよう　安田悠」というものだった。まさか、日本にいる安田先生からこんな申し出を受けるとは思ってもいなかった。安田先生は商社の顧問をなさりながら、日本の大学でも講師を努める多忙な方だと聞いていたからだ。「ありがとうございます。必ずもっと頑張ります」。慌てて返事を送り、この時から私と安田先生の交流が始まった。

それからは私が週に一篇の作文を書いてE－mailで送り、安田先生が添削して送り返してくださる。お忙しいのに大変だと思いながらも、とてもありがたかった。ある時、私は時間通りに作文を送れないことがあった。すると、「2年生の希望の星さん、もうやめてしまったの」と先生からメッセージがきた。私は先生に謝って「やめません」と先生に返事した。先生はそれ以上は叱りもせず、添削を続けてくださっている。おかげで、最初は間違いが多かった作文も、だんだん先生を満足させられるレベルに近づいてきた。

3年生の一学期、安田先生は私に日本留学を勧めてくださった。しかし、私の家は富裕ではないので、私は諦めようとしていた。すると先生は「お金の問題だったら、私が貸してもいい」と言ってくださった。私はそれを聞いて感激のあまり、涙が溢れ何を先生にどう返事すればいいのか、思い浮かばなかった。その答えは今も出ていない。

作文コンクールへの協賛は当初3年の予定だったが、今年で5年目を迎えている。中国と直接関係があるわけでもない日本の名士が、内陸部の名門校ではない大学の学生をこんなにもサポートしてくださる。その理由をある年の授賞式で先生はこうおっしゃった。「河南は歴史のある土地で、卑弥呼の時代から日本との友好往来を重ねてきました。皆さんが日本語の学習にこんなに努力しているのだから、何とかあなたたちの力になりたい。将来、日中関係は皆さんにかかっています」それはビデオ越しの言葉だったが、私の胸に響いた。

これほどお世話になっていながら、私はまだ先生に直接お会いしたことがない。先生に託された日中関係は私の肩には重いが、先生に受けた御恩と教えを忘れずに、日中友好のために努力し、いつの日か先生と日本でお会いしたい。

（指導教師　周暁氷、安田悠）

◉三等賞　テーマ「日本人に伝えたい中国の新しい魅力」

日本人に伝えたい中国の新しい魅力

大連海事大学　楊　悦

　昔ながらの中国的な風景と聞いて、皆さんが思い浮かべるのはなんでしょうか。自転車ラッシュ？　それとも、公園で、朝早くから中高年が集い、優雅に太極拳を舞っている姿でしょうか。その静かで、美しい動作は見る者を惹きつけるでしょう。しかし、近年の流行りは、なんといっても、「踊るおばちゃん！」と称される「広場舞」。大都市から中小都市、それに、チベットや新疆ウイグルに至るまで全国で大流行しているといいます。

　そんなはず、ないでしょう？　と思いながらも、故郷に戻ると、母は、いつも、「広場舞」に一緒に行かない？　と私を誘いました。「それはおばさんがするものでしょ？　ダサいよね……」と思いながら、しぶしぶついて行ったことがあります。広場に近づくと、のりの良い音楽とともに、まず、目にしたものは、50人近くのおばちゃんが、そろいのポロシャツ姿で、軽快なステップを踏んでいる光景でした。一糸乱れぬその振り、その姿は、奇妙に感じましたが、自然と体が動き始めました。すると、意外や意外、体を鍛えるだけでなく、テンションが上がり、笑顔がこぼれ、心の疲れを吹き飛ばしてくれるようでした。

　もう一度真剣に踊っている母の様子を見ると、心から何かこみ上げてくるものがありました。以前の母は、家庭に入ると同時に、自分の好きだった仕事と趣味を諦めました。家庭に対しての責任からストレスと疲れが見られ、白髪も増え、顔には皺が刻まれ、元気がありませんでした。それで私は、年を取った母のことを心配しました。

　しかし、積極的に広場舞に行くようになった母は健康的にも精神的にも満たされ生活も楽しく、豊かになり、明るさを取り戻しました。厳しい時代を生き抜いてきましたが、今は、こんなにも活気的な母を見て、私は「広場舞」というものに感謝の気持ちを持つようになってきました。大連で勉強している私は、毎晩街を散歩している時、外の「広場舞」を見ると、母の楽しい様子が思い浮かび、少し安心できるようになりました。

高齢化が進む現代、お年寄りは、年をとると、経済的理由や病などで、独立した生活が難しくなります。それは、物質的な問題だけではなく、精神的な問題でもあります。一番恐いことは、心の孤独です。これらの問題を解決するためには、地域が一体になって、「人と人との繋がり」を作っていくことが必要だと思います。ですから、中高年の生活を豊かにするために、「広場舞」を新しい生活方式の一部としていくことが、私の考える、社会問題解決策の一押しです。

「広場舞」はその名の示すとおり、広場で踊ることを指しています。リラックスした雰囲気の中、賑かで楽しい音楽に伴って、「広場舞」が人間関係の潤滑油として、人々との緊密感を湧かせています。「文明」「健康」「快楽」「友好」を核心として、中華民族が歩んできた険しい道と共に発展してきた「広場舞」は、今、民間の踊りとして中国の未来に力を注いでいます。また、現状からみると、「広場舞」は中高年だけのブームではなく、年齢と関わりなく、若者の間でも流行るようになってきています。違う世代の人たちが同じ活動に参加すれば、社会の調和をとることにも効果があると思います。

現在、中高年の皆さんが、家庭という小さな枠に閉じ篭るのではなく、「広場舞」を通じて、無力感や無関心、人間と時代を覆う根本の闇を跳ね除けて、たくましく生きている中国のおばちゃんのパワーこそ、私が日本人に大いにアピールしたい中国の新しい魅力です。

２０１７年は、日本と中国の国交正常化45周年の節目の年に当たります。このパワーによって国交正常化45周年を大きく盛り上げ、友好都市関係の再活性化につながる一助となることを信じています。

（指導教師　森下朱理）

◉三等賞　テーマ「日本人に伝えたい中国の新しい魅力」

日本の皆さん、中国の風情を感じてください

山東財経大学　楊晴茹

私の趣味は旅行です。今まででいろんなところを旅行してきました。国内はもちろん、海外へ行ったこともあります。そのうち、ひとつ気付いたことがあります。この点についてお伝えしたいと思います。

以前にも何となく感じていたことですが、はっきり意識したのは3年前、中国の南方へ旅行した時でした。その時、中国風という村を観光することになりました。道も綺麗で、建物もずらりと並んでいて、聳え立った山と澄んだ川に囲まれた村は実に快くて気持ちがよかったのですが、なんだか物足りないような気がしました。後でよく考えてみたら、問題は風情そのものにあったのかもしれません。

昔の人々はどうやって生きてきたのか知りたい、普段のストレスから解放されたいというのが、その村に旅行したきっかけです。しかし、残念なことに、今中国では数多くの村が政策によって経済の発展だけを目指し、観光客の機嫌を取るようになって、生活の場だったはずの村が、商業化してしまいました。その結果、本当の純粋な風情が壊れてしまい、作り物にしか見えなくなりました。

先日、中国当局が古い村々を保護し、そのまま名所として昔の様相の維持を目指すというニュースを目にしました。あとで調べてみると、それは政府と学者が主導するプロジェクトで、古い村に興味がある者に協力してもらうという形で進めるのだそうです。できるだけ明朝、清朝以後の庶民の住居を再建し、中国の古い文化、さらに民族精神の支えを失わないようにするという目的があります。

それはじつにすばらしいことだと思います。海外を旅行したとき、石で作られたヨーロッパの高い建物や、日本庭園の家屋に魅力されました。なぜかというと、その

中に昔の風情が残っているからです。それを通じて、歴史が目の前に再現されたかのように感じ、コンクリートの中でストレスとともに生きてきた私たちは、その建物が醸し出す風情を感じ、昔を懐古することにより、リラックスした気持ちが生まれるわけです。

以前と比べると、今新しく再建されようとしている古い村々の魅力は、名所としては同じですが、商業性の代わりに文化性をより一層重視し、作り物の代わりにありのままの姿を見せるところにあります。つまり、以前は、たとえ風情のあるものが台無しになったとしても、地元の住民や学者が声を振り絞って反対したとしても、経済発展のためなら、古い建物を壊しても構わないという考え方でした。しかし、今では商業化ではなく、昔から続く文化を尊重し、煉瓦一つでも心を込めて作り、歴史の重さがしみじみ感じられるような風景作りに力を入れるようになっています。再建した建物の中は現代社会とほとんど相違がなく、その中に暮らしている人たちも現代文明にどっぷり浸かっています。風情というのは歴史を感じさせる外観や、ユニークな地方風俗などに秘められています。

石家庄にある、300年の歴史を持つ鹿泉水峪村はひとつの例として挙げられます。石で作られた建物は、その石の中に鉄分がかなり含まれていて淡い赤色をしているので、「紅石村」とも呼ばれます。「陽春白雪」と書かれた額の下で、昔の人々の生活に思いを馳せると、一瞬当時に戻れるような感じがして、心が癒されます。そのような風情を、皆さんにも感じてもらいたいのです。

いろいろな場所を旅行してきたとはいっても、まだ二十代の若者ですので、それを自慢するつもりはありません。しかし、その歴史を感じさせる風情は実に魅力的で、日本の皆さんにも紹介したいと思いました。中国の田舎の村々はまだまだ未発達ですが、その醸し出す風情をしっかり味わうのも、旅行の一つの楽しみなのではないでしょうか。そこに行って、なにか違う風景が見えたらありがたいと思います。

ぜひとも、中国の風情という新しい魅力を思う存分、楽しんでください。

（指導教師　新村美有紀）

◉三等賞　テーマ「中国の『日本語の日』に私ができること」

ＷｅＣｈａｔを生かして、日本語の日を一層盛り上げよう

上海海洋大学　顧　徐

日本語の日と言われても、私のようにそのことを全く知らない学生がかなりいるのが現状だと思います。だから、今重視すべきことはそれをもっと多くの人に知らせることです。現時点では大学生に一番使われている通信アプリのＷｅＣｈａｔ（微信）が使えるのではないかと思い、以下のように考えてみました。

調査によると、２０１６年に都市部の大学でＷｅＣｈａｔを使っている学生の割合が72％に達し、学生によく使われていることは間違いありません。そこで、ＷｅＣｈａｔ上で「日本語の日」という公式アカウントを立ち上げれば、学生たちが簡単に「日本語の日」に関する情報にアクセスできるようになります。そして、公式アカウントはキーワード検索あるいはＱＲコードからフォローでき、フォロー解除もボタン１つでできる手軽なものですから、一旦学生の目に留まれば、すさまじいスピードで広まるものと思われます。

そこで、ＷｅＣｈａｔを活かす方法について、私の考えを紹介したいと思います。

今は現場でのイベントだけでは物足りない時代で、ネット上のイベントもますます人々に注目されています。ＷｅＣｈａｔで活動するメリットは、まず便利なことです。多くの学生がスマートフォンをもう体の一部であるかのように、いつも身近に置いています。そのほか、ｗｉｆｉの普及、パケット料金の値下げによって、いつ、どこでもネットにつなげられる環境が作られました。さらに、ＷｅＣｈａｔはそもそも通信アプリで、ネット上での交流機能が発達しているので、交流を目的とする場合に最適です。また、いつも使っているアプリから接続できるので身近に感じられ、警戒心や緊張感なく参加できるというメリットもあります。

とはいえ、ＷｅＣｈａｔを使ったらすぐに人が集まる

わけでもありません。人が興味を持つ中身があれば同時に、人を集める真の力が出てくるでしょう。

公式アカウントの一番の目的は情報の提供ですが、どのような情報をどのような形で提供するかに制限はありません。文字、グラフ、オーディオビジュアルの組み合わせによって、ポスターや記事の形式はもちろん、想像力を飛ばし、読者の興味を引く形式を一杯作ることができます。

一方、ここ数年、中日関係が良くないと思われています。その原因は中国の教育のせいかも知れませんが、かなりの学生に日本に対する誤解があり、特にこの数年の摩擦があってなんとなく否定的に日本のことを見がちです。こうした背景により注目を集めるための情報の選択は大事なことです。最初は、アカウント「日本語の日」では政治の話題は避ける方がいいと思います。ひとつは政治がつまらない、暗いと中国の学生の多くが思っているからで、もうひとつは一旦中国のことと関わると、立場の違いで、日本の政治主張に反感を生み出しやすくなるからです。

ところで、ここ数年、日本の伝統的な物語に基づくゲームがいくつも出てきています。この間ブームになった陰陽師や仁王、また、過去10年中国で人気を集めた戦国無双のシリーズなどもあります。ですから、今の若者はすでに日本の神鬼の伝説や歴史物語を多少は知っています。そこから日本の文化、趣を含む逸話を紹介すれば、学生たちも喜んでフォローして、ますます日本を知り、日本に愛着をもつようになり、日本語の日ももっと知られ、もっと盛り上げられるでしょう。

また、「日本語の日」を代表するゆるキャラを作って、それを通じて情報を発表させたり、ネットイベントの司会者などを担当させたりするのもおもしろいでしょう。それは単に情報を知らせる道具というより、人の心を開かせやすく、馴染ませやすいように思います。

ＷｅＣｈａｔには無限の可能性が秘められています。それを生かして、日本語の日に注目を集めさせ、それによって中日の方々がお互いに理解を一層深める日となることを期待しています。

（指導教師　西端大輔）

◉三等賞　テーマ「忘れられない日本語教師の教え」

心に根を張る あの先生の教え

上海杉達学院　劉　通

光陰矢の如し。気付けば大学で日本語を勉強して、間もなく三年になります。この三年間を振り返ると、身近な人々に迷惑をかけたり、助けや教えをいただいたことが数多くありました。その方々の御恩を、私はきっと、一生忘れることはないでしょう。でも、もし、その中でも一番忘れられないことは何かと聞かれたら、やはりあの先生の教えに違いないのです。

あれは大学生活の二年目のことでした。新学期に日本語作文という授業が始まりました。この授業は日本人の先生に担当していただくということでした。私は不安でした。今まで、このような経験は一回もありませんでした。授業が始まる前、心細いのはもちろんでしたが、私はそのドキドキ以上に、期待する気持ちが胸いっぱいに溢れていました。

始業を告げるベルが鳴るが早いか、母親のような女性が教室に入って来ました。その身なりと仕種を一目見て、日本を代表する伝統的な大和撫子のように見えました。眼差しがあんまり温かくて優しいので、まるで春風がそよそよと、私の心の奥に吹き込んでくるようでした。このわずか数秒間で、私はもう目の前の先生を好きになってしまいました。

早速、先生が自己紹介を始めました。驚いたことに、先生の名字は野原といいました。子供の頃から、私はずっと一つのアニメを見てきました。それは「クレヨンしんちゃん」です。主人公の名前は野原新之助。野原一家の日常生活を眺めて楽しむことが少年時代から生活の欠かせない一部になっていたので、野原という名字も心に刻みついていました。野原という人が私の先生になることなど、夢にも思わなかったのです。そう考えると、目の前の先生への親近感はさらに増しました。

初回の授業とあって、先生は私達に作文を書かせませんでした。代わりに、ひとりずつと親切に話し合いました。私の番になると、名字のことを皮切りに、先生に「クレヨンしんちゃん」に関して色々と紹介しました。話が弾んで、最後に先生はこう言いました。「よくご存知ですね、しんちゃんのこと」

「ご存知」という言葉はどういう意味だったでしょうか。私は非常に気になりました。その夜、辞書できちんと調べると、それは尊敬語の一つで、「知っている」と同じ意味だとわかりました。意味はわかりましたが、また新たな疑問が生じました。一年生の時、敬語に関して少々学んでいました。たしか、尊敬語は目下の人が目上の人に使うはずです。教科書にもそう書いてあります。では、先生が使い方を間違えたのでしょうか。先生は教師で、私は学生。両者の差は明らかです。普通なら生徒である私が先生に尊敬語を使うべきなのに、まったく逆の使い方を先生がするなんて……。考えれば考えるほどわからなくなった私は、とうとう先生を訪ねました。

私は先生のオフィスに行って、目上の人が目下の人に敬語を使う必要が本当にあるのか聞いてみました。先生は事情を聞き、ニコニコと笑って敬語の役割や使い方を熱心に教えてくれました。二十分後には、今まで私を困らせていた疑問はすっかり解決していました。先生の話によると、敬語の役割は大体三つ。まず、敬意を表す働きです。先生が自分の敬意を生徒に示したとすれば、それは先生が生徒に心をよせる最高の証明だったのです。残りの働きは相手との距離を置くことと、場を改めることと。授業中には敬語を使うからこそ、雰囲気がもっと良好になるわけです。

それからというもの、私の敬語の理解は新たな境地に入りました。今、野原先生はもう帰国してしまいました。しかし、先生の残してくれた教えは一日たりとも忘れたことがありません。こうして、たとえ相手が自分より目下でも、私は自ずから、敬語を交えて話せるようになったのでした。

最後に、大好きな中島みゆきの「竹の歌」の一節に思いを託し、この場を借りて先生に御礼申し上げたいと思います。

「私が伝えて残せるものは　心に根を張る　あの先生の教え」

（指導教師　丹波秀夫）

◉三等賞　テーマ「日本人に伝えたい中国の新しい魅力」

タイ族の工芸品

中南民族大学　玉　海

「おばあちゃん、これは何?」「ねえねえ、おじいちゃん、あれは?」私が小さい時、十万回はなぜ?と聞いた気がする。

私は中国に55ある少数民族の一つ、タイ族である。生まれた時から、さまざまなタイ族の伝統品が、身の回りにあった。何も分からない子供の私にとっては不思議で、まるで魔法のようなものだった。伝統品の一つである紙は、祖父母が昔から作っており、私も小さい頃から作るのを手伝っていた。祖父母にとっては生活費を稼ぐためだったが、おもちゃが少なかった私にとっては楽しい遊びだった。村中の他のお年寄りも作っていた。そのため、樹皮を売っている人が来ると、みんながわっと群れをなして買いに行く。その光景を見る度、私は楽しくなって、よくクスクスと笑っていた。みんな材料が揃うと、すぐ慌ただしく作業を始める。まず、樹皮を大きな鍋の中に入れて、柔らかくなるまで強火で長い時間をかけて煮る。この作業が終わると、樹皮を鍋から取り出して川へ持って行く。そして洗ってきれいにする。次に、棒杭で砕き、水を入れてよく混ぜる。この部分は体力を多く消耗する。けれども「完成したらお金がもらえるよ」と言われていたので、我慢して精一杯頑張っていた。何といってもやはりお金は大切だ。それが終わるといよいよ大好きな行程、水遊びだ。水の中に置いた容器に入れて、手で平均的に散らし、黒い樹皮を捨てていく。いつも妹と「私がやるから、もうお姉ちゃんはいらない」「いや、あんたができるものじゃない」と言い争いながら行っていた。どちらがやるか、いつもけんかして、結局二人一緒にやることになった。終わったら、日当たりの良いところに置き、干した後、容器からはがす。この部分は必ず紙を破らないようにしなくてはいけないので、まだ子供の私には任せてもらえなかった。が、このことがかえって私の興味をそそった。

最後に、一定の方式に従ってしっかりと折りたたむ。全部終わったら、人が買いに来るのを待つ。一番印象に残っているのは、台湾人が買いに来た時のことだ。私にとっては夢のような大都市から、私達の村のように小さくて遠い所に来る人もいるんだと驚いた。私は疑問に思って祖母に尋ねた。「おばあちゃん、この紙は一体何？」「これは仏経の専用紙でもあり、ロケット花火の材料でもあり、用途がたくさんあるんだよ」。この時初めて、素晴らしい紙だということを知ったのだ。

「おじいちゃん、それは何？」「これはね、傘だよ。それも普通の傘ではなく、タイ族の特別な油紙傘という傘だ」。この傘の作り方は紙よりずっと複雑で、あわせて前後32行程必要なので、作る人は少ない。幸運なことに、私の村のあるおじいさんが14歳からこの傘を作っていて、私は小さい頃から作る様子を見てきた。まずは8月ごろ金竹と大竜竹を切って来て削り、水の中に3カ月～5カ月浸してから、各部分の形にしてつなげる。それから、最初に紹介した紙で傘の面を作り、野生柿バターを傘の面に塗って、乾いたらもう一回ごま油を塗る。最後に、日当たりの良いところで干す。このようにしてできる傘は、晴雨兼用として使えるだけでなく、耐用年数も長い。一つの傘を作るには10日ぐらいかかる。大変なことだ。なのに、おじいさんはいつも楽しんで作っていた。この傘はタイ族では、人が亡くなった時も持っていき、祭りの時も欠かせない大切なものだ。それに、お坊さんの専用傘でもある。おじいさんは今もこの大事な傘作りを守っている。

春空の下でキラキラしている紙と傘は、空がほんのり夕焼けに染まり始めると、ささっと収められた。2つとも私達が誇りを持つ文化として現在まで伝承されている。これらのものを自分の目で見、耳で聞いた私は幸運だ。

私が紹介した紙と傘はただの一部分にすぎない。もし私達の魅力ある文化をより深く知りたいなら、私達の村に来てみたらどうでしょうか。

（指導教師　高月舞）

◉三等賞　テーマ「忘れられない日本語教師の教え」

私と小川先生

湖南大学　胡茂森

私の出身地は山東省である。日本と近くて交通も便利なので、山東省には日本の企業や日中合弁企業がたくさんある。実家の近くの一つの農業会社は質の良い果物を育てている。ある時、日本人が多くのイチゴを送ってくれた。中国のイチゴより日本人が育てたイチゴのほうがもっと美味しかった。「日本人はすごいね、日本の科学技術は進歩しているな」と感心した。これをきっかけに日本語がどんどん好きになって、大学で日本語を専攻して日本に留学に行こうとその時心に決めた。それで、日本語学科に入れて大変うれしかった。

大学で初めての会話の授業を担当してくれたのは小川先生だった。「お名前を聞いてもいいですか」と聞かれて、私は「こ　もしん」と答えたが、全然伝わらなかった。私は黒板に「茂森」と書いたら、「あー、しげもり！」と叫んだ。「しげもり」の発音は中国語の「释迦摩尼」（釈迦）とよく似ているので、みんなはまるで漫才でも見ているようにケラケラと笑い出した。それが初めての小川先生の授業だった。先生のみんなが笑っている原因が分からない表情が私の記憶に焼き付いた。

私の出身地は北部だから、鼻声があるので、「ん」の音が本当に大変だ。小川先生の授業で、「もんだい」の「もん」を何度も練習したが、なかなか正しく発音できなかった。先生は「もん」と言って、私も「もん」と復唱したが、「違います！」と指摘されて、また先生は「もん」と言って、私もまた復唱した。そのようなことを何十回も繰り返したが、なかなか正しく発音できなかった。そのとき、本当につらかったが、あきらめるという思いは頭の片隅にもなかった。「もん」だけでなく、「ぶん」と「ぼん」も上手に発音できなかった。「ぶん」の発音を「ぼん」と混同したこともあった。私は絶対「ぶん」と発音したと思ったが、先生から、それは「ぼん」ですよと指摘されて、もう一度「ぶん」と訂正させられた。そのようなことを何カ月もの会話の授業で繰返していた。鼻声のせいで、「ん」の音は何度も何度も練習しても上達できなかった。

たぶん、先生も匙を投げたかったかもしれない。私は日本語に向いていないな。鼻音が先天的なので、いくら頑張っても無駄だと落ち込んだ。いつも教室の前に座っていた私は教室の後に座った。先生は「大丈夫ですよ、外国人だから、母語話者のように発音できるわけないし、何カ月かしか勉強してないあなたは『ん』の音が正しく発音できないこともたいしたことありませんよ」と私を慰めてくれた。「でも、いくら頑張ってもなかなか上達できないですから、本当につらいです」と先生に言った。「大丈夫ですよ！　日本語の発音は日々の努力の積み重ねが一番大切ですよ。大学四年の間、たゆまぬ努力をしてみたらどうですか」「はい、わかりました」

その後、会話の授業で、「ん」の音の練習をするたびに、先生は必ず私に大声で練習させた。鼻音のせいで、上手に発音できなくて、みんなにいつも笑われたが、先生はいつも励ましの目つきで、私に注目して、私の発音を訂正してくれた。私はシャワーを浴びる時も練習していた。ルームメートに「変だよ」と言われた。

一年間の会話の授業は終わった。期末試験の時、先生は私に「もんだい」「せんもん」「ぶんるい」「おぼん」などの単語を読ませた。わたしはとても緊張したが、一つずつゆっくり読んだ。「発音がだいぶ良くなりましたね。『ん』の音の違和感がほとんどなくなりました」と評価してくれた。その時は本当にうれしかった。

小川先生から教わったのは発音だけでなく、何をおいても少しずつ頑張って努力さえすればきっと目標を達成できるという人生の道理だ。みんなに笑われても、つらくても、諦めないで自分の目標に向かって引き続き努力することこそ、有意義な人生というものだ。以上の小川先生からの教えは一生忘れられない。

（指導教師　夏芸、照屋慶子）

◉三等賞　テーマ「忘れられない日本語教師の教え」

忘れられない日本語教師の教え

広東外語外貿大学　蘇暁倫

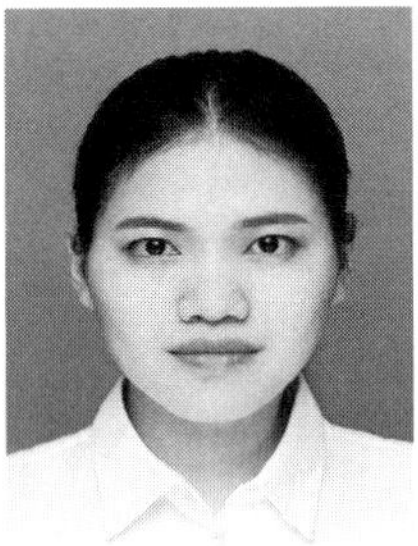

茶道部に参加してからもうすぐ二年。茶道部に入る前に、日本の茶道と言えば、簡素で、閑寂というイメージをもっていた。身をもって感じてみると、最初はどうしても理解できないことがたくさんあった。その中でも特に難しいと思ったのは、茶道の美意識だけではなく、日本人の美意識にまで大きな影響を与えた「侘び」に対する理解である。

二年生の頃に茶道の授業で初めて侘びという言葉を習った。先生は藤原家隆の「花をのみ待つらん人に山里の雪間の草の春を見せばや」という歌と藤原定家の「見渡せば花も紅葉もなかりけり　浦のとまやの秋の夕暮れ」という歌を通じて侘びを説明してくれた。その時、なんとなくだが理解できた。侘びは新緑が芽生える春にあるのではなく、蝉が鳴き始めて騒々しい夏にあるのではなく、そして葉が枯れて散る秋でも、生命が純白の雪に埋もれたような冬にあるのでもない。それは冬から春に替わる時、あるいは秋が訪れてくる頃に侘びがこっそりと存在しているのだとわかった。ちょっとさびしいかもしれないが、生命力が感じられる。

二年生の終了茶会でこういうことがあった。私は松模様の屏風に合わせるために、わざわざ松模様の棗を選んだ。茶会が終わったあとの反省会で先生が「ちょっと松が溢れた感じがしますね。この屏風の裏の面には鳳凰の模様があるでしょう、それを使えばお客さんに新しい感じが与えられたかもしれません」と指摘された。それまで私は茶道具を選ぶとき、主題に関わる道具が多ければ多いほどいいのだと思い込んでいた。しかし、そうすると、お客さんに感じてもらいたいことがかえって分からなくなってしまう。だから、侘びは葉がほとんど散ってしまった秋にあるのではない。侘びとは簡素で、閑寂な感じを与えるものの統合ではなく、余白が残っていることなのである。

ある茶会で私は半東を担当した。私は茶会の掛物や茶碗などの茶道具に関する資料を暗記して、詳しくお客さんに説明するつもりだった。練習は何回もやって、きっと間違いなく進むと信じた。しかし、本番になると、予測外の状況が相次ぎ、またしっかり覚えたはずのセリフは長すぎるという原因もあって、結局慌ててしまったまま茶会は終わった。すると、反省会で先生にこう言われた。「茶会では予想外のことが多いですよ。半東は最初から最後までずっと紹介するわけではありません。メリハリがとても大切です。例えば、前半は静かな空間を作って、お客さんに茶室の静かな雰囲気を体験してもらい、詳しい説明は後半にしてもいいと思いますよ」。なるほど、侘びは茶道具の選択だけに適用するだけではなく、稽古の作法などにまであてはまることがわかった。もっと広く言えば、茶道を学ぶ者にはこのような心構えが重要であるということだ。

茶会の前に、先生はすごく緊張していた私たちにこう言ってくれたのを私は思い出した。「間違ってもいいですよ。間違ったところを覚えて、次は二度と同じところで間違わないように頑張りましょう」。その時、私は先生がただ私たちを落ち着かせるためにそう言ったのだと思い込んだ。終了茶会だから、何をおいても完璧な茶会を開きたい、私達は円満にこの一年を終わらせたいという考えに囚われていた。結局、私達は自身にだけではなく、お客様にも大きなプレッシャーをかけていたにちがいなかった。今思い返すと、実は先生はすごく素朴な指摘をしたのだと思うが、私達は勝手に思い込んでしまって無駄なプレッシャーをかけていたのだ。完璧でなくてもいい、学んだことをどのように生かすかが何より大切だ。それも侘びの意識だろう。

私達はもうすぐ最後の終了茶会を迎える。悔いが残らないような茶会を開きたいために、この二年間で習ったことを十分に生かしたいと思う。それにしても、間違って先生に指摘されても落ち込まず、先生の教えをしっかり覚えてこれからの茶道の勉強や、人生の道を歩んでいきたい。

（指導教師　小林清史）

◉三等賞　テーマ「忘れられない日本語教師の教え」

日本が大好きな私ができること

信陽師範学院　梅瑞荷

大学に入ると希望した英語ではなく日本語の専攻となっていた。日本について何も知らなかった私は日本語を勉強し始めた。初めて出会った日本人の教師は初級会話の授業を担当する水口という女性だった。「親が日本が好きだったら、子供たちも日本を好きになれる。だから、まずあなたたちに日本を好きになって欲しい」。初めての授業でそうおっしゃった。その時はまだ日本について何も知らなかったし、興味も持っていなかったから、この話の意味はあまり理解できなかった。しかし、このことばは頭の中にはっきりと残った。

日本語を勉強してから、まもなく四年目を迎える。最初は大変苦労した。「私は英語が好きなのに日本語を勉強するなんて……」。少しイライラしていた。クラスの中には、子供の頃からもう日本の漫画や映画などを見てきた人もいるし、外国語を学ぶ才能がある人もいる。しかし、私はそんな人ではない。日本には天皇がいることすら知らなかった。五十音図も一カ月かかってもなかなか覚えられなかった。とても暗い時期だった。偶然のきっかけで大人気のアニメ「ＯＮＥ ＰＩＥＣＥ」を見始めた。そして、アニメを初めとして、「１リットルの涙」や「ＨＥＲＯ」などドラマや、「ブラタモリ」や「ＳＭＡＰ×ＳＭＡＰ」などのバラエティー番組も次々と見てきた。日々そんな世界に没頭していると、日本について、知っていることが少しずつ増えてきた。日本への興味も更に深くなっていった。「なぜ日本の町並みはあんなにきれいなのか」とか「なぜ日本人はあんなに優しいのか」とか「どうして日本と中国はこんなに違うのか」とか。色々な疑問が生まれ、「日本のことをもっと知りたい」という気持ちばかり強くなっていた。気づいたら、自分も、もう水口先生が望んだ日本が大好きな人になっていた。

しかし、先生が言ったように、本当に周りの人も日本が好きになれるだろうか。子供もいない私は水口先生の言ったように自分の子供も日本が好きになれるかどうか、まだ分からない。いつもそばにいてくれる親について言えば、日本に対する私の熱さを全く理解してくれない。「また日本のものばかり見てるのか。将来家の近くの学校で英語の先生になったらいい。英語の勉強だけはちゃんとしろよ」と父はいつも言っていた。母も私が卒業したら、田舎に帰って欲しいと思っている。つまり、日本語が全然使えなくなるということだ。女の子だから、やはり親のそばにいた方がいいという親の気持ちは理解できなくもないのだが、どうしても好きな日本語の勉強を止めたくない。また、いつか、どこかで、一生懸命に勉強してきた日本語を役に立たせたい。私にとって、とても大切な人である両親がこうした気持ちを分かってくれないのは、とても寂しかった。日本語の勉強の大変さにせよ、日本のドラマやアニメを見る楽しさにせよ、結局は自分だけの世界でしかない。私はそう思っていた。

その思いを変えたのはある電話だ。「梅ちゃんがブログで薦めてくれた日本のドラマを見て日本にとても興味が湧いて、日本語の勉強を始めた」。久しぶりに高校時代の同級生からかかってきた電話だった。彼女は経済を専攻しているが、私のブログをきっかけにして勉強を始め、現在は日常対話も少しできるようになったという。自分がブログに書き残したものがまさか彼女に影響するとは思わなかった。とても不思議だった。

その瞬間、水口先生の、「親が日本が好きだったら、子供たちも日本を好きになれる」ということばが突然頭の中に浮かんできた。その話の本当の意味は私が理解した意味より更に深いと思う。自分が何かを理解し、好きになったら、周りの人もいつかきっとそれを理解し、好きになるということだろう。日本も、中国も、相手の良さを認識し、好きになる人が一人ずつ増えてゆけば、お互いの理解が深まり、日中両国の人々も仲良くなれるのではないかと思う。

（指導教師　森健一郎）

◉三等賞　テーマ「中国の『日本語の日』に私ができること」

中国の「日本語の日」に私ができること――橋

嘉興学院　馬瀅哲

橋は人々の出会いの場所でもあり、別れの場所でもある。橋は、人生という劇場の中で誕生する物語のようなものであろう。

　私の故郷は、多くの川が交錯する南方の小都市である。蛇行した川は、リボンのようにそれぞれの小さな村を繋いでいる。川の片側には、1つの小さな村があり、対岸にはまた別の村がある。私の家は、その片岸の村にある。川を隔てた二つの村は、遠い昔から対立していたが、いまはその対立も消えたのかもしれない。しかし、お互いの村民が顔を合わせないことは、昔と変わらず一つの伝統として今日まで続いている。

　不思議なことに、この二つの小さな村は、互いに往来することが全くないわけではない。なぜなら、両岸を結ぶ橋があるから……。

　幼いころ、私は祖母にこう聞いた。

「おばあちゃん、どうして川に橋があるの？」

　祖母はこう答えた。

「それはね、川を渡る人がいるからじゃよ」

　私は再び聞いた。

「でも、あたちたちは川の向かい側の人とケンカしているんでしょ」

　祖母は答える。

「おばあちゃん達は同じ市場で野菜を買うし、あなた達は同じ学校で勉強しているのだから、行き来ができて当たり前じゃろ」

　私はもっと分からなくなった。

「それなら、どうして向こう岸の人たちと仲良くしないの」

　祖母は笑いながらこう言った。

「それはのう、橋は渡りたい人のために作ったからじゃよ」

　祖母は私を台所から追い出し、せっせと夕食の準備を始めた……。

　私は歩いて川にたどり着いた。川を挟んだ二つの村から立ち上る炊煙が、夕焼けの空に連なっていた。私は勇気を出して、あの橋を一歩一歩と渡り始めた。

「この橋はきっと大きな心をもっている、とっても偉い人がつくったんだ」

すると、なにやら橋が私に語りかけているような声が聞こえた。

「お嬢ちゃん、川を渡りたいかい……」

数年が経ち、私は高校生になり、この村を離れた。川を挟んだ「こちら」と「あちら」という旧習はとっくに忘れてしまった。人と人との付き合いはそんなに難しいことじゃないと、やっと気付いた。

その後、私は大学に入学し、日本語を専攻した。友人に「専攻は何にしたの」と聞かれれば、私は包み隠さず「日本語」と答える。しかし、友人はみなこぞって、「えっ、日本語……、そう……」と言う。

彼女らの反応をみるたびに、私は幼少期に対岸の子供と遊んでいると隣人が、「どうして対岸の子と遊ぶの……」と眉をひそめて私に言っていた時のことを思い出す。それからは、他の友人に同じことを聞かれるたびに、私は「外国語」と答えるようにした。すると、友人達は「いいじゃん。将来性があるし」と答える。私は、仕方なく笑った。なんと言えばいいか分からなかった……。

中国で「日本語の日」を制定するのであれば、日本語をどんなに勉強しても日本へ留学できない人のために役立ってほしい。まさに、鑑真和尚の言った「山と川は違えど、風と月は天に同じく、共に結び来る縁は、諸の仏子に託す」である。

しかし、この言葉を心から納得できなければ、たくさんの「愛国人」に妨害される。「橋」を渡りたい人がいるのに、なぜその人のために「橋」をかけないのか。

日本語学科に入学した私の使命は、日本語を一生懸命学び、言語の違いによって発生する衝突や誤解を取り去ることだと思う。

私は、自分なりに「日本語の日」を宣伝し、昔と違う新しい日本人のイメージをもっと多くの人に伝えたい。私ができることはわずかであるが、千里の道も目の前の一歩からだ。

「橋」とは、片道切符の旅人のためだけに存在するのか。いや、それは違う。「橋」があれば、かならず往復する旅人がいる。日本と中国に橋が必要であるならば、私は喜んでその橋の小さな石になりたい。川を渡る人がいる限り、橋の存在には意義がある。

日本語の猛勉強！　これこそ、私が「日本語の日」にできること。私は「日本語を勉強しています」と胸を張って言える。

（指導教師　楊海茹、平岡正史）

◉三等賞　テーマ「忘れられない日本語教師の教え」

忘れられない日本語教師の教え

武漢理工大学　張天航

小学校のとき、私は田舎から洛陽へ来ました。方言のせいでクラスメイトに笑われて、「田舎者」と呼ばれることも少なくありませんでした。その後、口を開くことが私にとって相当難しくなりました。先生の質問に答える勇気もなく、人との交流がうまくいかないなどの状況も出てきました。知らないうちに、私は自信のない子供になってしまっていました。

高校一年生の時、張先生に出会いました。私の通っていた高校では、日本語クラスという特別なクラスがあります。普通、中国では外国語の授業を受ける時、みんな英語を勉強しますが、私たちは英語のかわりに日本語を勉強していました。先生は50歳ぐらいで、優しくて楽観的な方です。先生のおかげで私の性格は変わりました。

ある日の授業中、先生は私にテキストを読ませました。私はのろのろと立ち上がって、緊張感を帯びた震えた声で読みました。でも、予想したような中断させられることや、叱られることは一切ありませんでした。先生は微笑んで最後まで聞いてくれました。そして、「はい、よくできました。もし声をもっと大きくしたら、なおいいですよ」と言ってくれました。私はびっくりしました。張先生はほかの先生とは違うと感じました。私は昔から先生に褒められたことはほとんどなかったのです。「私なんかが他人に認めてもらえるんだ」と思い、その日から先生に好感を抱きました。日本語への興味も深くなっていきました。その後、私は毎朝テキストを朗読して、予習するようにしています。そして、問題があれば、できるだけ先生に聞きます。こんなに一生懸命日本語を勉強したのは、もっと先生に認められたかったからなのか、それとも、日本語が好きになったからなのか、今となってはもう分かりません。ただ一つ分かったことは、日本語に対して自信を持てるようになったということです。

高校三年生のとき、毎日朝6時から夜11時までというふうに勉強に忙しい日々が続きました。大学入試に向けて、緊張も高まる一方です。そんな苦しい日々の中、私が一番期待したのは日本語の授業を受けることでした。日本語の授業は高校三年生の私にとって、もっとも気楽な時間でした。その時、先生はよく日本のドラマを上映してくれたり、「準備と努力は人を裏切らない」といった言葉で私たちを励ましてくれたりしました。私が大好きなのは「遠方を選んだからには、風雨にかかわらず、前に進んでいくことだ」という言葉です。

大学入試が終わり、希望に燃えて武漢理工大学を選びました。理工系へ行けるものだとばかり思っていましたが、意外にも法学部に振り分けられました。この知らせを受け取ったとき、驚きのあまり泣き出してしまいました。高校三年生の夏休みは辛いものになりました。結局最後は、浪人を選ばずに大学に入ることにしました。この冬休み、わたしは高校へ帰った時に、先生に会いました。先生は「君はいい子だよ。これからも、誠実で素直な性格を保ち続けてほしい。大学では色々なチャンスがあるんだから、どんな道を選んでも、優れた人になれる可能性がある。私は君を信じているよ」と言ってくれました。これを聞いた私は、感激で涙が出ました。そして現実に向き合う勇気が出てきました。以前、知らせを聞いた家族や友達はみんな、私の将来を心配し、「なぜ理系の学生を文系に振り分けるの?」と大学を咎めてばかりいました。それを聞けば聞くほど私の心も落ち着かなくなりました。それは好意から言ってくれたものですが、かえってプレッシャーになりました。

今でも、先生の言葉を思い出すと、心の底から小さな満足感が湧いてきます。そして、「自分を信じる人がいるんだから、もっと頑張らなければいけない」と自分に言い聞かせて、自信を持ってやる気満々に新しい一日を迎えます。先生が私にくれたもの、それは無限に広がる私の将来です。

(指導教師　鄒茜、神田英敬)

◉三等賞　テーマ「中国の『日本語の日』に私ができること」

将来を見る夢

東華大学　劉小芹

今日は十二月十二日。中国の「日本語の日」。

大きな文字で「今日は日本語しか話せない！」と書かれた紙が寮の扉に貼ってある。

これは毎年の定番だ。普段、私達は日常生活で日本語を話す機会がなかなかないので、「日本語の日」をきっかけに、こんなルールを作った。寮のルームメート四人の中で、中国語を話してしまった回数が最も多い人が翌日の晩ご飯をおごるという罰も設けた。罰から逃れるために、四人は頭を捻らなければならなかった。

「今日はインターネットで日本語に関する本が全部割引されて売ってるね」。王さんは重要な発見をしたように私達に言った。

「うん。従姉妹が日本語を勉強しようと思ってるみたいで、さっき教科書を買うように頼まれたんだ」。繆さんもショッピングサイトを見ていた。

「あんたが直接教えてあげればいいじゃない？」。私は冗談半分に言った。

「她会誤人子……」。張さんは不意に中国語で突っ込みを入れ、まだ言い終わらないうちに、はっと口をつぐんだ。

「マイナス1！」皆が口を揃えた。

「ああ、日本語で何て言うの？」張さんは悔しさいっぱいの様子で電子辞書を開き、調べ始めた。「『生徒を誤った方向へ導く』か……」

「もう遅いよ」。スコア・キーパーである私が紙に記録したとたん、手に握っていたペンが突然消えた。目の前には今までと違う光景が広がっていた。普通なら違和感を覚えるはずなのに、私達は何事もなかったかのようにある教室に着いた。周りに座っているのは日本人の学生だった。

一体今どこにいるのかと考えていると、授業をしている日本人の先生に質問された。あまり難しくない語彙の問題だったが、ぼんやりしていて答えられなかった。

あ、そうだ。急に思い出した。「日本語の日」を祝うために、うちの大学は上海の日本人学校と提携しているんだった。毎年この日に、日本語学科の学生は日本人の中学校二年生とともに国語の授業を受け、交流会を行うことになっている。

留学せずして、本場の日本式授業を受けられるのは非常に貴重な体験だ。一コマの授業が終わってから、両国の学生がともに百人一首をしたり、準備したダンスやマジックショーなどのパフォーマンスをしたりした。

同級生達の日本語の漫才はとても面白く、日本語がこれほど上手だということを羨ましく思っていると、いきものがかりの『ありがとう』という歌の伴奏が流れ始めた。そして、「あんたの番だよ」という同級生の声が聞こえた。

「え?」。その声に反応できないまま、いきなりルームメートに押され、舞台に上がった。

私は日本語の歌を歌うことが好きだが、恥ずかしがり屋のうえに、自分の日本語はまだ下手だ、発音を間違ったら恥ずかしい、といつも心配していて、人前で日本語の歌を歌う勇気がなかった。最初は非常に緊張して、何かを頬張っている時のように声が喉につかえていた。しかし、皆の励ましの眼差しが力になり、こわばっていた心と体が次第に緩められてきた。「今日は『日本語の日』だから、頑張って!」と自分を励ますと、歌声が大きく伸びやかになった。

歌い終わった後、温かい拍手とともに、「お姉ちゃん日本語上手だね」という日本人の子供の声が聞こえた。突き上げるような喜びが私の胸を貫いた。

「ありがとうございました」と言いながら、私がお辞儀をした瞬間、急に周囲は闇に包まれた。

目が覚めて、世界はまた明るくなった。

今日は二〇一七年五月三十一日。場所は家。三秒後、私は自分が置かれている状態を整理できた。

そして、母の声が聞こえてきた。

「夢を見てたの? いきなり日本語で寝言を言うなんて、びっくりしたよ」

カーテンが開けられて、窓の外を眺めると、空は雲一つなく晴れ渡っていた。

「え?」

「ううん。夢なんかじゃない。将来を見てたんだ」

「この日は絶対来るから」と、私は微笑みながら心の中で呟いた。

(指導教師　岩佐和美)

◉三等賞　テーマ「日本人に伝えたい中国の新しい魅力」

客家文化の魅力

広東海洋大学　葉忠慧

「えっ、葉さんって客家人ですか」と私の日本人先生から訊かれた。

その日、秋になったのに残暑厳しい広東省湛江の、校外のエアコンがついている店で、私は日本人の先生と一緒に食事をしていた。エアコンがあっても私は汗びっしょりだった。

「じゃ葉さんは五つの言語を身につけているね。すごいですね」という先生からの褒め言葉を今でもはっきり覚えている。

「そんなことないです」と私は微笑みながらそう答えた。

「ほら、中国語、日本語、英語、広東人だから広東語、そして客家語」と先生は真剣な顔で数えていた。なんだか先生の「すごいですね」という顔が深く印象に残った。

私にとっては、客家という名詞を知っていることが思いがけないことだったのだ。しかも日本人の先生である。中国では、客家人という存在を知っている人がそもそも多くないと思う。

今考えると、その時先生に「なぜ客家人を知っているのですか。どこで知ったんですか」と聞けばよかったのに。私は後悔していた。先生を故郷に誘って、客家文化を見ていただきたかった。今、日本語の授業をその先生は担当していないから、私はずっと残念だと思っている。

私が生まれ育った故郷——始興は「中国で一番美しく小さな町」と評されている。それ故、多くの旅行資源が開発された。始興は広東省で一番北の方に位置していて、福建省、江西省の南方とともに客家風情に満ちている場所である。日本人が詳しくないこのような場所に来て、未知の文化に触れる機会がたくさんあることもまた、中国の魅力だと思う。

私はそう思って、客家文化を日本人に伝えたいのだ。客家語が通じる町を日本人に見せたい。旅行が好きな日本人にとって、中国の長い歴史がある多くの観光スポットに来れば、きっと楽しくなると思っている。中国南方出身の私にとっては、新しい発見がたくさんあるに違いない。客家も「中国好き」になってほしいなあと思う。日本人が客家文化に触れて少しで

客家族は漢族の一サブグループとされ、実は漢族でも少数民族文化をもっている独特な群れだ。客家語は、粤語、閩語、呉語、浙語、湘語などと並ぶ、中国南部の主要な方言の一つに数えられ、言語人口は海外を含めて二四〇〇万とも四五〇〇万とも、あるいは一億とも言われている。

「どこでも日が差せば、客家人はそこにいる」という諺がある。客家人はどこにいても勇敢勤勉で、生活が辛くても生きていけるし、子々孫々まで育て続けられると信じている。こういう点から言うと、中国はずっと根強い独特な文化を育てているのではないだろうか。

世界文化遺産にも登録された客家の特色を象徴している建物――土楼、囲屋などが最近中国でもますます注目されていて、観光地になっている所もある。それらが旅行資源となり、中国の経済発展の新たな力になるかもしれない。

音楽といえば、「客家山歌」「客家八音」「広東漢楽」などの伝統がある。近年目を奪われるのは、新しい客家音楽が現れていることだ。それは、若者たちの創意が加えられ、もっと鮮やかで生き生きとして、民謡もジャズも流行歌もロックも混じっていて、さらに聴きやすくなっているという喜ばしい発展である。

また飲食の面でも「客家菜」と呼ばれる料理があり、芸術や服装などとともに有名である。このような幅広く深い客家文化から、中国全体の文化や社会を理解してゆく道が開かれるのだと思う。客家文化はその形成以来何千年も経て、中国に関する文化の中に正しく位置づけられ、組み込まれてきた。

客家文化をきっかけとして、日本人は改めて中国に目を奪われ、少しずつでも「中国好き」となっていけるだろう。客家文化の魅力は日本人に届くかな、届けたいなあと私は思っている。

（指導教師　原田拓郎）

◉三等賞　テーマ「日本人に伝えたい中国の新しい魅力」

日本人に伝えたい中国の新しい魅力

天津工業大学　王偉秋

小さい時から、私はお茶と縁を結んでいる。

父が湖北省赤壁市でお茶に関する仕事をしているがゆえに、家のあちこちはお茶ばかりだ。赤壁市は赤壁の戦いの発生地として、悠久の歴史を持っている。その長い歴史の流れの中に、私は特にお茶のことに興味を持っていた。子供の時、大好きなことは父がお茶を入れているのを見ながら、幼稚なことを聞くことだった。父はいつも笑って真面目に私の質問に答えた。茶碗に湯を注ぐや否や、お茶の葉が茶碗の底から一斉に浮く。そして、ゆっくり茶碗の底に沈みながら、爽やかな香りを漂わせてくる。ゆっくり沈んでいくお茶の葉と鼻の先の香りと父の笑顔は頭に残っているお茶に関する幼い日々のすべてのメモリーだった。

やがて、私は大きくなり、勉強もより一層重くなる一方で、父も仕事が忙しくなった。親子の間の交流が少なくなり、まったく一緒に住んでいる見知らぬ人のようになった。お茶のことも段々私の世界から離れていった。

ある夏の日、父は黒い円型のレンガを持って帰ってきた。そのレンガはすごく硬く、表面もざらざらだ。その色も真っ黒より茶褐色というほうが適切だ。そしてレンガを手にすると、微かなお茶の匂いがする。「これはお茶の葉で作った団茶だ」と父が教えてくれた。この今まで見たことがない「団茶」は私の目を引いた。

「団茶」は名前通りレンガみたいなお茶だ。主にお茶の葉と茎を原料として作られた。「団茶」は湖北省赤壁市特有のお茶の種類で、唐の時代から千年あまりの歴史があるそうだ。唐の時代に、お茶はシルクロードを経由して運び出される重要な商品の一つだった。当時は輸送手段が馬で、かなり時間がかかる。そこで、古代人は知恵を働かせ、運びやすいし長時間保存できるように普通のお茶を団茶に作ったのだ。その製法はそのまま伝わり、今ではもう湖北省赤壁市の特別な茶の生産工芸になっている。

父が「団茶」を持って帰ったその夜、私たちはリビングで団茶を飲みながら話をした。久しぶりに親子の絆を感じ取り、久しぶりにお茶の香りを味わった。

故郷の団茶の製法を体験させるために、父はわざわざ一日をかけて「青団茶」の生産現場まで連れていってくれた。「団茶」の生産方法も普通の緑茶とは大して違わないだろうと思ったが、実際に見たら、仕上げの高温高圧で茶の生地を型に入れて押すという工程だけでなく、ほかの工程も違うのだった。先ずは原料の選択、普通のお茶の原料はお茶の葉だけだが、団茶の原料はお茶の葉と茎だ。そして、一次加工の「毛茶」で団茶を作るのだ。また、普通の緑茶の数月発酵と違い、「団茶」の発酵は一年かかる。これは「団茶」を作るポイントだという。前の工程が終わったお茶を部屋に置き、空気が流通する状態で一年ぐらい発酵するのだ。

生産現場を見学したその日は私たちが久しぶりに一緒に過ごした一日だった。私たちはお茶のことから人生の態度まで話した。「新鮮な団茶は、できたてのころは苦くて渋く、一年経ったらお茶になりかけ、五年経ったら甘味が現れ、そして、十年以上になると薬になる」「これは人生と同じで、年を取れば取るほど生活の味を味わうことができる」。その後、ある日父は「これまで何回も客を連れて現場を参観したが、団茶の製法もすっかり知っていて面白さを全然感じ取れなかった。しかし、君と一緒に参観した日、その製法が生きているのを感じた」と言ってくれた。その話を聞き、私は深く考え込んだ。成長するにつれ、父との距離も遠くなり、もう少しで見知らぬ人になってしまいそうだった。45歳の人生の中に、きっといろいろな大切な時があるはずだが、父がその小さな生産現場見学のことを今でも覚えているとは。

赤壁市の小さい団茶は千年の歴史をこえ、新しい魅力を現わし、21世紀に生きる父と私の間に交流の橋をかけ、私たち親子の絆を強く結び付けている。

（指導教師　孫薇）

◉三等賞　テーマ「忘れられない日本語教師の教え」

消えない渡辺先生との思い出

大連東軟信息学院　胡芷媛

放課後、友達を待っていた。学校前の桜の木の下でひと休みしていて、思わず桜の美しさに心から引き込まれた。桜の花をじっと見ていると、子供時代の渡辺先生のことが思い出されてならない。「何を勉強するにも我慢が必要だ。勉強もある意味では忍耐を鍛えるところなのだ。苦しいかもしれない、投げ出したいかもしれないけれど、将来絶対その経験に頼って生きることができる」。ふりおとしても消せない先生が言ったこの言葉は、ずっと私の心にある。

小学校六年生の時、両親の許可をもらって、先生の家で日本語を勉強した。父は引き出しからある写真を取り出して、私に見せた。「この先生は俺の友達呉林の奥さん。今は中国に住んでいて、実はもう50歳になった」と父は言った。だが、私から見るとただ30歳ぐらいの女性だった。ある日曜日の午後、父は私を先生の家に連れて行った。先生の家の庭に三本の桜の木があって、見事に咲いていた。ドアをあけると、美しい女性が私の目に映った。髪はふさふさで、後ろ髪が跳ねていて、顔が小さくて、大きな瞳がきらきらしている小柄な女性という感じだった。

先生は丁寧に私と父にお茶を入れてくれた。先生は下駄を脱いで、オンドルにひざまずいて私たちと話していた。その後、父は立ち去って、私と先生二人きりで日本語の勉強をした。初めて外国人と一緒にいたため、ちょっと緊張した。びくびくして落ち着かない時、「あなたの名前は?」と私に聞いた。私の名前を聞いた後、先生は頷いて「いい名前ね」と言った。私は恥ずかしくて、ふっふっと笑った。「今から始めましょう! では、五十音図から学ぼう」と先生は言った。そして、ある本を本棚から取り出した。先生が一つ一つの五十音を細長い指でさしながら、私が読んだ。そのまま、ずっと繰り返して、「何を勉強するにも我慢が必要だよね」と先生は言った。私が書いた片仮名はくずれるので、先生はマンツーマン指導をしてくれた。先生は「しえんちゃんは頑張り屋さんだから、将来私たちは日本語で話せるよ」と言った。その後、暇があったら、先生の所へ行って日本語の勉強を続けた。それから1年後、私の怠惰のせいで、もう二度と行かなくなった。

今大学に入って、日本部学部の学生になって、このことを思い出すたびに、本当に後悔して、どうして勉強が続かなかったか?と自問する。あの時、日本語を勉強したくなかった気持ちを先生に伝えた時、先生は「なぜ?」とびっくりした。とても辛かった。先生にどうやって答えたか?「今学校の勉強がとても難しいから、なかなか時間が取れなくて……」と嘘をついた。先生は残念そうな様子で頭を軽く振って、ぼんやりした。しばらくして、「そうか、学校の科目を強い気持ちで頑張りましょう。何を勉強するにも我慢が必要です。苦しいかもしれないけど、頑張れ!」と先生は言った。今日本語を再び学んで、この言葉がとても大切だと気がついた。

一年前、自分のイメージをチェンジして淑やかな女性になるために、古典楽器の琵琶を学びはじめた。初めて弦をはじいた時、指が痛くてたまらなかった。自分の琵琶の音のなんと酷いこと。構えがおかしいし、撥《ばち》の角度もおかしいし、変な音が出るばかりだった。すぐ琵琶をやめたくなった。その時、渡辺先生の言葉「何を勉強するにも我慢が必要だ」が私の頭に浮かんで、私にパワーをくれた。信念を固めて、毎回お稽古を携帯で録画している。学校に通う時間に見ながら、復習と反省をした。ようやく、琵琶はきれいな音を出した。始めてからもう一年が経った。限られた練習時間を大事にして、地道に進んでいる。

桜が舞い落ちる頃に、もう一度先生に会いたい。でも会えない。先生に会えないけれど、先生の話を思い出して日本語を勉強し続けている。渡辺先生はたぶんあの時の意志力がない学生を覚えていないだろうが、私は先生の教えが一生忘れられない。

（指導教師　森岡ゆかり）

◉三等賞　テーマ「日本人に伝えたい中国の新しい魅力」

愛する火鍋

西南交通大学　郭　鵬

　去年、私は交換留学のため、日本に五カ月ぐらい滞在していた。五カ月間はあっという間と感じるほど短いが、気づいたことが多い。その中で最も印象深いのは、周りの日本人が火鍋を知らなかったことだ。私は中国の四川省の出身だから、いつも「パンダと火鍋のふるさとの成都からまいりました」、といったような自己紹介をする。そうすると、必ずと言っていいほど、「火鍋って何ですか」という質問が投げかけられてくる。そういう時になると、中国の国民的な料理というべき火鍋があまり日本人に知られていないなあ、と実感する。そんなわけで、ここでは四川省の火鍋を紹介しようと思う。

　火鍋というのは、漢字を見れば分かるように、鍋料理のことだ。しかし、日本の鍋料理と違って、唐辛子や山椒などの調味料がいっぱい入っている。だから、お湯が人を戦慄させるほど真っ赤になっている。どうやらそのお湯は、火鍋を食べることはかなり勇気のいる行為だと示しているように見える。私は十二歳のころから火鍋に親しんできて、今はその辛さに慣れている。といっても、初めて食べたときは、あまりの辛さに慣れなくて、Tシャツが濡れてしまったほど汗をかいた。それに、食べ終わったあと、腹が痛くなって、一歩も歩けないほどだった。病院までも運ばれた。本当に苦い経験だった。それにもかかわらず、その後、かえって火鍋を好きになった。なにしろ本当においしいからだ。父も火鍋好きで、つねに「火鍋が食べられない四川人なんて本当の四川人じゃない」という言葉を口にしている。おそらく父の目には、火鍋とは四川人のアイデンティティのようなものと映っているに違いない。

　中国には数えきれないほどの数々の料理がある。だが、人を元気にさせる料理は火鍋のほかにはないと思われる。三年前、高校生だった私は最終回の模擬試験で大失敗をし、クラス（全員で六十強）三位から三十五位に落ちてしまった。それはちょうど大学入試の一カ月前のことだ。だから、私はすごく落ち込んでいて、このまま二流大学に入るのか、それとも再び最後まで挑戦し続けるのか、と毎日のように自分に問いかけていた。そんな私を見て、親友が私を火鍋の店に誘った。そして、不思議なことに、アツアツの火鍋を食べたら、受験勉強のストレスや将来への不安などが一瞬にしてすべて体から抜けてしまったような気がした。重い荷物を下ろしたかのようにすっきりした。火鍋の神様のおかげで、私は失敗のことを忘れて、受験勉強に打ち込むことができた。最後の結果も予想以上に良かった。

私は日本にいる間に、火鍋を食べに行ったことがある。その味は本場の味とは言えないが、火鍋を食べる雰囲気は十二分に感じた。沸騰していたお湯を見て、なんとなくふるさとがそばにいるかのような感じがして、思わず涙を誘われた。それまでは、火鍋がおいしいからとか、火鍋を食べると元気になるからということで、火鍋が好きだったが、その時にして、ふるさとの火鍋だから好き、ということを初めて知ることができた。

ある意味では、火鍋と四川という土地とは密接に関係しているように思われる。四川省は高い山々に囲まれていて、上空に常に厚い雲がかかっており、めったに晴れないので、体の湿気をとる火鍋が四川人に好まれている。すなわち、四川という土地が火鍋を作ったというわけだ。そして、同時に、火鍋も四川という土地に暮らす人々の性格形成に大きな影響を及ぼしたのだ。中国では、四川省出身の女性が「辣妹子」と呼ばれている。それは、四川省の女性は唐辛子のように豪快で、活気が満ちあふれることを意味している。実は、女性だけでなく、四川省の人はみんなそのような人だ。

日本でも、火鍋の店が街角でよく見られる。しかし、火鍋文化そのものに触れたいなら、やはり四川省に来たほうがいいと思う。皆さんのご来訪をお待ちしております。

（指導教師　王菲、羅鵬）

◉三等賞　テーマ「日本人に伝えたい中国の新しい魅力」

農民工の笑顔

東華理工大学　周　湾

中国では春節が近づくと、人々が故郷への帰り道を急いでいるところをよく見かけるようになります。地下鉄や空港、高速鉄道などに人がいっぱい溢れています。でも、高速道路には特別なバイクの群れがあります。それは随分長くなって、すごく壮観な風景になります。最初にこれを見た時、これは一体なんだろうという疑問が湧いてきました。

この特別で壮観なバイクの群れは「中国の農民工」です。「農民工」というのは金を儲けるために農村から都市の工場へ行って働いている労働者のことです。彼らの仕事は大変なのに給料はそれほど高くはありません。一年間頑張って働いて、春節の時だけ故郷に帰るのです。それでお金を節約するために、集まって、一緒にバイクで帰ります。バイクは安くて便利なので農民工にとっては一番いい交通機関です。でも、その時は一年間で一番寒い時期なので、よく雪や冷たい雨が降ります。しかし、どんなに寒くても、彼らは家族と会いたいという気持ちで、必ず家に帰ります。政府は彼らのために高速道路にサービスセンターを設けて、無料で温かいお湯を提供しています。

実は、私の両親も「農民工」です。両親は私が5歳からずっと故郷を離れて広州で働いています。小さい頃は春節が終わって、両親が広州に戻る時、「パパとママは、きっと明日には家に帰って来るだろう」と思っていました。長い一年が過ぎて、両親はようやく帰ってきました。帰って来る時は、いつも綺麗な服や美味しいお菓子、面白いおもちゃなどをお土産として持ってきました。それが、あまりに嬉しくて、一年間の苦しさも忘れてしまいました。だんだん大きくなって、私はそんなことにもう慣れてしまいました。

去年の夏休み、私は大学の実践課題のため広州へ行って、両親のように工場でアルバイトをしました。工場の仕事は商品の梱包でそんなに難しくありませんが、毎日、同じことの繰り返しで、一カ月後には、私は辞めたいと思いました。給料は安いし、仕事も大変だし、それに私は大学生ですから、そんなに単純な仕事をしても、意味がありません。しかし、そんな考えを父に話すと、父に叱られました。「もし、こんな簡単な仕事も出来なければ、難しいことなんて出来るはずがないだろう。仕事は苦しいが、苦しいことを乗り越えれば、これまで味わったことのない喜びに変化するんじゃないのか。諦めないで、最後までやってみてはどうだ」。父は私にそう言いました。そして、「俺の手を見ろ」と言って、父は両手を私の目の前に広げました。手にはたくさんの傷跡が見えます。「俺の苦労をお前に言ったことがあるか？　諦めたことがあるか?」。父の話を聞いて、私は考え込みました。そして、私は自分が間違っていたことに気付きました。両親は私のために、辛い仕事をして、毎日頑張っています。

アルバイトを終えて大学に戻る日、両親と同僚は私のために送別会を開いてくれました。彼らは料理を食べて、大声で笑ったり話したりして、すごく楽しそうでした。同僚の中で一番私に良くしてくれたのは李さんです。李さんは独身で四十歳の女性ですが、しばらく前に社長に辞めさせられました。彼女は笑って私にこう言いました。「あなたはまだ若いし、大学生にはこれからいっぱいチャンスがあるはずよ。私はこれから新しい町へ行って、新しい仕事を探すわ」。私は何か言おうと思いましたが、結局何も言わず、ただ頷きました。

「農民工」は現状を嘆いてばかりいるのではなく、みんな少しずつ前に進んでいる人たちです。彼女の笑顔を見て私はそう思いました。私の両親のような「農民工」が頑張っている姿は中国全土に広がっています。彼らはただの底辺の労働者ではなく、中国発展の縁の下の存在です。家族のために、国のために頑張っています。そして、私は苦しくても諦めないで楽天的な態度で生きている彼らの姿を日本人に伝えたいと思っています。

（指導教師　劉艶絨、千葉雄一郎）

◉三等賞　テーマ「日本人に伝えたい中国の新しい魅力」

漢服を着て、京都に行こう

江西農業大学南昌商学院　呉夢露

「今私が着ているものを知っていますか?」

人通りの多い京都清水の町で、七月のそよ風に恵まれ、私は向こう側の答えをドキドキと待っていた。

私が着ていたのは漢服で、文字通り、中国の漢民族の伝統服だった。56民族の中で一番大きい民族（漢族）の伝統服が漢服だということを三年前初めて知った。ずっと日本のアニメを見ながら過ごしてきた私は、京都の古い町で、麗しい桜の樹やきれいな着物姿が重なる画面に、何年も夢中になっていた。だから、いつも日本に憧れ、中国ならではの美しさを無視していた私は初めてある先輩が着ていた漢服を見た時、完全に魅了されたとも言える。

「そっか、私たちもそんな美しい物を持っているのか。忘れちゃったね」と気づいた。

しかし、我が国の美しさを忘れた人は私一人だけではない。王朝交代のせいで漢服などの漢族文化は３００年間伝承を失ったままだ。近年、漢服という言葉が現れだしたのは２００３年ごろだった。本国の文化を反省したいからなのか、詳しい理由は分からないが、ある若者が漢服をきっかけに、中国伝統文化の復興を叫んで、「服復興運動」を起こした。しかし、すでに十数年も経ったが、多くの人にとって漢服はなお新しいものである。

だから、私はこの中国特有の美しさをもっと多くの人に伝えたい。特に大好きな日本人に。ようやく、去年の夏休み、私は日本に留学していた友達王さん、大学で知り合った日本人留学生栗田さんとの三人で、寝ても覚めても行きたい京都への旅を始めた。その旅で、私達は自分に一つの任務を設けた。漢服を着て町の外国人に簡単に説明し、写真を撮った後、自分のＦａｃｅｂｏｏｋあるいはＩＮＳでシェアすることだった。

京都は思ったより美しかった。そんな古風で素朴な町で漢服を着たとき、何も違和感がなかった。私は通行人を止め、「私の着ている服を知っていますか」と質問する度に、胸がドキドキした。

「あっ、着物か?」。大体もらった答えはそうだった。

「着物とよく似ているでしょう。これは漢服と言う中国の伝統的な服ですけど、最近流行っています……」。その時王さんは熱心に説明していた。

「あっ、きれい」

向こうから歩いてきたのは日本人、アメリカ人、中国人の三人だった。日本人の女の子はきれいと優しく絶賛してくれた。アメリカの男の子は自発的に写真を撮ってくれた。三人は興奮し、いろいろなことをしゃべった。

「大体日本人は中国のチーパオだけ知っているそうですね。中国人が誰でもチーパオを持っていると思ってるそうです。でも違うよ。中国人は伝統的な祝日になると、別に特別な服を着ていないでしょう。そのことを日本人は知らない」。二人の中国人留学生はこう言った。確かにそれも私が日本人に伝えたいことだ。

それからいろいろな違った国の人に街角インタビューをし、数十人に漢服のことを紹介した。皆も熱心に写真を撮ってもらった。そうすることで私も自信がついた。

しかし、残念ながら、三日後、FacebookやINSなどをチェックした時、あの日撮った写真をシェアしてくれた人は誰もいなかった。私はがっかりした。

「皆は恥ずかしいかもね……。大丈夫、美しい物は皆がきっと好きだ。私がいるじゃん! 呉さん、諦めちゃダメよ」と栗田さんはそう慰めてくれた。「私がいるじゃん」という言葉を聞き、大学で彼女と一緒に日本の華道を勉強した日々を思い出した。確かに美しい物は誰も拒むことはできないだろう。

その十日だけで終わった短い旅は、私にとって、漢服を守りたい人生で一番辛くて長い旅だった。そして中国で宣伝することは日本よりもっと必要で難しいと気がついた。あの日、インタビューを受けて理解してくれた人、漢服を好きになってくれて、本当にありがとう。このきれいな町で、色々な美しい物を、また日本人と一緒に探したいのだ。


(指導教師　李夢瑜、森本卓也)

◉三等賞　テーマ「忘れられない日本語教師の教え」

すばらしいって

海南師範大学　張少東

大学二年生になって、初めて倉元先生の授業を受けた時、私が自己紹介のスピーチをした後で、先生はこうおっしゃった。

その時は、「本当に？　褒められちゃった！　嬉しい」と密かに喜んだものだ。こうして、私の生まれて初めての日本人の先生の授業は楽しく過ぎていった。

しかし、この後、おかしなことに気づいた。倉元先生は誰が発表した後でも必ず「すばらしい」と躊躇なくおっしゃるのである。特にある授業でクラスメートの一人が発表したのだが、声が小さく流暢でもない日本語で文章を暗唱したというのに、倉元先生はいつものように「すばらしい」と褒めておられた。

なぜなのか？　私にはどうしても理解できない。もしかしたら、みんなの日本語能力は本当にすばらしいかもしれないかと思ってみたが、やっぱり合点がいかない。それなのに、倉元先生は「すばらしい」とおっしゃり、のみならずそれと共に、にっこりと微笑んでうなずいて見せるのである。

いったい、なぜだろうか。

その時分の私は、まだ先生の真意がわからなかった。そんなある日、興味深い出来事が起きた。その日に、私は倉元先生の授業の予習を忘れてしまっていた。授業を受ける十分ほど前に、私は取り急ぎ予習してみたが、心の中は不安でいっぱいだった。しばらくして、先生が教室に入ってこられた。先生をじっと注目していた私は、今までの自信をすっかり失ってしまっていた。とうとう私の順番が回ってきて、私は椅子から立ち上がり、声が小さく流暢でもない日本語でなにやら答えた。しかし思わぬことに、先生はいつものように「すばらしい」と褒めてくださったのだ。

これは、一体どういうことだろう？

自分を抑えられず私は「今の私の発表は別段すばらしくないのではないでしょうか」と、先生にぶしつけな質問をした。先生はやや呆気にとられたようだが、すぐににっこり笑って、「日本人がね、よくすばらしいと言いながら、うなずくのは相手への思いやりの気持ちを表しているんですよ」と答えられた。実際こうおっしゃる先生の笑顔はとても温かった。その温かさが、私の胸の奥まで伝わってきて、私はすっかり嬉しくなってしまった。私は、さらに続けて「先生の真意をもっと詳しく伺いたいと思います」と聞いていた。先生は、「学生は教師の質問に答えている時、自分に自信が持てないでいるかもしれない。その時に教師のポジティブなイメージが相手に伝われば、学生は自己を肯定する気持ちが沸き起こるものだ。すると、学生は自信を持てるようになって、積極的に日本語を話し続けることができるんだ」と、先生は落ち着いておっしゃった。

この十年というもの、中国で学生をしていた私にとって、授業中先生から質問を受けるのは辛いことであり、いつもドキドキと胸が緊張し頭は真っ白になっていたものだ。そういう時担当の先生は何も励ますような言葉はかけてくれなかった。私は決まって自信がなくなり、それ以上何も答えられなくなっていた。

倉元先生のお返事を聞いて、先生は私たち学生に対してどうしてそこまで優しくなれるのかと驚いた。先生は私たちに教科書の知識を教えるだけではなく、人の道も教えてくださった。私は深い感動でいっぱいになった。

それ以来、相手に思いやりの気持ちを表すというのを、私のモットーにしている。

毎回相手の話を聞いて「すばらしい」と言いながら、うなずいている私は、相手からいろいろな笑顔のお返しをもらってきた。「すばらしい」って言葉には、不思議な力が込もっていると思う。それを通して、良い人間関係を築くことができるのではないか。人と人の関係においても、国と国の関係においても。

思いやりの心を知り、思いやりのある人になるように目指すということは、忘れられない先生からの大切な教えだ。

倉元先生、本当にすばらしい先生だ！

本当に、本当にありがとうございました。

（指導教師　李艶秋）

◉三等賞　テーマ「忘れられない日本語教師の教え」

印象を知識にする

中国人民大学　成悦平

「皆さんは日本に対して様々な印象を持っているでしょう。その中には正しい印象もあるし、間違っているのも少なからずあります。正しいかどうかも大事ですが、もっと大事なのは印象を過信せず、疑問を持って、確かめ、知識を得ることなのです」

だんだん寒くなっていたある秋の日、大工原先生は最初の授業で輝いた目で私たちを見ながらこうおっしゃった。

「印象を知識にしなさい」。その時私はこの言葉を全然気にしていなかった。その後も先生から耳にタコができるほど聞いたが、いつも聞き流していた。

そもそも授業というのは試験に出るようなことだけを覚えておけばいいし、試験が終わると、もう関係なくなるものだから、この言葉もきっとそのうち忘れてしまうものだと思っていた。その日になるまでは。

冬休みのある日だった。家族が一緒に揃ってのんびりした午後を楽しみながら、久しぶりに盛り上がっていろいろおしゃべりしていた。そのうち何故か話題の主人公が私に変わってしまった。

「大学生活はどう」から穏やかに始まった会話が、いつの間にか「中日関係が悪い今、日本語専攻では将来が……」とか「日本人の男と結婚するのはダメ」とか「地震の多い日本で働くのもダメ」とか、話題の矛先がどんどん嫌な方向に向かっていった。更に、靖国神社やＡＰＡホテルの話まで出てきた。

なんだか自分の専攻を軽蔑されているような気がした私は、このままではいられないと思い、顔を真っ赤にして反論を試みた。それも、「この場で日本語専攻の私より日本を知っている人はいない」という自信を持ちながらだった。

しかし結局、説得はできなかった。よく考えてみれば、私の相手は親戚でもあり、また私よりずっと日本と深く繋がっている人たちでもあった。子供の時、直接日中戦争の被害を受けた祖母、尖閣諸島などの問題が起こった際に意欲に満ち溢れていた少年だった兄、竹島の問題で日本に対してあまりいい印象を持っていない韓国人の父、そして、長い間日本について色々なことを見たり聞いたりしてきた親戚の方々……。

「そうだ！ 靖国神社のことなら説明できるかも！ 先生から教えていただいた。あれ？ なんだったっけ？」。思い浮かべるものは何もなく、真っ白になった頭で何の言葉も返せずにいた。ちゃんと学んでおかなかった自分が憎くなった。

「日本人は過去の戦争を全く反省していない」、「日本は放射能に汚染されているから行かないほうがいい」、「日本の男はみんな亭主関白だ」。こういった印象が全て正しいわけではないということはちゃんと知っている。なのに、なぜ説明できないのだろう？ 私は途方に暮れた。どうしてこうなってしまったのか？ その時思い浮かべた答えは「印象を知識にしなさい」という先生の言葉だった。つまり他人を納得させる知識が足りないということだ。

自分の印象を信じて、その正しくない印象を他の人にも詰め込む親戚たち、そして間違っている印象だと知っているのに、きちんと覚えておかなかったため、必要な時何もできなかった私が恥ずかしくてならなかった。だから「印象を知識にしなさい」と言ってくれたんだ。知識がなければ、何も変えられないし、こんなにも悔しくなるんだ。

この言葉こそ先生が一人の外国人として何年間も中国にいる間に得た貴重な経験だったかもしれない、と私は考えた。

この冬休みの小さなエピソードは、中日関係に関わる大切な示唆を含んでいると思う。中国人も日本人も、印象を知識にしたら、たくさんの誤解を減らすことができるだろう。

私は日本について知りたいことがたくさんある。日本人は中国に対してどんな考えを持っているのか？日本の歴史書には何が書かれているのか？日本の女の子は本当に寒い冬に生足でいるのか？

一体私の持っている印象は正しいのかどうか、これから自分の目と耳でぜひ確かめてみたい。一つ一つは些細な知識でも、その積み重ねがいつか必ず役に立つと信じている。

（指導教師　大工原勇人）

◉三等賞　テーマ「日本人に伝えたい中国の新しい魅力」

美しい雨が降る街——上海

同済大学　徐雨婷

「日本人に伝えたい中国の新しい魅力」と言えば、「美しい雨が降る街——上海」である。「新しい」と言うよりも、「日本の人たちが知らない上海の魅力」と言ったほうがいいかもしれない。雨は、上海の街を美しく変身させるのである。

「上海は本当に雨が多いね」と上海人の私は、よく北方の友人たちから言われた。そのとき、私は初めてこの事実に気づいた。考えてみると、上海は「雨の都市」といっても過言ではない。

上海はどの季節でも雨が降る。夏と秋はともかく、春と冬は雨の日が実に多い。四月に入り、本格的な春になっても、ときどき雨がぱらぱらと降ってくる。雨が多くて、ちょっと不便だと思っている人がいるかもしれない。例えば、寮からどこかに行こうとするとき、雨がなかなか止まないので、傘を持って出掛けなければならない。だから、上海人として、少し文句を言われても仕様がない。

実は、私は雨にかなり好感を持っている。その理由は、自分の名前の中に「雨」という文字が入っているからだ。だから、上海に生まれた私はとても幸せだと思う。

私は、雨が降った後は普段より美しい景色が見られると感じている。「同済の春」というと、さくら通りの景色が天下一品だと言われている。同済大学では、四月になると、さくら通りの桜が満開を迎える。例年、花見をしに来る人がいっぱいだ。家族や、友達などと一緒に咲き始めたばかりの桜や、満開の桜、散り始めたときの桜吹雪など、桜の写真をうつして、とても賑やかである。しかし、まだ四月になっていない日の夜、急に雨が降ってきて、翌日になっても止まないことがあった。窓が雨に打たれる音を聞きながら、桜はこんな雨に打たれて、大丈夫だろうかと心配になった。心配しつつ、私は昼休みに、寄り道をし、さくら通りに行った。その時、私は驚いた。花びらは散らずに、雨に打たれても、その姿が非常に綺麗だった。そして、その絶妙な景色を写真に収めている人も少なくない。雨の中の桜は、やはり美しく、風情があり、感動的であった。日本人がどんな花よりも桜を好むのが分かるような気がした。

雨は美しい景色をつくるほか、時々人の運命も変える。雨のせいで運に恵まれないときもあるが、小さな出会いをつくることもある。小学校五年生のときのことである。雨の中の出会いは私の心を温かくしてくれた。私はクラスメートと一緒にバスで出かけようとしていた。その日、私は眠くて、ついバスの中で寝てしまった。車掌に起こされたとき、クラスメートはもういないし、みんなが私を見ていた。気まずい沈黙に耐えられず、バスを降りた。すると、運悪く、雨が降ってきた。私は涙を浮かべ、誰か助けてくれないかと思い、途方に暮れた。

その時、あるおばあさんが傘をさしてくれ、私に話しかけてきた。「どうしたの。迷子になったのかい」「うん」と私はうなずいた。そして、私は泣きたい衝動を必死で抑えて、助けを求めた。親切なおばあさんは「いいよ」と言って、塾まで連れて行ってくれた。その途中、おばあさんはずっと上海の方言を使って、私に話しかけてくれた。しかし、上海人といっても、実は私は方言が苦手だ。最初は分かりにくかったので、緊張した。しかし、話しているうちに、おばあさんが言ったことを全部分かったとは言えないが、気持ちが徐々に楽になって、落ち着いてきた。気付かないうちに、私たちは塾に着いた。私はおばあさんに感謝の気持ちを伝え、別れた。その後、親戚のおじいさんがうちに来て、助けてくれたおばあさんは彼の同僚の奥さんだと言った。雨は本当に不思議で、同じ都市に住んでいる人々を繋げてくれた。

上海の雨はただの雨ではない。雨の中で、物との、人との縁が生じて、特別の趣がある。雨の魅力はすでにこの街に溶け込んでいる。私はやはり上海の雨が好きだ。

（指導教師　池嶋多津江）

◉三等賞　テーマ「忘れられない日本語教師の教え」

忘れ難い先生の教え

淮陰師範学院　史　蕊

富松先生が教えてくださったのは言語知識だけではない。人生における道理をも知らず知らずのうちに薫陶を受けていたのである。

現在の私は既に三年になったが、初の授業の光景は未だにはっきりと覚えている。あの日、クラス全員は新しく見える先生が日本人だと告げられてワクワクしていた時、先生は二人の先輩たちを伴って私たちの目の前に現れた。「えっ、どうして先輩たちもきたのか」とみんながこっそりと話し合っていたが、その原因が明らかになったあと、私は思わず先生の細心の心遣いに感心させられた。先生は当時日本語が初心者の私たちに警戒心を抱かせることなく、授業内容を円滑に理解させるために、先輩たちを伴って通訳してくれたのだった。

あの頃の私は単なる先生の、他人に対する思いやりが大いに気に入っているだけだった。ところが、最近茶道の授業で、「茶は服のよきように点て、炭は湯の沸くように置き、夏は涼しく、冬は暖かに」という一言に気付いた。これは茶道の大成者千利休が唱えた、茶道を習う人にとっての心構えである。わかりやすく説明すると、お客様が美味しいお茶を、飲みやすいようにお茶を点て、炭を置くなどさまざまな工夫をすることである。お茶の作法とかではなく、行間を読むと、ほとんどは他人に対する心遣いを強調していることが分かる。

その七則は先生との初対面を思い出させた。顧みると、先生はとっくに身をもって範を垂れてくださっていたことに気付かされた。これまでの幼さゆえの「自己中心的な生き方」と違って、先生が「この社会は、自分ひとりで生きているわけではないので、多くの人のことを思いやり、他人の役に立つことは何かを考えて行動することは尊いと思います」と言われた言葉が心に残っている。それゆえ、私も次第に日常生活のなかで、まず他人の立場に立ってものを考えるようになった。

ところで、私たちはこの世に生きていくには、単なる他人との接触だけではなく、自分自身との対話も大切である。例えば、困難にぶつかったとき、どのように立ち向かうのか。また、戸惑ったときには、どうやって物事の見方・対処の仕方を変えていくのか。

二年の時、学院で日本への交換留学生の募集が行われた。ずっと日本文化に深い興味を持っている私は、両親に事前に断らずに選考試験を申し込んだ。しかし、中日関係に対する心配を抱く両親に猛反対された。結局、どうしても親を説得できなかった私は、試験に応募する勇気すらなくなってしまった。まさに無力感に打ちひしがれていた私を助け出してくださったのは先生だった。

確か真冬の頃だった。先生がメールに「この寒さを凌げば、あなたの待っている『春』も、そろそろ自分の出番だと準備しているものと思います。もう少しの辛抱ですね」と書いてあった。先生の一言で私は不思議に勇気をもらった気分になった。そうだ、もう少しの辛抱。これは四季に限らず人生全般について言えることだと思う。物事は、まさに将棋の大山名人が「大体、そんなにうまくいくわけがない」と言っているようである。今の私はどんな場合にも立ち向かえるとまではいかないが、先生の教えによって、既に希望にあふれる心をもって、楽観的に「暖かな春」を待つという決断を手にすることができた。

現在、私は国内交流生として天津にいる。とはいえ、定期的なメール交換のおかげで、先生はいつも近くにいて、私の成長を優しく見守ってくださっているような気がする。因みに、待った甲斐があって、両親はようやく私の日本への留学計画を認めてくれた。

仮に私たち学生が船舶だとすると、いつも親身になって、懇切丁寧に知識や経験を教えてくださる富松先生はまさに灯台の如き存在だと言えるだろう。その「教えの光」に導かれながら、「人生という海」の中で自分の位置を確認し、さらに、自らの手で進むべき道標を探し出したいと願っている。

（指導教師　富松哲博、趙徳旺）

◉三等賞　テーマ「忘れられない日本語教師の教え」

好きな仕事を探そう！

東莞理工学院　姚文姫

一年前に、私は大学に入学し、両親と相談して、日本語学科を選んだ。最初に父は「法律はいいよ、公務員もいい。卒業したら、他の仕事より安定している」と言ったが、私はそんな遠いことを考えずに「でも日本語が好きだもん」とわがままを言ったが、私の気持ちを考えてくれた父は「参ったな、日本語学科も悪くないけどな」と賛成してくれた。

希望した日本語学科に入った私は、毎日やる気満々で授業に通って、時間があれば、本やパソコンを通じて、日本の文化や習慣などについても調べている。私にとって、今の生活は理想的な生活だ。

しかし、大学生活はいつか終わる。社会人になると、私たちはどんな職場に入り、どんな仕事をするのだろう。将来の問題を考え始めたとき、私はふと気付いた。「今から、未来の仕事のために頑張らなくちゃ」

そうは言っても、おそらく多くの大学生は、仕事に関して迷うことが多いだろう。先輩たちにも色々教わったが、かえってもっと迷うようになってしまったのだ。日本語専科の学生として、日本語がどこまでできるのか、さらにどんな仕事ができるのか。そのまま迷いながら時間も無駄にしていた。その時、迷いを払拭してくださったのは、日本語教師の入江先生だった。

ある授業で、「先生は、なんで先生になりましたか」と学生が聞いたら、先生は「教えることが好きですから」と答えた。その時私は羨ましかった。なぜなら、先生は好きな仕事と出合ったのだから。

でも、私が驚かされたのは、次の話であった。「私が大学生の時は皆さんのように、仕事にすごく迷った。仕事を探すには、やはり「好き」であることが一番だと私は考えていた。だからいろんなアルバイトをしてみた。ケーキ屋の販売員とか、スーパーで働いたこともある、もちろん先生の仕事もね。最後はやはり先生の仕事が一番好きだとわかった。小学生と中学生も教えたことがある。自分の経験と知識を学生に教えるのは楽しいからね」と先生は言った。給料の高い仕事より、好きな仕事を選びたいとは、さらに好きな仕事を探すため、いろんな仕事を経験するなんて、私は想像できないどころか、考えたこともない。そして、私は先生に聞いた。「先生はこんなにいっぱいアルバイトをして、時間も結構かかるでしょう。学業もありますし、すごく大変ではないですか」。すると先生は、「確かに私は他の友人より忙しかったかもしれない。でも、これも私の大学生活の一部だ」と答えてくれた。

私は先生の話に考えさせられた、学生のうちは、勉強は大事かもしれないが、社会に出たら勉強や点数が一番大事なものではない。仕事こそもっと大事なことかもしれない。自分がする仕事を好きになれなければ、毎日が辛いものとなるだろう。

しかし、そうは言っても、好きな仕事を探すというのは、簡単なことではないと思う。現実的に見ると、世の中で、本当に好きな仕事をしている人はどのくらいいるのだろうか。もしかしたら、多くの人が好きな仕事も分からないままかもしれないし、卒業したら給料のいい仕事を探して、つまらない仕事でもお金のために我慢して続けている人もいるだろう。でも、それで本当に幸せになれるのか。もちろん、人生で「仕方がない」と思うこともいっぱいあるけれど、今の私はラッキーだ。まだ自分の好きな仕事を選ぶことができる。ちょっとだけの辛さは、たいしたことではない。

その日から、私は先生の「好きな仕事を探すために、いろんなアルバイトを経験してください」という言葉を心に刻み、アルバイトを始めた。休日に、学生団体のガイドと中学生の家庭教師をやっている。初めてなので、下手なところがいっぱいあって、辛くて辞めたい時もあった。その時、私はいつも先生の話を思い出す。「好きな仕事を探そう！」という言葉は、私の夢をかなえるためのおまじないなのだ。

（指導教師　土肥誠）

◉三等賞　テーマ「日本人に伝えたい中国の新しい魅力」

小さいけど、おもしろい！

華僑大学　陸　湘

「漢民族は多いでしょう」と言う人がいるかもしれないが、中国は多民族国家で、他の民族もいる。チベット族やウイグル族などの民族はよく聞くだろう。だが、私の民族は小さな民族で、外国人はあまり知らないだろうと思う。「小さいけど、おもしろい！」ということが、私が私の民族について一番言いたいことだ。私の民族は、ミヤオ族だ。人々は中国の中の大きいものには気づくが、小さいが魅力的なものを忘れてしまいがちだ。

私は大都市より故郷の村が好きだ。漢族も好きだが、ミヤオ族を愛している。それはミヤオ族の民俗文化がおもしろいからだ。ミヤオ族といえば、特徴的な服を着た少女の姿が思い浮かべられる。ミヤオ族の服を見たその瞬間、多くの人は「きれい！」という言葉を口から出す。頭と胸の飾り物は全て銀で作られており、服は精巧で美しくて多彩な刺繍がある。ミヤオ族の祝日の時、私たちはいつもこの服を着て、銀の飾り物をつける。毎年この時期になると、私の心はドキドキして、毎日この美しくてギラギラした飾り物をつけたいと思う。

それから、「歌鼟」（ゲテン）は、昔からミヤオ族の伝統的な活動だ。「鼟」（テン）は、ミヤオ族の言葉で、階段を上がり、向上する、そして、相手と比べるという意味だ。伝説では、昔は山に住んでいたので、大きな声で歌うことによって人々は交流ができた。これが「歌鼟」の起源だと言われている。私たちは歌いたいときに「歌鼟」の活動を行い、ミヤオ族の服装を着て、踊ったり、ミヤオ族の言葉で歌ったりする。

どうやって歌うか、どんな曲を歌うか。まず、「歌師」（ゲシ）が即興の歌詞を作る。才能があって美しい声がある人だけが「歌師」になれる。その後、彼の弟子が歌の種類を決めてから曲を作る。最後に、皆で一緒に歌う。だから、ミヤオ族の人は歌うのが上手だ。もしこの間に、誰かに好意を持つなら、二人は歌のやり取りをする。私の親もそういう形で恋をして、結婚した。私はこれはとてもロマンチックだと思う。父は歌うのが得意なので、鳥の声のようなその声を耳にすると、いつも私は気持ちがよくなって、大自然の前で新鮮な空気を呼吸しているような気がする。今は大都市に住んでいるが、その声を思うと、懐かしくて、ときどき涙が出る。

それから、ここにはおいしい食べ物もある。重要な客が来たら、私たちは「龍頭宴」（ロントーエン）を作る。それは日本語で「龍のような宴席」という意味だ。多くのテーブルを並べて長いテーブルにするのだが、これが龍に似ているので、そう呼ぶようになった。ミャオ族だけの料理を作ると、食べた人はいつも「こんなものを食べたことはない！　でも美味しい！」と言ってくれる。「油茶」（ユーチャ）はその中で、一番特別なものだ。焼き米やチャノキの葉などをお湯と混ぜて煮ると、美味しい「油茶」ができる。

「赶尸」（ガンシ）も湖南省の西に暮らすミャオ族の神秘的なことだ。夜に、ほかの地域で死んだ人の屍体が「赶尸人」（ガンシニン）に連れられて、故郷に戻る。どうして屍体が自分で動くことができるかにはいくつかの推測があるが、その理由は誰にも分からず、「赶尸人」だけが知っている。私の叔父のある友達が「赶尸人」の話を聞いたあと、叔父に「それは怖いでしょう。その人は屍体を恐れないのですか？」と聞くと、「これは文化の伝承だ。昔は交通が不便だったので、これが唯一の方法だった。誰でも死んだあとは家に帰りたいだろう」と叔父は言った。私は「偉いなあ」と感心した。今もたくさんの人が「赶尸」を見るために、ここに来て、夜を待つ。もし運が良いなら、この珍しい光景が見られるかもしれない。

ミャオ族は小さいが、おもしろい民俗文化がある。いろいろな魅力的な民族がいてこそ中国は多彩になる。この小さいが魅力的なミャオ族の村に多くの人が来てほしい。

（指導教師　稲木徹）

◉三等賞　テーマ「忘れられない日本語教師の教え」

忘れられない日本語「教師」の教え

天津科技大学　劉雅婷

「教え」といえば、多分皆さんは「教師」とか、「先生」とかを思い出すだろう。私にとって、「教師」というのは、知識を教える人だ。つまり、年齢には関係なく、誰が私に新しいことを教えたか、その人が私の教師だ。今まで、いろいろな教師に出会った。その中で、日本語教師もいたし、その他の教師もいた。でも、私にとって、一番忘れられない日本語教師の教えは、やはり友達の「博士」からの教えだった。

彼女の名前の中に、「博」の字があるので、私たちはいつも彼女を「博士」と呼んでいた。高校の時、私は恥ずかしがり屋なので、いつも一人だった。そういえば、あの時の私は本当に寂しかった。クラスメートと話す勇気がなかったので、ただ彼らを見ていただけだった。

でも、この世界は日々変わっている。明日何が起こるかは誰も知らない。私も同じだ。学校の入学トレーニングの時、私と「博士」は同じ寮に住んでいた。ある日、学校から

「明後日の夜、パーティーを開くことが決まりました。もし、誰か歌いたかったら、私に知らせてください」という知らせがあった。

参加したかったので、夜に一人で寮の外で歌った。その時、彼女は私の声を聞いた。

「君が歌っているのは、もしかして『When there was me and you』？」と聞いた。

私は驚いた。それは、この歌があまり有名ではなかったからだ。

「は、はい。もしかして、あなたはこの歌が歌える？」

「もちろん、私も歌うことができるよ」。彼女は自信ありげに言った。

「え？　本、本当？」。私はその時信じられないくらい驚いた

「一緒に歌おう、パーティーで！」。それで、私たちは一生懸命に練習し始めた。

結果は、他の人の歌が私たちより人気だったので、パ

ーティーでは歌えなかった。それでも、後悔しなかった。なぜなら、「博士」に会って、友達になったから。

ある日、「博士」は私に「私は夏休みに日本に行く」と言った。

「え、『博士』は日本語ができるの」

「ええ。できるといっても、日常会話だけ」

「できるだけですごいよ」

「ありがとう。劉さんも一緒に日本語を勉強しない？」

「私は絶対無理。語学の才能がないので、きっとできないよ」

「自信を持ってね。あなたなら、大丈夫。私が教えるよ」

「本当？　ありがとう」

それで、彼女は簡単な挨拶を私に教えた。例えば、「おはようございます」、「こんにちは」、「申し訳ありません」などだった。だから、私の日本語の勉強は平仮名からではなくて、簡単な挨拶からだった。

それに、漢字と文法も少し教えてくれた。日本語の漢字と中国語の漢字は意味が違うし、文法構造も違うので、諦めたくてたまらなかった。でも、「博士」は「最初学ぶ時、難しいに決まっている。勉強するにつれて、簡単になるよ。あきらめないで、きっと上手になれるよ」と励ましてくれた。

「博士」のおかげで、私は日本語の簡単な挨拶、漢字と文法ができるようになった。その後も日本語を深く勉強したくて、日本語を大学の専門として勉強し続けてきた。

大学一年生の時、彼女は私に電話をくれた。

「私はＮ１の試験に合格した。それで、来年は東京の大学へ行って、勉強することになった」と言った。

「本当？　おめでとう」

「ありがとう」

「じゃ、またどこかで会える？」と聞いた。

「もちろん、きっと。遠くてもいい、近くてもいい、そばにいてもいい、いなくてもいい、私たちは永遠の友達。このことだけは変わらない」

それでも、会いたいのだ。そこで、今の私は日本の大学進学を目標に勉強している。

「本当に忘れられないものだ」。時々自分にこれを言い聞かせた。

「博士」は私の本当の教師ではないかもしれないが、日本語を目指す道に導いてくれた。この教えは一生忘れられないのだ。

（指導教師　李敏、後藤那奈）

◉三等賞　テーマ「忘れられない日本語教師の教え」

忘れられない日本語教師の教え

大連大学　鍾一棚

「ね、ママ、これ買ってちょうだい」。まだ十二歳の私はあるアニメのDVDを指して母にそういいました。あの時の私は、日本語について何も知りませんでした。

「聞き取れない」。そのアニメを見て、最初に感じたことでした。でも、これが日本語かなと強く思いました。調べたら、やはり日本語でした。その時から、日本語に関心を持つようになりました。ですから、私にとっての最初の日本語教師は日本のアニメです。

中学校に入って、私はクラスメートたちから仲間外れにされてしまいました。学校は田舎にあって、都会から来た私は田舎のクラスメート達とはなじめませんでした。田舎の人を差別するつもりはありませんでしたが、おそらくみんなは私に何か誤解があったから、私を仲間外れにしたのでしょう。自分からは何も説明しないで、そのままいじめに耐えていました。友達もいなくて、寂しくて、辛かったのです。

中一の時、学校の寮に住んでいました。毎日ルームメートやクラスメートにいじめられて、死んだらいじめられなくて済むという危険な思いが出てきました。でも、死ぬ勇気はありませんでした。どんな死に方も痛いと思ったからです。ただ心の中で、社会の不公平や自分の不幸を嘆いていました。

その後、学校側と交渉して、学校の外で住むことになりました。でも、外に住んでも、状況は良くなったどころか、ますます悪くなる一方でした。自分は以前よりもっと劣等感を強め、誰にも話しかけられませんでした。放課後、自分の部屋でアニメを見て、現実の世界から逃げることを望みました。

「世の中に不満があるなら自分を変えろ、それが嫌なら耳と目を閉じて口をつぐんで孤独に暮らせ」。あるアニメの中に、このセリフがありました。初めて見たとき、はっとしました。何度も繰り返して見て、心の底から悟ったような気がしました。そうです、今の状況になったのは自分のせいで、他人には関係ないと考え始めました。自分を変えよう、そうしなければきっと社会に見捨てられるに違いありません。説明できれば説明しよう、自分を守れれば、守ろうという思いが芽生えました。明日から、いいえ、今から、自分を変えよう。

「よ、大都会からの金持ちもここで食事をするのか、珍しいな」。つぎの日に、又クラスメートから言われました。以前の私なら、きっと何もできずに黙って恥を耐えたのでしょう。でも、今回は耐えるつもりがありませんでした。

「人と人の間には、差別なんかはありません。誰にもここで食事する権利があるのではないでしょうか」。私は笑って、そういいました。

「さすが大都会様ね、そんなセリフなんて。チッ、こいつを見るだけで、吐き気がするわ、別のところに行こう」。クラスメート達はそういって、出ていきました。

正直、涙がすぐ出てくるところだったのですが、我慢して、ゆっくりとそこで食事を済ませました。

それからもいじめが続きましたが、毎日アニメのそのセリフを聞いて、何回も何回も自分に言い聞かせて、自分を元気づけました。いつの間にかこのセリフは私の先生になっていました。自分のするべきことを気付かせ、勇気を与えてくれました、いつか絶対みんなに認められると強く思えようになりました。

今の自分は、自信を持てるようになって、いじめられることもあれ、以降だんだん収まりました。でも、困難にあった時、他人に誤解された時にも、このセリフを暗唱して、自分を励ましています。まさにこのセリフは私の人生の先生です。

自分がいなくても、地球は太陽の周りをまわっていますから、私のために周りの人が変わってくれるのを待つのではなく、まず、自分を変えよう。自分を変えるのは弱さの表現ではありません、これこそが成長だと思います。

十二歳の私、アニメのDVDという日本語の先生に出会って本当によかったと思います。

（指導教師　張晨曦）

◉三等賞　テーマ「忘れられない日本語教師の教え」

お辞儀

寧波工程学院　潘君艶

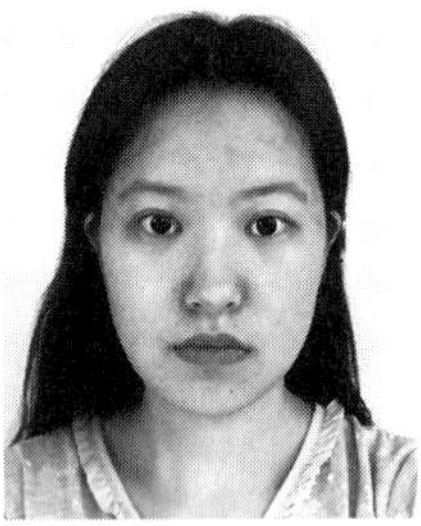

日本風の90度のお辞儀、それはよくドラマで目にする光景である。毎回それを見たら、昔の私は「日本人は本当におおげさすぎ、どんな気持ちをもって腰を90度に曲げるのか」と思っていた。その後に、「お辞儀」という作法を授業で説明され、見ると簡単な仕草だが、実はいろいろな学問が含まれていると感じた。日本ではどこでも見る場面だが、お辞儀の起源は中国だったのである。しかし中国はいつの間にかこのマナーをだんだん忘れてしまっていると思う。そして、「お辞儀＝相手への敬意。誰に対しても、敬意をもって相手に接するべきだ」と先生がおっしゃったこの言葉は刻印のように私の頭に刻みこまれた。

去年、私はある日本料理屋でアルバイトをしていた。最初は「料理も食べられるし、日本語の勉強にも役に立つ。料理を配るだけでしょ？　おやすい御用だ」と思った。けれど、実際バイトをしはじめたら、想像していたことと全然違っていた。普通の中国の料理店と違う点は、お辞儀だけではなく、日本料理屋にはルールや相手に対してのマナーがたくさんあることだった。例えば、お客様が来る度に、笑顔で「いらっしゃいませー」と挨拶するのが基本の礼儀だ。そしてお客さんが席に座ったら、丁寧にお茶やおしぼりを用意する。個室へ案内する場合、まずスリッパを用意し、その後お客さんがぬいだ靴を下駄箱に入れる。注文を受けるときに、店員は必ず畳の上にひざをついてお客さんの注文を聞く。食事がすんで、お客さんが店を出る前に、下駄箱から靴を出して、綺麗に並べておくことも大事である。最後に笑顔でお客さんを見送る。毎回お客さんを接待するときに、先生の言葉がいつも私の頭に浮かんでくる。「相手への敬意」という理念をもって、仕事に真剣に向き合っていた。中国で学べないかもしれないマナーをいろいろ学べた。と同時に、お客さんから感謝の言葉もたくさん受けた。その瞬間、自分が苦労したことは価値があると実感した。相手から自分の仕事を認めてもらうことは、何よりうれしいものだ。

残念ながらアルバイトは長く続かなかったが、一番深い印象に残ったのはある夜のことだった。いつも通り料理を食卓に載せた突端、「君、このお鍋を皆さんに分けてくれないか」といきなり日本人のお客様に言われた。私は当時ポカーンと立ちつくし、「は？ 分けるって？ これは自分の仕事を超えた以上のことじゃない？ お客さんとはいえ、なんでもやって差しあげるというわけではない。個室で数人のおじさんにお鍋を分けるなんてさすがに情けない」と思った。そのお客さんとの短い交流のうちに、ほめてもらったこともあったが、バイトが終わっても、なかなか心の不満が抑えられなかった。

どうして日本人は、お鍋の取り分けまで店員にさせるのか。日本においては普通のことかもしれないが、中国ではめったにないことだ。その後、いろんな日本のドラマや映画を見るうちに、私はようやく理解できるようになった。その日本人のお客さんを通じて、私は「思いやり」という言葉を学んだ。もし自分が仕事終わりに、どこかの店で食事をする時、店員さんが笑顔で自分のためにいいサービスを提供してくれたら、一日溜まった疲れやストレスが、少しでも拭いされるだろう。

中国のサービス業に関することを調べてみたら、よくお客と店員とのけんかのニュースが出てきた。お客自身の問題はさておき、たくさんの中国のウェイトレスは仕事を重視していないし、そしてお客の立場に立って考えることもないから、たくさんの事件が起きていた。「相手への思いやり」という言葉を心に留めて、お客さんを満足させることを目標に仕事を精一杯するのは、日本のサービス業が世界に誇る秘訣ではないだろうか。だから、この日本人からの教えは、中国人である私たちに、日本に学べるものがあると考えさせてくれた。

（指導教師　不破明日香）

◉三等賞　テーマ「忘れられない日本語教師の教え」

忘れられない日本語教師の教え

大連工業大学　王　炎

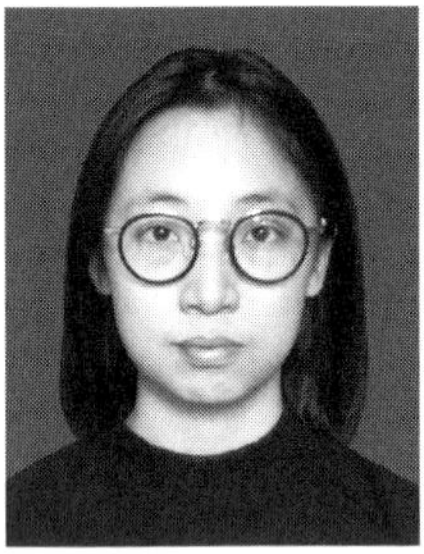

「何で先生は、私にだけこれほど厳しいのですか？」というのが、この先生への最初の印象でした。しかも、70歳を過ぎた日本の〝おじいさん〟なのに……。

そもそも、小さい頃から私たちにとって先生は、大切な役を果たして来ました。幼稚園と小学校の先生は優しかったです。なぜなら、子供たちが幼いからです。中学と高校の先生はとても厳しかったです。特に、高校時代、物理が苦手な私には本当につらかったです。担任の教師は「王さん、こんな簡単な問題、なぜいつもミスをしますか。然も、毎回同じ問題です。では、この練習問題を２００問解いて、明日の朝までに出してください」と言われました。私は、悲しかったですが、有名な大学に入る為に、絶対に諦めませんでした。そして、大学に入ってから出会った日本語教師は、日本人らしくておとなしい先生ばかりです。しかも、授業が少なくなり、私はのんびりし過ぎて、だんだん自制力が弱くなりました。

ところが、三年生のある時、これまでの先生と全く違うタイプの先生に出会ったのです。この先生は70歳を過ぎた優しい〝おじいさん〟という印象でした。最初の授業で私と二人のクラスメートは、大連教育学院に行って中・高校生と一緒に交流会に参加しました。テーマは「キヤノン杯へのスピーチの訓練」でした。その交流会は本当に素晴らしくて、〝おじいさん〟は熱心でした。内容がとても豊かで、きっと長い時間をかけて準備したと思います。〝おじいさん〟は作文を書くことからスピーチをすることまで真面目に教えながら「失敗しましょう！」と言ったのが忘れられません。私は「失敗しましょう！」と聞いてびっくりしました。「なぜ失敗していいですか？　失敗するのは怖いです」と思いました。実は、中国の子供たちにとって失敗するのは一番怖いのです。私たちは成功するためにずっと努力し続けています。中国では先生であろうと親であろうと、成功は最も重要です。ですから「失敗しましょう！」には、驚きました。でも、考えてみれば「失敗は成功の母」ではないでしょうか。だから〝おじいさん〟は面白いと思いました。

それからこの先生は、私の忘れられない日本語教師となりました。なぜなら、親しくて面白いだけではなくて、厳しいのです。大学の先生は余り厳しくありません。でも、〝おじいさん〟は本当に厳しいです。

先ず、毎週私たちに、感想文や日記を書く宿題を出しました。日本語が苦手な私は、宿題の中にたくさんのミスがある場合が多いです。「王さん、このような文法を学びませんでしたか？　なんで、李さんと張さんが出来るのに、あなたは出来ませんか？」と言われました。私はとても恥ずかしかったです。そこで私は、毎日日本語の文章を読むことにしました。

今年のゴールデンウィークに入る前「王さん、毎日日記を書いて出してください」と言われました。授業の後、私は友達に「なんで先生は、私にだけ厳しいですか？私が嫌いなのでしょうか？」と聞きました。そして、私は休みに入り故郷に帰って、毎日とても楽しかったです。でも、毎日、真面目に日記だけは書こうと思いました。しかし、〝おじいさん〟は日本に帰ってしまいメールでしか連絡出来ません。「しめた！　先生は今、日本にいるので私の宿題を見られないかもしれない」と思いました。ところが、東京で忙しい〝おじいさん〟から、毎日夜の10時ごろ返事が来ました。然も、赤いペンで真っ赤に添削した原稿を写真に撮り、スマホを使って送ってくれたのです。本当に感動した私は、何としても頑張ろうと心に決めました。

私は、この〝おじいさん〟から、本物の〝優しさ〟と〝厳しさ〟を知りました。そして何よりも「ひたすら真面目に、本気で、努力すること」。簡単なようで、難しいひと言。これは、私の生涯忘れられない日本人教師の教えになると、硬く信じているのです。

（指導教師　単麗）

◉三等賞　テーマ「忘れられない日本語教師の教え」

正義の逆は正義

浙江農林大学　牟雨晗

みなさんは「正義」という言葉を意識したことがありますか。この言葉は中国人の普段の生活ではあまり使いません。ですから先生がこの言葉についての考えを私達に話してくださった時、少し驚きました。これまで、そんなことを話す先生に会ったことはなかったからです。

それは大学の日本語サークルの活動でのことでした。「自分が一番好きなこと」を話題にして話し合うという趣向で、先生も好きなアニメを紹介してくださいました。『無敵超人ザンボット３』というアニメで、神ファミリーという一族が先祖の造ったロボットを操って宇宙からの侵略者と戦う物語でした。

「敵と戦う時、大きな機体が少し動いただけでも街や人家が壊されてしまうんです」

先生はそうおっしゃいました。街の人達は「家を壊さないで」と叫びながら走って逃げました。人々は敵のロボットだけでなく彼らのロボットのことも怖がっていました。

神ファミリーの行いは人々を守るためのものに違いありませんが、人々の生活の場所を破壊したのも事実でした。物語の最後で、宇宙人が地球を侵略した理由は、互いに憎しみ合い戦争を繰り返す人類から地球や宇宙を守るためであったことが分かりました。主人公の少年は、これまで自分が信じてきた正義が正しいかどうか疑い始めました。地球人にとっては宇宙から来た敵を防ぐのが正義です。一方、宇宙人の唱える地球を救うという理由も彼らの正義です。彼らは自分たちが考える「正義」に基づいて戦い合っていました。それでは、どちらが本当に正しいのでしょうか。

「自分が信じている正義は絶対間違っていないと言い切れますか」。先生は主人公の少年を困らせた問いを私達にも投げかけました。

どちらも正しいような、正しくないような気持ちですが、価値観の違いと言えばいいと思います。人の価値観は家庭や社会の環境と学校の教育によって作られますから、正義の基準も人によって違ってきます。誰でも自分が考える正義こそ正義だと思っています。

何を「正義」とするかについての争論は、毎日ネットで見られます。

一人の女性が旅行中、屋台で夜食を食べている時に地元の人と揉めて殴られました。その顔の傷はとてもひどいものでした。女性に同情している人もいますし、加害者の暴力を責める人もいます。しかし、違う声もあります。ネットユーザーのAさんという男性が「夜遅くに一人で夜食を食べに出かけた彼女が悪いよ」と発言し、大騒ぎになりました。確かに女性は男性に腕力ではかないませんが、だからといって女性が夜外出することは責められるべきことなのでしょうか。Aさんのような考えを見た途端に、やはり人はそれぞれ違うものだと感じました。ネットでは「正義」の名のもとにAさんを罵る人が多いですが、それも絶対に正しいとは限りません。私もAさんの意見に完全に同意することはできませんが、彼が言うことも間違っているとは言い切れないと思います。

「違う立場から見れば、正義の基準も変わって、それまでの正義が悪に感じられるかもしれません」。先生が私達に投げかけた問いの答えがここにあると思います。

正義は他者との関係において規定され、相対性があるものなのです。人というものは異なる生活環境や文化の中で育ち価値観が作られるものだと分かれば、「正義」の中身がそれぞれ違ってくることも分かると思います。自分の正義は他者から見れば悪になるかもしれません。したがって、正義の意味を断言してはなりません。何が正義かが決まれば、同時に悪も決まります。しかし、そうではないのです。正義の逆は悪ではなく、また別の「正義」なのです。

先生が伝えてくださったのは、どんな人の価値観にも一定の敬意をはらわなければならないということかもしれません。特に外国語学習者は、どの国の人と交流する時もそうすべきだと思います。先生のおかげで、自分と立場や考えが違う人に対する見方も変わってきました。

（指導教師　鈴木穂高）

◉三等賞　テーマ「忘れられない日本語教師の教え」

忘れられない日本語教師の教え

吉林華僑外国語学院　張　婧

私は自分について、才能というものを全く持っていないと思っていた。しかし、今、私の考え方は完全に変わった。才能は、一人一人が必ず持っているものだ。私の考え方を変えたのは那珂先生だった。

私は現在、日本語専門の二年生として今回の作文コンクールに参加している。二年前、先生と出会った時、私はまだ日本語学部の学生ではなかった。実は、専門を変更して、日本語学部に入ったのだ。私は、昔から日本語が好きでならなかった。残念ながら、大学の入学試験に失敗して、日本語学部には入れなかった。とても悔しいと思いつつ、全く好きではない専門を無理して勉強していた。そこで、時間に余裕があると、寮で日本語を独学していた。ある日、友達に日本人の先生と一緒に食事する機会に誘われた。それをきっかけにして、那珂先生と知り合った。

那珂先生は若くて、ユーモアがあって、学生たちに人気があった。日本語を上手に話せるようになるために、いつも先生を食事に誘って、いろいろな話をした。次第に先生と友達になっていった。

入学して以来、三カ月が過ぎたころ、学校生活は忙しくなるばかりだった。その上、日本語のレベルは思うように上がらないので、困っていた。日々、自信が消えていってしまっていた。私は、きっと才能がないのだろう。だから、いくら努力しても無理だ。将来の進路をどうすれば良いかという悩みを先生に相談した。

「自分のことを責めてはいけない。才能は、一人一人が必ず持っているものだ。だから、張さんも必ず持っているよ。好きなものがあるでしょう。才能は『好き』という能力。この言葉をしっかり覚えてください」と先生は言った。

「才能は『好き』という能力」という言葉はどのよう

な意味だろうか。私はすぐに理解できなかった。その後、暁月凛という中国籍のアニメとアニメソングにどっぷり浸り、彼女は小さい頃からアニメとアニメソングにどっぷり浸り、2015年に大型アニメソングオーディションでグランプリを獲得して、日本へ行った。彼女は一年間努力して、実力が認められた。去年、『金田一少年の事件簿R』のエンディングテーマ「決意の翼」という作品を発表した。以後、アニメソング歌手として活躍している。幼少時代から『金田一少年の事件簿』を見ていた彼女は、まさか自分が歌手になり、好きなアニメの歌を歌うことになるとは、夢にも想像しなかっただろう。彼女の成功したことから強い感動を受けた私は、やっと先生の言葉が理解できた。

もし物事に対して好きな程度が相当に高いなら、自分と夢との距離は必ず短縮できる。そのように考えると、私は自信を取り戻した。「先生、私はついに分かりました。才能は、好きなことの中にしか存在しません。だから、絶対に日本語の勉強をあきらめません」と激しい意気を上げて、先生に報告した。

一年生の終わり、私の大学は新しい制度を作った。そのため、学生たちは専門を変更することができるようになった。私は大変うれしくなって、必死に準備した。そして、私は試験に合格して、日本語学部に入った。

それ以来、ほぼ二年が経った。先生の言葉を肝に銘じ、日本語の勉強に対する情熱は少しも減らさずに、一生懸命に勉強している。現在、那珂先生は北京の会社でプログラマーとして働いている。平日には先生と会えないが、ウィーチャットで連絡を取り合っている。

先生のおかげで自信を取り戻した私は、夢を見つけた。私の夢は、国際放送局に勤めて、日本人に中国の魅力を伝えることだ。好きな分野で才能を発揮するのは人生の最も理想的な状態だと思うので、若いうちにはなるべく才能を開発して、やりたいことを満足できるまでやってみたい。私だけでなく、多くの人にぜひ「好き」という能力を利用してもらいたい。

そして、最後に、今回の作文コンクールを機会として先生に感謝の気持ちを伝えたい。

先生、いつもお世話になります。ありがとうございます。

（指導教師　雨宮雄一）

◉三等賞　テーマ「日本人に伝えたい中国の新しい魅力」

公共自転車が見せてくれた光景

青島農業大学　鄭　凱

先月、仕事のため私たちの大学に来た日本人の黒田さんと知り合った。仕事の合間に、私は、黒田さんと一緒に食事をし、キャンパスの周辺を案内した。その時、黒田さんは初めて来た中国の風景にずっと目をキラキラさせていた。私も、日常の色々な光景に関心を持ってくれたことで嬉しくなっていた。そして、今、私たちにとって、この日常の光景は当たり前になりつつあるが、もしかするとその中に外国人を引き付ける魅力が隠されているのではないかと思い始めた。

そして、今、思い返すと、黒田さんとの散歩中によく話題に出てきたのはレンタル製品だった。私たちの生活には、レンタルできるものがたくさんある。特に黒田さんの目を引いたのはレンタサイクルだった。道端の至る所に黄色や緑色の公共自転車が設置され、手続きをすれば自由に利用することができる。

「ちょっと歩いただけでも、これだけ設置場所があるなんて便利ね。ふと乗りたいと思った時に乗れたら気持ちいいでしょうね」

彼女がそう言うと、私は大きく頷いた。去年の秋、家庭教師のアルバイトをしていた時、公共自転車の魅力を知ったからだ。その日、アルバイトに行こうと、いつものように、大学前のバス停でバスを待っていたが、なかなか来なかった。余裕をもって出発したので辛抱強く待とうと思った時、ふとバス停の横に設置されている公共自転車が目に入った。よく考えてみれば、バスは遠回りをするが、自転車なら狭い道を使って最短距離で行ける。そう考えたところで、来ないバスに用はないとばかりに、公共自転車置き場に向かって歩き出し、公共自転車に乗ってみた。大学に入ってから、移動手段と言えば、バスかタクシーだったので、自転車に乗ったのは久しぶりだった。自転車をこぎ出すのと同時に、ようやくバスが到着した。しかし、もう自転車をこぎ始めていたので、そのままバスには乗らず、自転車で行くことにした。「いくら遠回りをすると言っても、バスの速さには敵わないよね。でも、アルバイトには間に合いそうだし、たまには運動がてら自転車に乗るのも悪くない」と思った。私は、自転車で普段通らない小道を走り抜け、大通りに出た。すると、思いがけない光景が目の中に飛び込んできた。それは、特に有名な風景というわけではなく、地元の人から見れば、面白くも何ともないアパートと街路樹が一緒になった光景だった。ただし、黄色くなった葉がそよ風でたくさん舞い、その中をアパートの住民らしい人達が歩いていてとても幻想的だった。しかも、私の体にあたる風が心地よく、しばらくこのままでいたいと思った。私がその光景の中にいることができたのはほんの1分程度だったが、私にとっては十分な清涼剤になった。そして、この出合いを作ってくれたのは、その日に偶然、縁があった公共自転車だ。もし、いつでもどこでも自由に乗れる公共自転車がなければ、私は身近にこのような光景があることに気づくことはなかっただろう。

黒田さんと話せたのは、私の日本語の練習という意味でも、青島の日常風景を少しでも知ってもらえたという意味でも、本当に良かったと思う。ただ、私には一つ心残りがある。それは、今回、散歩をしている時、黒田さんに公共自転車を試してもらうということができなかったことだ。黒田さんと公共自転車について話した後、黒田さんと一緒に青島の街中でサイクリングをしたかったのだが、滞在日程と合わず、手続きができなかった。しかし、あれが最後の交流というわけではない。また仕事で来る時には、改めてサイクリングに誘ってみようと思っている。その時は、去年、私が幻想的な光景を見たように、新たな光景との出合いがあるはずだ。

そして、皆さんも、是非乗ってみてほしい。わざわざ探す必要などない。心地よい日に外に出て、ふと自転車に乗ってみたいなと思う時、目の前にはきっと公共自転車があるだろう。

（指導教師　佐藤敦信、朴京玉）

◉三等賞　テーマ「日本人に伝えたい中国の新しい魅力」

「中国らしい」ということば

華東政法大学　姚子茜

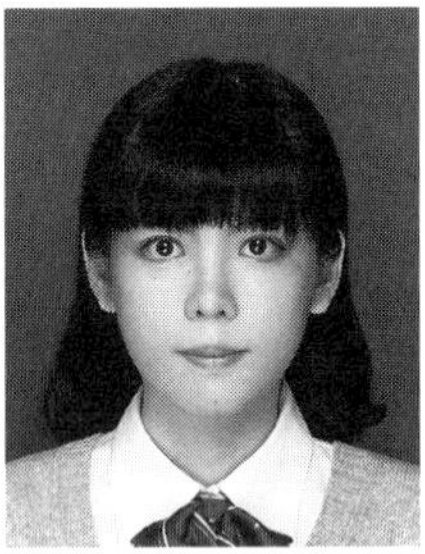

中国では、中国らしい伝統的な文化が、より面白い現代的な形で蘇りつつある。

ある日突然、このようなことが頭に浮かんだ。それは「中国らしい」ということばである。私と全く関係がないわけではないが、ただ私はなぜこのようなことが急に思い浮かんだのだろうかと少し戸惑った。

いつものように趣味のロリータファッションを探していると、たまたま目にしたのは、日本のあるロリータファッション通販サイトに載っている中華風ドレスだった。そのデザインを見た瞬間、おもわず「中国らしいね。珍しい～」と言った。なぜかというと、「玄武」や「鯤鵬」と名付けられた洋服には、ロリータファッションの代表的な膨らんだスカートが付いているとともに、中国の伝統的な芸術の要素も表されていたからだ。

日本にも中華ロリータというスタイルが無いわけではないが、そのような「中華風」には、パンダ・赤色・チャイナドレスなどのいくつかの典型的な要素しか見られない。そもそも日本人に「中国の伝統的なものは」と聞くと、「チャイナドレス」などと答える方も少なくないだろう。私はこの現状から、どうも日本人のデザイナーたちには中国に対してステレオタイプがあるのではという思いに駆られた。そのせいで、私はそのような「中華ロリータ」を見るたびに、どんなにかわいいデザインであってもなんとなく違和感しか覚えられなくなってしまった。チャイナドレスとは中華民国時期に清代の民族服装から改良された洋服なのに、いつの間に中国を代表するファッションになったのか、まったく思いがけないことである。それ故に、私は例の通販サイトでいつもとは異なるあの「中華風ドレス」を見た時には、心の底からびっくりしたのであった。

半信半疑でクリックすると、商品の詳しい情報が目の前に出てきた。

「なるほど、中国のブランドか。道理で……ん？　どうして私はこんなにも嬉しいのだろう？」。そう独り言を言いながら、初めて何かを意識した時のように、ドキドキし始めた。

私はかなり以前から、日本からの輸入ロリータファッションに目がない。ゴスロリからクラシカル系まで、あらゆるスタイルが好きで、どのような洋服でも着てみたいという考えは、今でも変わっていない。しかし最近、いつか海外のロリータ娘たちも中国らしい中華風ドレスを着れば、素晴らしい中国の伝統的な芸術文化を更にアピールできるようになるのではと思い始めた。そして、その何度も何度も見た夢が、もうすぐ実現しそうなことに初めて気づいたのであった。

時の経過とともに、その小さな夢は、今ではロリータファッションを超えて更に広い世界に広がってきた。中国は長い間、海外から先進的なものを受け入れてきたものの、かえって自国の大切な「宝物」をないがしろにしてきたのではないだろうか。自国の文化のアピールが十分とは言えず、その結果、世界各国の人々の中国文化に対するイメージはただチャイナドレス、赤色、龍といったものになってしまったのではないだろうか。私はそれだけでは、中国を語れないとつくづく思っている。悠久なる歴史の流れの中に数えきれないほどの中国らしい「宝物」があるだけに、現代でも中国らしいものを創ってもっと世界中に伝えていくべきではないだろうか。

この間、ネットで大きな話題を呼んだ国風音楽会が「鳥の巣」（北京国家体育場）で開催された。また、北京の故宮博物院にも通販サイトができて、展示品の精髄を練って手帳用品や文房具のような品物を売り出しているそうだ。特に古い芸術品の色や質感を素材にしてコスメを開発するアイディアは予想以上に注目を集めている。中国らしい美しさは新しい世代の手で再び芽生えつつある。その芽生えと時を同じくして、伝統的な芸術文化はかつてないほどの新たな活力が湧いてきた。

中国らしく着よう。

中国らしく歌おう。

中国らしい魅力はきっと、いつかこの世の至るところにまで伝わっていくであろう。

（指導教師　駒﨑達也）

◉三等賞　テーマ「日本人に伝えたい中国の新しい魅力」

日本のみなさん、中国現代文学を味わおう！

中国海洋大学　丁昊天

「中国は魅力のある国だ」と言ったら、日本の方々に共感してもらえるだろう。数千年にわたる悠久の歴史、アジア諸国に深く文化的影響を与えた漢字、多彩な技法や味のバラエティーを持っている中華料理等々、いずれも世界中に好まれているようだ。でも、それらはすべて伝統的な魅力というべきものだ。

ここで、「中国現代文学は中国の新しい魅力だ」という一言を日本の方々に声高に呼びかけたら、戸惑い以外の何の感覚も引き起こせないだろうと思う。

何故かというと、日本国内のある統計によると、毎年日本で出版された中国現代文学の本は百あまりにとどまっているからだ。しかも、その多くは中国現代文学を研究する学者のみに読まれている。つまり、中国文学専攻の人を除けば、中国現代文学に興味を持っている日本人は皆無に近いのだ。もちろん、私が「中国現代文学は中国の新しい魅力だ」と主張する理由は、ただ中国現代文学は日本人に知られていないからというわけではない。

周知のように、中国現代文学は第二次世界大戦後、わずか数十年を経て発展してきた新たな文学だとされている。しかも、発展する途中でいろんな挫折を繰り返して今日にたどり着いて、世界中に認められたのは今世紀に入った後のことだった。要するに、中国現代文学は時間的において新しいものだ。

それにもっと重要なのは、中国現代文学は新しい文学理念、技法、題材を取り入れて、古代、近代文学とだいぶ違った新しい局面を切り開いて文学的に優れたものだということだ。中国の世界に誇る魅力になる原因もまさにそこにあると言われる。

莫言の『転生夢現』という小説を例として挙げてみよう。この小説は幻覚的なリアリズムによって、土地改革で銃殺された元地主の西門鬧（シーメンナオ）は、ロバ、牛、豚、犬、猿、そして人へと転生して、毛沢東時代から改革・解放の時代へ、人と世の変遷を物語っている。私はそれを読んで「へえ、人間が動物に変わったの」と、驚いたり、笑ったりした。また『白檀の刑』は「猫腔」という地方特有の調べを取り入れて、独特なリズムをなしているのも深く印象を残した。

実際は、莫言だけではなく、金宇澄、賈平凹、張承志などの作家は生き生きとした故郷の文化、風物を創作の原材料として、現代的な文学技法を導入して、傑作を書き続けている。

彼らの作品を読むことは中国というヨーロッパの全国家を合計した二倍に匹敵するほどの広大な国土を持って、それに加えて、56もの民族が暮らしている現代多民族国家の画巻を鑑賞することとほぼ同じように心を引くだけの力のあるものだ。中国人にしても、読んでいる時によく「ええ、そんな風俗があるんだ」「ああ、そういう文化的な原因があるんだ」と感心することが多いので、外国の方にも読まれたら、中国の奥深さを感じながら人間同士共通の感情を味わうこともできるのではないか。

それも何故私が日本の方々に中国現代文学を読んではほしいと願うのか、という理由の一つだ。

文学の本質を一言でいうと、ヒューマニティーを究明するための学問ということだ。そのため、お互いの文学を理解し合うかどうかは自ずから両国人民の理解疎通につながっている。

マスコミの発達によって、中国で何か出来事があったら、日本の方々はすぐにも知るようになっている。しかし、それは主に政治や経済面のことで、現代の中国人のあるがままのものの考え方に触れることは非常に限られている。そのため「中国人は自由、民主に恵まれていない」「中国人はみんな封建的だ」「中国人は戦争好きだ」といった誤解を招いているようだ。

だから、中国現代文学というすでに世界で価値が認められ始めた中国の新しい魅力を日本の方々に伝えて、それを通じて、より真実で全面的な中国を認識してもらえれば、両国の末永い友好に何より良いものだと言えるのだろう。

（指導教師　横井香織、石田雄士）

◉三等賞　テーマ「日本人に伝えたい中国の新しい魅力」

トンパ文字と日本の絆

大連外国語大学　張　典

「有一個美麗的地方囉，傣族人民在這里生長囉」……これは雲南省のタイ族という少数民族の歌である。歌詞に出てくる風景のとても美しい所とは私の憧れの街、雲南省の麗江だ。タイ族やナシ族などの少数民族がそこで生活している。私は以前、中国の少数民族と日本の間にどんな繋がりがあるのか、全く考えたことがなかった。雲南省の西北にある麗江で日本人と出会ったあの日までは……。

私は昨年の夏休み、友達と一緒に麗江に旅行した。ゆっくりと人や馬が行き交う石畳の道とどこか懐かしい木造の家々、時が止まったような街並みには、ここでしか出合うことができない少数民族の文化が息づいていた。そこで、初めてトンパ文字と出合った。

町を歩いていると、至る所で不思議な絵文字を見ることができる。このまるで絵のような文字はトンパ文字といい、「世界でただ一つの生き残っている象形文字」なのだ。少数民族のナシ族は自然を崇拝し、その儀式を司るトンパと呼ばれる宗教者が伝承を書き残すために使ったのがトンパ文字の起源だそうだ。私はとても興味があったので、街中のトンパ文字を探して撮影していた。

その日、麗江はナシ族の行事が行われており大変賑やかだったが、私の耳に突然、日本語が飛び込んできた。「すごい人だね！　でも、楽しそう！」。私は不思議に思って、声の聞こえてきた方を見ると、五、六十歳ぐらいの男女四人の姿があった。私は側に近づいて「こんにちは」と声をかけてみた。優しそうな一人の男性が「あっ、こんにちは」と挨拶を返してくれたので私は自己紹介をした後、男性にここに来た理由を尋ねてみた。男性の話によると、中国のナシ族という少数民族のことを知り、興味を持つようになったらしい。すべてのものに霊があるという信仰が日本の神道の考え方にとてもよく似ているので、今日のナシ族の神様を祭る行事を体験してみたくてやってきたそうだ。

男性の答えを聞いて、私は中国の少数民族に関心を持って、遠路はるばる麗江のような小さな町までやってくる日本人がいることに驚かされた。

確かに、ナシ族が信じるトンパ教という宗教は日本の神道に通じるところが多く、日本の八百万の神々と同じように、自然のあらゆるものに神が宿るという信仰である。例えば、ナシ族は昔、食事の前に必ず両手を挙げ、祖先や自然に感謝した。これは、日本人が食事の前に両手を合わせ「いただきます」を言うのととてもよく似ている。もしかすると中国雲南省に日本文化に繋がる何かがあるのではないかと感じた。

今ナシ族でトンパ文字を完全に読みこなせる人は僅か十人あまりで、皆70歳を超え、読める人は年々減少しているそうだ。しかし今はこの文化を残すための活動が熱心に続けられている。その一つが学校でトンパ文字を教えることである。麗江の小学校で、新学期が始まった日、子供達は鮮やかな民族衣装に身を包んで、先生が黒板に書いたトンパ文字の文章を声を合わせて読み上げるそうだ。トンパ文字は古代から存在してきたが、今は新しい意味と形で発展している。この日本文化と共通点があるトンパの文字と文化を日本に伝えたら面白いのではないかと思う。

また、中国各地の少数民族には日本人を引きつけることのできる様々な文化があるのではないだろうか。雲南省の西北にある麗江でさえ、中日間の交流ができるのだから、両国の間には、本当に切っても切れない絆があると思う。歴史が残してくれた中日の絆を大切にして少数民族の文化を体験することを専門業務とする旅行会社を設立してみても面白いのではないだろうか。多くの日本人に様々な少数民族の祭りを体験してもらい、内陸にいる中国人に日本人と接してもらうことによって、中日相互の理解と友好を深められるはずだ。麗江の街を歩きながら私はそんなことを考えた。

（指導教師　川内浩一）

◉三等賞　テーマ「日本人に伝えたい中国の新しい魅力」

普段の中国を味わって！

―中国の大豆加工食品はスゴイ！―

常州大学　陳　研

日本料理といえば、寿司に刺身に天麩羅。寿司や刺身は、生の魚を食べるものだから、私は「絶対無理だ。食べたくない！」と思っていた。でも、日本語学科に入り日本のことを知るうちに、そんな料理はごく一部の日本料理だと知った。日本人の先生が、「日本人は毎日天麩羅や寿司を食べていると思っていた?」と言って笑った。「そんな高級料理、毎日食べないですよ！」。日本人が毎日食べる食事は、もっと安くてバラエティがあると教えてくれた。先生が、作ってくれた稲荷寿司は、これが寿司なのと目から鱗だった。

日本へ行きたい！　日本へ行って、日本人が普段食べている料理を味わいたい！

私の希望は、今年の1月に叶った。

たった3週間だけど、私は、日本の金沢に行った。石川県国際交流協会が主催する日本語研修に参加することになった。しかも、この研修はホームステイである。

日本人の普段の食事を食べられる！　私は喜び勇んで、参加した。ホームステイのお母さんは、毎日おいしい食事を作ってくださった。昼食は、コンビニやレストランでも食べた。研修生全体で旅行にも行きホテルの食事も味わった。

この研修で、日本の料理、普段の日本人の食生活を体験できた。

その体験の中で、気づいたことがある。

中国人がイメージする日本料理と、日本人がイメージする中国料理は、どちらも実態の一部分だということである。実際に日本へ行ってはじめて日本料理の奥深さと幅広さを知ることができる。最近は、中国人にとって日本が人気である。留学や仕事だけでなく旅行で日本へ行く中国人が多い。その人たちが、ブログやチャットでいろいろな料理を紹介して、中国でも認知されるようになった。たこ焼きやお好み焼き、ソフトクリームといった食事というより軽食まで紹介されている。

ところが、日本人の旅行者は、相変わらず代表的な中国料理しか体験できていない。中国は広いし様々な民族もいるので、いろいろな種類の料理がある。私は、中国にも日本と同じく普段の生活で楽しんでいる安くておいしい食事や軽食がたくさんあるのにと思う。なんだか、今の中国人が日本人に片思いをしている感じである。

例えば、私の出身は江蘇省泰州だ。泰州の朝食は有名だと言われている。一番有名なものは「干糸」という食べ物だ。干糸は細く長く、柔らかい。いつも、海老やチンゲンサイや牛肉といっしょに煮る。薄味なので、寝起きでもするするっと食べることができる。日本のソーメン感覚で栄養満点だ。日本人もきっと好きになる。

また、若者の中で揚げ豆腐という軽食は人気がある。揚げ豆腐の皮はさくさくとしている。辛いたれや甘いたれを好みでつけて食べる。中は、豆腐の柔らかいジュワッとした味わいがある。ただし、この揚げ豆腐の臭いは、独特なので、苦手な人もいる。それは残念だと思う。私も、実は匂いが強烈だったので、食べられなかった。友達に勧められ食べたらとてもおいしくてそれから大好きになった。納豆の臭いと似ている。名前も「臭豆腐」という。他の町にも同じ名前の「臭豆腐」があるが、地方によって、外観も味わいも異なる。泰州の臭豆腐は狐色だが、湖南の臭豆腐は黒い。南京の臭豆腐は灰色だ。納豆と同じで、好き嫌いは個人差があるが、納豆が好きな日本人ならきっとこの臭豆腐が大好きになると思う。

この干糸も臭豆腐も大豆加工食品である。日本にも豆腐だけでなく油揚げや湯葉などがある。しかし、日本は豆腐だって高級なものもあり湯葉料理や豆腐懐石料理は、考えられないほど値段が高かった。中国の大豆加工食品はとても安い。庶民の生活に溶け込んでいる。軽食の中にも使われている。

市場に行くと、大豆加工食品の種類の多さにきっと日本人の方は感動すると思う。安くて健康的、しかもおいしい軽食を日本の人に知ってもらいたい。そのために中国に、しかも地方に来て実際に味わってほしい。それは私の一番の願いだ。

（指導教師　古田島和美）

◉三等賞　テーマ「日本人に伝えたい中国の新しい魅力」

中国の本屋さんの新しい魅力

山西大学　張宇航

子供の頃、休日になるたびにいつも書店に行った。ふるさとで最も大きな新華書店で好きな本を探して、思い切り読むことが非常に楽しかった。でも、読めば読むほど、その書店の本の種類があまり豊かでないことに気づいた。成長するに連れて、一読に値する本はますます見つけにくくなった。しかも、その書店の店員さんは立ち読みを嫌がった。度々店員に不機嫌な様子を見せられたことがある。従って、次第に書店に行かなくなった。それから、数年の間にインターネットや携帯が急速に発展し、私は携帯で電子ブックを読むことに慣れていった。それにアマゾンには、たくさんのインターネット書店ができた。非常に便利だから、しばしばインターネットで本を買った。

破片化（多元化）した読み方の時代に、実態書店はもう魅力を失ったと思った私は、偶然ある書店に入った。思いがけなく、三時間もその中にとどまった。この書店は小型の世界のような内装で、読書区域は七つの大陸に分かれ、大陸と大陸の間は大海だった。各大陸にそれぞれの作家の作品が並んでいる。もしよく知らない作家を探すなら、まず壁に掛かっている地図を調べるほかない。最も独特なところは、各地にユニークな風景や文化的要素があることだ。欧州にはソファーがアルプス山脈の形をしている。アジアの本棚はタージマハルや長城のようだ。アフリカには獅子やジラフ（キリン）の形をしたクッションが置いてある。店長さんに聞くと、この書店は旅行並びに地理愛好者に向けてオープンしたということだった。これは私にとって新たな魅力ある書店についての最初の体験だった。

それから、例の本屋さんの目新しさに驚嘆してやまない私は、この種の書店を全国にも見出した。

多くの本屋に、陳列されている本はベストセラーばかりで、自身の理念が全く見えないが、蘇州市にある「作文博物館書店」は逆である。その中には清朝から今に至る数百の作文や国語教科書が並んでいる。広州の「古い書店」にあるあまり丈夫でない線装書や絵本は、飾りの写真と同じ、三十、四十年前の古本だ。多分私の両親が小さい時の本だろう。

それに、独特な風格がある書店もいろいろ出てきた。北京には「籬苑本屋」という店がある。名前の通りに、この店は湖のほとりに位置し、薪やガラスで建てられ、電灯もない。まるで陶淵明の書いた桃源郷のように自然と巧みに融合する。また、南京の「南書斎」は民国の雰囲気に溢れる書店だ。

そういう書店は新しい主題やデザインで、中国ではよく独立書店と称されている。今はサロン形式の書店も盛んになっている。例えば、北京にある「老い本の虫」は毎年国際書籍日を行って、国外及び国内の作家を招待し、講演を開いている。好きな作家と差し向かいて交流できたり、美味しいコーヒーあるいはお茶を飲んだり、同好の士に出会える読者達は、書店に対してより多くの情熱を注ぐ。

昨年、杭州のある書店が話題になった。この店では、浮浪者でも手さえきれいに洗えば、本を読むことができる。店長は「誰でも、読書の権利があります」といった。今、インテリに限らず、労働者でも、ホームレスでも、本が好きで読みたかったら、みんな書店に入って読書を楽しめる。

先日、『東京本屋』という本を読んだ。その中で、移動本屋を開く三田さんはこう話している。「本は絶対的な値打ちのあるものではない。どのように紹介されるか、誰に見せるか、どういうアイディアを用いるかといった様々な要素によって、本の価値も変わります」。確かに、現在の書店は既に本を売る場所だけでなく、人と本、人と人を繋げる所になった。前からある本は、新しい環境に合わせ、新しい魅力が発見されるかもしれない。逆に言えば、ネット時代に落ちぶれてしまった実体書店の新しい魅力が現れるかもしれない。

（指導教師　堀川英嗣）

◉三等賞　テーマ「日本人に伝えたい中国の新しい魅力」

サンザシと胡桃の里「垣曲」

運城学院　張家福

山に囲まれ、近くを黄河が流れ、「垣曲」と言われる町に私は生まれた。北京で有名な伝統的家屋「四合院」のような建物は、私の故郷では普通の民家だ。庭には二本の木があった。サンザシ（山査）の木とクルミ（胡桃）の木だった。

サンザシとクルミ、どちらも「垣曲」を代表する特産品だ。「垣曲」に行く人は、必ずこの二つのものに招待されたことがあるだろう。

サンザシは、秋に果実が成熟するが、夏の終わりごろになると、もう赤い果がちらほら見られる。その見た目は赤くつるつるして、とても美味しそうに見える。子供のころ、それを見て、ついつい手を伸ばした。その時、必ず祖母が現れて、「ほら！　だめだよ。まだ秋になってないよ。今サンザシを食べたら、おなかを壊しちまうよ」と大声で言っていた。

秋が深まると、夏の終わりよりもっと赤い果実が出てくる。

「まだだよ。実はそのうち勝手に落ちるからね。落ちたら、食べたいだけ食べてもいいよ」と、祖母はいつもそう言っていた。

「落ちるまで何日かかるの？」

「もうすぐだよ、あと三日じゃ」

それを聞いて、私たち子供は日を数えて、楽しみにしていた。

やっと落ちる日が来た。落ちてきた赤く大きなサンザシを食べて、甘酸っぱい味が口いっぱいに広がった。私たちはそれを楽しみ、祖母はサンザシを拾って、台所で何かを作っていた。

「お婆ちゃん、何を作っているの？」

「サンザシのお菓子だよ。これはね、『垣曲』の特産なんだよ」

祖母はサンザシの核を取り除いて、中を洗って、鍋に入れて蒸した。二時間待つと、サンザシのいい匂いが出てきた。そして、水飴を入れてかき混ぜた。それから少し待つと、柔らかく甘くて酸っぱいサンザシのお菓子ができる。子供心に、とても美味しかった。

今の「垣曲」は、サンザシ菓子を特産として、どの売り場でも売っている。お土産や贈答に人気がある。それは確かにサンザシの味だが、私にとっては懐かしい味ではない気がする。

「垣曲」のもう一つの特産品はクルミだ。「垣曲」のクルミはとても品質が良く、私たちは毎日欠かさず食べている。

クルミは最初の果実が青いが、だんだん茶色になって、皮が剥がれてくる。収穫の時期になると、近所の子供たちと私は、いつも祖母を手伝って、クルミを集めた。一本の木から約5キロのクルミが取れる。虫に食われているのを除くと、実際には2キロしか残らない。

茶色の硬いものは、スーパーで売っている誰でも知っているクルミだ。青い皮のクルミは「湿ったクルミ」と言われている。それは食べられるが、ちょっと苦い。それを一週間ぐらい日に当てると、美味しいクルミになる。

「垣曲」で一番普及しているクルミの食べ方はお粥だ。「垣曲」の人たちは、ほぼ全員が毎晩クルミ粥を飲む。「頭にとっていいし、美容効果もあるし、ほら、早く飲みなさい」と祖母はよく言っていた。

祖母が他界した後、庭の二本の木もだんだん元気がなくなって、ついに葉も出なくなった。結局、切らなければならなくなった。その時、庭のサンザシの木は、祖母がずっと手入れしてくれていたことを知った。昨年、父は新しいサンザシの木を植えた。今その木が元気に育っている。

これが私の町「垣曲」。山西省運城市に属する小さな町だが、サンザシとクルミ、そしてそれをはぐくむ自然が人を引きつけ、もう一度見たく食べたくさせてくれる。よく言われるように、一回食べないのはあなたのせい、二回食べないのは私のせい。日本語を学ぶ私が、通訳兼ガイドとなって、あなたを案内してさしあげます。クルミ粥と甘酸っぱいサンザシをもう一度食べたくなったら、もう一度、私がガイドして差し上げます。でも、三回目食べたくなったら？　いいですとも、また案内して差し上げますよ。

（指導教師　瀬口誠）

◉三等賞　テーマ「忘れられない日本語教師の教え」

難しいことを易しくして……

楽山師範学院　竇金頴

知見先生と初めて会ったのは二年生の第一学期であった。その時は先生が会話と聴解を担当して、運命の幕が開いた。いつも丁寧で優しそうな日本人の先生のイメージと違って、いたずら心も忘れていない方なので、現場をその瞬間和ませたり、授業を明るくしたりするのが知見先生だった。白髪交じりであった先生が壇上に上がり、面白くなさそうな箇条書きを情熱を注いで語りかけてくれた。このように楽しい月日が流れた。しかしそのときはまだ気づかなかった。その後何度も考え込むことになる先生の教えに。

いつの間にか、第二学期を迎えた。知見先生には会話と聴解のうえに、作文も担当してもらった。作文は私にとって、いつも悪夢のようだ。子供の時代からずうっと思いこんできた。文章を書くほどつらいことはない。中国語の作文すらろくに書けない私はこの課目をほどほどにしようとしていた。こんなつもりで、作文を書くことに無関心、無感動、無気力な私は授業を聞くともなしに聞いてきた。作文の授業が始まって間もなく、次から次へとテーマを出されて、いくつかの作文を書かされた。先生の作文宿題で頭を抱える今でも思い出したくない日々だった。

週に一回知見先生の家に料理を作ったり、片づけたりする「労働力」として、私が先生の家にお邪魔させてもらっていたある日、食卓の片づけが終わったあと、先生の添削した作文を見てしまった。よりによって机の一番上に置いてあって添削されたばかりなのは私の作文だった。作文の所々に赤ペンで先生からの疑問や丸を付けて「長い」「消せ」などの指示が記されていた。正直なところ、その時は穴があったら入りたいぐらいだった。しかし不思議なことに、宝探しであるかのように引っ張られてしまった私は先生の添削を読み続けていた。周りの空気が凍ったように机の前に立ち尽くし、全然動かなかった私に気づき、「何を見てんの」と聞いた知見先生だった。「しまった、見られた」と思いながら、恥ずかしそうに振り向いて「先週の作文です」と私がぼそりと答えたら、先生は私の作文を手にして「なんかあなたの作文、いつもかたいよね、一つ一つの文はほぼ正しいけど」と言った。「作文を書くのはいつも苦手……」と頭を掻きながら伏し目がちに「どうやって書くんですか」と聞いた。「読み手の興味をくすぐって、先を読みたい、作者に会いたいと思わせる文章こそいい文章だよ。だから文章はね、難しく長く書くというより、易しく詳しく語るべきものだ」と先生が言った。「ここをたとえにしよう、『頑張って勉強している』と一般的に書くより、どう書いたら読者が頑張っていると納得してくれるかが肝心だ。つまり結論を確かにその通りだと納得させるために、具体的な身近な例や生活のエピソードに焦点をあてるべきだ」と説明し続けた……。

半年後、先生は日本に戻っていった。しかし今でも脳裏に焼き付いて離れないこの先生の教えが残された。「難しいことを易しくして、難しいことを易しくして……」。何度も繰り返し、そう言い聞かせていた。

今にして考えれば、この世の中のことは恐らくゼロからあるいは易しいことから始まるだろう。すべての人間は赤ちゃんとしておぎゃー、おぎゃーと生まれ、新入生として気合を入れて学校に入り、素人としてある分野に意気込んで取りかかる。知らず知らずのうちに、いろんな知識や経験を積むことによって「大人」になり、「先輩」になり、「玄人」に成る。当時の「やさしさ」はだんだん難しくなる。ついモノに溢れかえっている目には本質が日増しに見えにくくなるのではないだろうか。

「だから『消せ』って……」と考えながら再び頭の中に浮かんできた。伝え方が上手な人は、想いを足し算ではなく、引き算で表現しているという本質に迫る、引き算の美学を教えてくれた知見先生の姿。

（指導教師　彭美娟）

◉三等賞　テーマ「日本人に伝えたい中国の新しい魅力」

古くて新しい、中国の「古風音楽」

南京信息工程大学　呉　凡

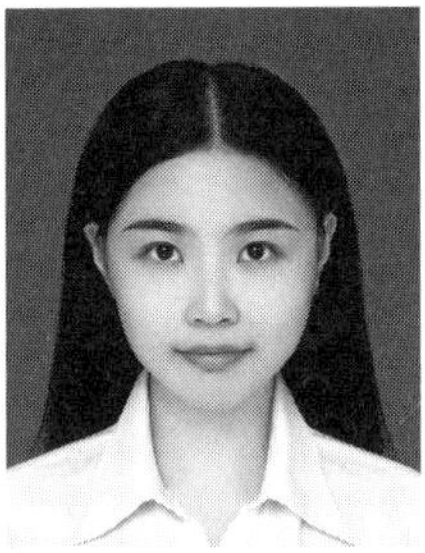

今の中国社会では、伝統的な雰囲気があまり濃くない。それは近年の問題ではなく、長い間、ずっと懸念されているものだ。だから、いろいろな対応策が出てきた。例えば「孔子学院」はその一つだ。そして、最近、若者の中で伝統文化を回復する新しい活動が出てきた。その代表的なのは「漢服サークル」と「古風音楽」だ。「漢服サークル」は中国の伝統衣装を普及させようとするものだ。しかし学生組織が主体で、学校の中の活動に過ぎない。それと比べると、「古風音楽」の受け手はもっと広い。そして、「古風音楽」の中には今風の要素があり、新しい魅力が発見できる。

「古風音楽」を説明するためには、「古風」という言葉を紹介しなければならない。簡単にいえば、「古風」は一種の新しいスタイルの文化だ。伝統文化を基調として、そのエッセンスを人々に見せるものだ。中国の伝統的な文学や、演奏、碁、書道、絵画、詩、詞曲などを今風の要素と組み合わせて、時間をかけて融合させ、まとまった芸術形式ができた。「古風音楽」はその一ジャンルだ。

私は中学一年生の時に初めて「古風音楽」に触れた。その曲の名は「華胥引」だ。今でも覚えている。それは「河図」という歌手の作品だ。メロディーはすごく美しい。歌詞は古風っぽいけど、難解でなく、ある乱世でのラブストーリーだ。そして、その時の私にとって、その歌は新しい世界を開いた。それはその歌がその時の中国ではやっていたポップミュージックと全然違ったからだ。当時はやっていた歌の中で印象的なのは「鼠は米が好き」というふざけた題名の歌だ。メロディーが簡単で、歌詞も分かりやすい。こういう歌は「口水歌」と呼ばれている。俗っぽい流行歌、という意味だ。洋風のダンス音楽やポップ音楽も当時の若者に受けが良かった。そういう歌ばかりだったので、「古風音楽」の魅力がよけい際立った。大体古風の歌は人々に少々悲しみを感じさせる力がある。しかし、悲しみながらも節度を失わない。ちょうど人々の心を揺さぶる程度だ。それは私を一番引き付けるものだ。その時、「古風音楽」を創作している人がすごく多いということに気付いて本当に驚いた。2016年9月16日、北京の鳥の巣で「古風音楽」のコンサートが開かれた。そういうことは以前からみれば、全然考えられなかったことだ。そして、たくさんの「古風音楽」の歌手が人々の視野にどんどん入ってきた。例えば、ドラマの主題歌を作曲して有名になった「董貞」はその一人だ。彼女はいつも優しい声できめ細やかに歌って、複雑な感情を私たちに伝える。そして、私が一番好きな歌手は「小曲児」だ。彼の声は独特なだけでなく、人の耳を引きつける力がある。私も古風の歌を歌ったことがある。私は自分で歌を作ることができないので、ほかの歌手の作品をカバーするだけだ。そして、私は古風音楽を選んで、中学校の独唱コンテストに参加したこともある。でも残念ながら成績はよくなかった。その後、私は得意曲をネットにアップロードしてみた。これが意外に好評を博した。本当に嬉しかった。

「古風音楽」は単なる音楽の一ジャンルではない。現代音楽の中に伝統文化を取り入れる新しい手法が現れている。それは伝統と現代を結びつけるものだ。芸能だけでなく、建物や文学などにもそれが使われている。そして今、中国の若者の中では、伝統と現代のハイブリッドがはやっている。例えば、今のファッションの中に伝統的な要素がある。衣装の模様にしても、靴のパターンにしても、古風テイストが濃いものがたくさんある。「古風音楽」も人々を案内して、伝統と現代が調和する時代を開くことができると思う。伝統文化と現代文化の真髄の両方を備えて、古風音楽は中国の新しい魅力として若者の中で息づいていく。

（指導教師　山田ゆき枝）

◉三等賞　テーマ「日本人に伝えたい中国の新しい魅力」

日本人に伝えたい中国の新しい魅力

山西大学　馬　瑞

ヤオトン（窑洞）は崖を掘った洞穴式の住居で、中国北方地域の黄土高原に広く分布している。人々はこの地形を利用し、穴を掘り、生きた洞窟の建物を作り上げた。

私の家は正にそこにある。

おばあちゃんの家に住んでいた子供の頃のことを思い出す。おばあちゃんは、いくつかのヤオトンがある四合院に住んでいた。庭の外観は普通の四合院と同じだが、各部屋の四方がすべてヤオトンになっている。各部屋の大きさは20人ぐらいが入ることができる。子ども心にとても大きいと感じた。ヤオトンの壁は黄土で作られており、各部屋のドアの附近には紙の窓がある。素敵な切り紙を窓に貼ることで、風を防ぐ。それは非常に美しい特色のある景色だ。冬にヤオトンに住むと、「炕」と呼ばれるベッドに、下方から火をくべることで、ベッドは非常に暖かくなる。ベッドに横たわると非常に快適だ。「炕」の周りには「炕画」があり、部屋を飾り、壁を守るために使用された。「炕画」には風景、花や鳥、獣や伝説などが描かれている。夏の庭は非常に涼しく、庭で遊んだ子ども頃の記憶が今でも新しい。おばあちゃんの家は山中にあり、毎年夏には木々に覆われ、とても涼しい。虫が「キーキー」と鳴き、その声を聞くと、私の心に平和な感じを与える。

中国の農家では、ほぼすべての世帯で犬を飼っているが、おばあちゃんも例に漏れずクロという犬を飼っていた。クロは私よりも大きく、私は食べられてしまうのではないかといつも非常に恐れていた。クロが私を追いかけたことは忘れられない。私は怖がって泣き続けた。この時、おばあちゃんはやさしく笑いながら私に「恐れてはいけない。クロはあなたを噛まないでしょう」と言った。確かに、飼い犬は家族や訪問客を噛まなかった。

おばあちゃんの家には大きな鐘があり、その下には大きな振り子が付いていた。毎日決まった時間に「ドーン、ドーン」という音が聞こえた。この音を聞くたびに、もう夜だと分かった。

今、おばあちゃんはヤオトンを引き払いマンションに住んでいる。実はこのヤオトンは現在でも様々な場所で体験することができる。

現代化されたヤオトンには、空調、テレビ、白い壁、飾るために使用される柔らかい光線、柔らかいベッドが揃っており、一般のホテルと変わらない。しかし、ここでは独特の体験をすることができる。インテリアと結合したアーチ型の外観、そしてとりでのような感じがある。中国風の昔話に出てくる家を感じることができる。

ヤオトンは、自然の中に建設されている。空は青く、隣には黄河が流れている。黄河は私たちの母なる河だ。夜になると空には天の川、側には黄河という絶景が現れる。中に住むと、黄土高原を直に感じることができる。更には農家の喜びを体験することもできる。例えば、農家で好きな野菜を摘み直接料理することができ、また3〜5人の友人とともに世間話をしながらマージャンやトランプに興じることもできる。更には、ワインなどもある。いくつかのヤオトンはワインの貯蔵庫として活用されており、ワイン好きな人の中にはわざわざワインを味わうためにここに来る人もいる。

現在では全国から美術学部の学生が、写生のためにこの場所を訪ね、写生基地となっており、新しい魅力を体現している。広々とした無制限の風景を前にして、人々の心はより一層開かれていく。

ヤオトンは伝統的文化を有する黄土高原の産物であり、現代では新しいスポットとなっている。

夏を思い出す。私は冷たい水を飲みながら庭に座っていた。おばあちゃんは台所で料理をしていた。お母さんとおじさんは話しをしている。ご飯の香りと笑いを覚えている。やさしい記憶だ。

（指導教師　堀川英嗣）

◉三等賞　テーマ「日本人に伝えたい中国の新しい魅力」

中国における「臭い文化」

安徽大学　劉　琴

ご存知の通り、美しいものは好まれるはずである。もちろん、美食もその一つである。しかし、美食の中には一部の人に受け入れられないものがあるかもしれない。「臭い料理」はその中の一つだと思う。なぜかというと、このような料理はおそらくきれいに見えないし、しかも臭いがするし、確かに好きになれないことが多い。

しかし、「臭い料理」が大好きな人もたくさんいる。スウェーデンのニシンの缶詰とか、アイスランドの臭サメとか、韓国のエイ料理などは世界中で有名な美食だと言われている。中国にも、このような「臭い料理」が多い。例えば、北京の「豆汁」とか湖南の「臭豆腐」とか、広西の「ニシ粉」とか紹興の「カビ・ヒエ茎」などの「臭い料理」がよく知られているが、外国人はおろか、一部の中国人でさえこんな料理を食べてみたことがない。

安徽省出身の私は子供の頃から「臭い料理」に親しんでいた。それは安徽省において有名な「臭い料理」があるからである。

私も始めこの「臭い料理」がまずいと思っていたが、一度食べてみると、大好きになった。小学校の時、よく「千里香」という料理を聞いたことがあるが、実は何の料理か全然知らなかった。ある日、食事の前に台所から臭いがした。そして、「何がそんなに臭いのか、嫌だ」と聞くと、父は「おいしい料理だよ」と神秘的に答えた。信じられなかったから食べてみる勇気もなかった。ついに父の励ましの下で、食べてみた。「おいしい！」。私は不思議な感じがした。これは安徽省の農村で有名な「千里香」である。漬物樽から長い時間発酵させた白菜を取り出し新鮮な豆腐を加えて一緒に蒸して簡単に「千里香」が出来た。名前はこの臭さに由来するものである。確かに、今でもこの臭さが忘れられない。

今住んでいる合肥市は安徽省の省都で、「臭ケツギョ」

という魚の料理がある。そして、この「臭ケツギョ」は徽州一帯の伝統料理として伝わってきた。新鮮なケツギョを漬けて、伝統の調理法で作ったものである。ケツギョは臭いがするから、初めてこの料理を見る人は何かと心配するかもしれない。しかし、心配する必要はなくて、一度食べてみたら、好きになるに違いない。私も大好きである。ケツギョの上にトウバンジャンをかけると、合肥人の味覚にぴったり合うと思う。

なぜ中国人は「臭い料理」がそんなに好きかといえば、一種の好奇心のみならず、文化だと思われる。好奇心とは不思議な食べ物に対して、これはどんな味がするかと自分で考えることである。文化とは食べ物の歴史だということである。例えば、「豆汁」は初めて「遼」の時代に現れたという。その時、遼は遊牧民族として、よく狩りに行き、食事の面では、肉が主になっていた。それに従って、消化が十分に行われなくなった。「豆汁」はこのような背景のもと生じたそうである。もちろん、全ての「臭い料理」にはそれぞれの歴史がある。つまり、「臭い料理」から文化が見える。

食文化は国によってそれぞれだが、互いに理解して、受け入れることが一番大切である。日本では、味のあっさりしたものが人気があるが、濃い味を好む中国人も日本料理を食べてみたら、好きになることもよくある。また、日本の納豆が好きではない中国人もたくさんいるが、試している人は多い。このように相手の食文化にチャレンジしてみることは一人の人間としてなすべきことだと考えられる。

中国における「臭い料理」を試して、この美食から中国の文化を探すことができる。一方で、もし中国の「臭い料理」と日本料理を結合すれば、新しい特色料理を創造できる可能性がある。飲食産業と両国の経済発展が進んでいくはずである。そのうちに、文化の面でも経済の面でも、「臭い料理」は中国あるいは世界の新しい魅力になるに相違ない。

（指導教師　原口耕一郎）

特別収録

現場の日本語教師の体験手記

私の日本語作文指導法

高良和麻　河北工業大学

賈　臨宇　浙江工商大学

中村紀子　中南財経政法大学

張　科蕾　青島大学

郭　　麗　上海理工大学

濱田亮輔　東北大学秦皇島分校、現・浙江師範大学

田中弘美　菏澤学院

特別寄稿

審査員のあとがき

瀬口　誠　運城学院、現・湖南大学

読みたくなる作文とは

河北工業大学　高良和麻

作文の心得

日本人作家の東野圭吾氏の作品は、全世界で人気がある。なぜ多くの方に好まれるのか。このことをファンの学生に聞くと、「おもしろいから」というコメントぐらいしか返ってこないが、もう少し掘り下げて言えば、作品の中に読者を「惹きつけるもの」、例えば、今までに聞いたことのないような発想で、感動する話やロマンチックな話、ためになる話などが書かれてあるからであろう。逆に言えば、「惹きつけるもの」がない、例えば、当たり前のことやほかの作品と同じような内容などであれば、読みたい人は急激に減るだろう。作文にも同じことが言え、「惹きつけるもの」がなければ、好評価を得ることはない。

具体的なテーマ「もしドラえもんのポケットがあったら、何をしますか？」を使い、少し考えてみよう。このテーマだけを与え、ほかのことは一切何も言わず、学生に作文を書かせたら、「『どこでもドア』を使い、世界中を旅行したい」というような自分のことばかりを考えて書いてしまう作文が目立つ。自分しか読まない日記などに書くなら、これでもいいかもしれないが、作文コンクールに提出するような読者がいる作文となれば、話が変わってくる。もしこのテーマに対し、「物を大きくする『ビッグライト』を使い、限りある資源を増やし、物を小さくする『スモールライト』を使い、ゴミを減らす」などの地球にやさしいことを作文に書いたらどうなるだろうか。思いつかなかった人ならきっと深い印象が残り、この作文は素晴らしいと感動するのではないだろうか。ここで気づいて欲しい、作文も会話も同じで、相手がいることに。ただ作文は目の前に人がいないだけだ。もう一つ、気をつけなければならないことがある。それは、相手である読者のことだけを考え、本心ではないことを書く行為だ。そんな気持ちで書いた作文には、書いた本人の本気度が全く読者に伝わらないだけでなく、無意味だからだ。

まとめよう。読者が素晴らしいと感じるような読みたくなる作文を書きたいなら、「本心から読者を『惹きつけるもの』を含む作文を本気で書くこと」だ。ただそれだけだ。この心得に気づいてもらうために、作文の授業ではグループ学習を導入している。

作文の授業でのグループ学習

グループ学習では、主に二つのことを行っている。

一つ目は、学生同士で切磋琢磨しながら、読者を意識して文章を正しく書く能力を高める学習だ。具体的には、まず一人ひとりの学生が自分の力だけでテーマに沿った作文を書く。次に、書いた作文を、同じグループの友達に読み聞かせ、意見を言ってもらう。最後、その意見をもとに、作文をより良い作品に仕上げる。このグループ学習では、仲良しの友達に読んで聞かせることで、内容について忌憚のない意見や、作文の中の間違えている文法・漢字の指摘など、書いた本人には気づきにくい大切なことが友達から得られる。読み聞かせ後のコメント中、まれに、白熱しすぎて、ケンカになりそうなときもあるが、それだけ友達の作文を真剣に考えている証だと私は受け取っている。ところで、なぜ友達に読ませるのではなく、読み聞かせるのか。その理由は、書いた本人が漢字を正しく読める学習になるのと、聞いている友達の聴解能力を高める学習にもなるのと、読み聞かせたほうがグループの友達一人ひとりに読ませるより、一度で済み、効率的である、つまり一石三鳥だからだ。

二つ目は、「百聞は一見に如かず」という諺の通り、作文コンクールで上位に入賞している作文を読み、どのような作文が読者の心を打つことができるのかをグループでディスカッションする学習だ。内容・表現が良かったところをコメントするだけで終わりではない。このテーマに対し、自分だったらどのようなことを書くかなど、グループの友達同士で言い合ったりもしている。このグループ学習を通し、多くの学生は自分自身で自分が書く作文には致命的な問題点、読者を「惹きつけるもの」がないことに気づくことができる。それだけはない。一読者である審査員の気持ちも知ることができ、自分が書く作文を根本から見つめ直すことができる。

ここではっきり言おう。二つのグループ学習を通し、作文の心得に気づくことができ、作文の授業だけで、正しい日本語の文章をある程度書けるようにはなるが、残念ながら、作文コンクールで上位入賞するような作文が書けるレベルになることは難しい。理由は簡単だ。本心から本気で作文を書いていない、もう少し正確に言えば、本心から本気でまだ書けないからだ。本気で書けないのは、読者を「惹きつけるもの」に一読者でもある書く本人さえわからずに作文を書いているからだ。しかし、言葉で読者を「惹きつけるもの」と言うのは簡単だが、それを具体的に文字にして表すのは難しいと言いたくなる学生の気持ちもわかる。そこで、読者を「惹きつけるもの」の正体を知るためのヒントになりそうなものを、大学で独自に行っている日本語サロンで紹介している。

日本語サロン

日本語サロンと聞くと、会話の練習を想像する人が多いだろう。確かに、本大学でも会話能力を上げることを目的に毎週日本語サロンを行っているが、参加者全員に話しやすそうなテーマを与えて会話するだけではない。本大学の日本語サロンでは、教科書の内容だけでは物足りない部分を補ったり、学生が興味を持ちそうなことを紹介したりすることで、学生自身の日本語に対する学習意欲をさらに高めると同時に、日本語会話能力および思考力も上げるようにしている。例えば、食べることが好きな学生のために一緒に日本のカレーを作ったこともある。その時、学生は日本と中国のカレーの味を比較することができただけではなく、「給食」という日本の文化も実体験することができ、大変喜んでいた。ｉＰａｄで「桃太郎電鉄」というゲームを通し、日本の地理を一緒に勉強した時は、学生は時間を忘れるぐらい夢中だった。もちろん、真面目にディスカッションすることもある。日本の運動会の動画を見せ、日本と中国の運動会の違いについて話し合ったりしたこともある。最近だと、日本で話題の「人生百年時代」を取り上げ、これからの生き方について真剣に考えたこともある。東日本大震災の復興支援ソング「花は咲く」を紹介し、被災者のことを思いながら歌ったこともある。

学生にとって時間を忘れるくらい没頭する体験こそ、作文の心得にある読者を「惹きつけるもの」に繋がる。なぜなら、このような体験内容を含む作文は、一読者でもある書く本人が本心からおもしろいと思い、本気で書いているからだ。今回最優秀賞・日本大使賞を受賞できたのも、私の学生が無我夢中で作文を書いた結果だと思う。今後も、学生が本気で作文を書きたくなるような、まさに学生のやる気スイッチをオンの状態にできるようなことを日本語サロンで取り上げていく予定でいる。

おわりに

作文の心得である「本心から読者を『惹きつけるもの』を含む作文を本気で書くこと」を読者に伝えるために、長々と偉そうなことを書いたが、このレポートも読者を「惹きつけるもの」をより多く含めようと、何度も練り直し、何度も書き直して本気で書き上げたものだ。最後まで付き合ってくれた読者の皆さんにご満足いただけたら、このレポートも読者を「惹きつけるもの」を含む作文だと言えるだろう。

［略歴］ 高良 和麻（たからかずま） 茨城大学大学院博士後期課程修了後、2年間の数学教師を経て、日本語教師になる。2014年4月より河北工業大学外国語学院日本語科教師。

文中での出会い

浙江工商大学　賈臨宇

どうすればいい文章が書けるようになるか、と学生によく聞かれる。これはそう簡単に答えられる問題ではない。聞かれる度に、考え込んでしまう。

語彙・文法・構成といった文章作法について語る前に、まず作者（筆者）と読者との関係について考えてみたい。通常、作者と読者は現実世界では会わない。作者と読者との出会いは文章の中で実現するというのが一般的だ。そういう意味では、料理人と客との出会いに似ていると言える。

料理人は店の入口にかけた暖簾や店頭に飾った提灯などの装飾によって、料理の種類や特長を客に伝える。それらは客を招き寄せるための重要な宣伝・広告だ。まず店に入ってもらわなければ、出会いは成立しない。だが、出会いが成立した場合にもその先の道は分かれる。店に入った客は品書きを見て、その中から自分の気に入ったもの、つまり惹きつけられたものを注文する。その料理がおいしければ、さらに別の料理を注文する。そしてやがて足繁く通う常連になることもある。逆に、その店の料理が口に合わなければ二度と暖簾をくぐらないということになる。

それを書籍の場合で考えると、書名つまりタイトルが読者を惹きつける役目を果たしていると言える。まずタイトルに惹かれなければ、読者はその本を手に取りはしない。ただ、タイトルに惹かれて本を開いた場合にもその先にはやはり分かれ道がある。何らかの魅力を感じて表紙をめくった読者は章立て、プロローグを経て、小説世界にのめり込み、作者との「出会い」を果たすかもしれない。そしてその作家のファンになったりもする。逆に、タイトルに期待したのとは裏腹にページをめくるほどに興が覚め、中途で放り出して作者には会わずじまいということもあるだろう。

作者と読者はこのようなかたちで、本の中で出会う。人間の出会いというのは不思議なものだ。いつどこでどういうかたちで出会うのか、予想はつかない。予想がつかないからこそ魅力的でもある。しかし、本の中の出会いというは、果たして偶然がもたらすものなのだろうか。

いや、それは偶然などではない。むしろ作者は計画的に出会いを仕組む。策略的にと言ってもいい。作者は自分の表現したいことを芸術的な手法を用いて構成していく。例えば、穏やかな流れから一気に軋轢や葛藤のシーンを組み込み、クライマックスへと盛り上げていったりする。芸術的テクニックを駆使して、読者を笑わせることも泣かせることもできる。この点からみると作者は読者を待ち伏せしているようにも見える。作者は読者を自分の描いた世界に引っ張り込み、自身の感性、センスに共鳴させることを狙う。そしてその狙い通りに共鳴がなされたとき、両者の魂が出会ったということになる。

そこでは読者はまるで獲物のようだ。読者は無抵抗に作者の罠に陥ってしまうということなのか。決してそうではない。実は読者こそが作品の本当の主宰なのだ。しかもわがままな主宰である。どんな文章も読者の好むスタイル・スタンスでなければ、受け入れてはもらえない。もし読み始めても筋が緩むと、捨てられてしまう。作者は一人だが、読者は多数で、好みやセンスがそれぞれ異なる。文章は作者より誕生し、読者によって生き長らえる。ある文章、作品が時空を超えてより多くの読者の心を掴んだとしたら、それは偉大な作品として賞される。世界的な名作には、言語・人種・国家・時代を超えて生き続けるたくましい生命力がある。

ここまで書籍の中の出会いとして語ってきたが、「作文」においても同様のことが言えると考える。

上手な文章を書く秘訣はどこにあるのか。語彙・文法力だろうか。文章構成能力だろうか。ここで、もう一度料理の話を振り返ってみる。料理人はそれまで磨いてきた自分の腕で、手順に従って調理をし、きれいに盛り付け、そして客に供する。いくら食材が素晴らしくても、相応な腕つまり技術を以て真剣に向き合わなければおいしい料理は作れない。料理を文章に置き換えると、いくら美辞麗句を並べてもそこに魂がこもっていなければ意味がないということになる。

「作文」をする時、用いる語彙は自分の使いこなせる範囲の言葉で十分事足りる。美辞麗句つまりきれいごとだけを積み上げても何の意味もない。ありふれた飾り気のない言葉を用いたとしても作者の魂を作品に吹き込むことは可能であり、それこそが肝要である。

作者が自分の思いや考えをどのように文章の中で表現

するのか、そこが作品の命であるとも言える。我々は物事に対して執着心を強く持てば持つほど本来の自分を失いやすい。自分の最も表現したいことについては、どうしても力を入れ過ぎてしまい、結局のところ思いどおりにいかないことが多い。

例えば、「私の母親」という題で作文をする場合、「自分の母親は世界一優しい人だ」、「自分の母親の料理はほかの誰が作る料理よりも美味しい」というふうに、真正面から力を入れ過ぎた表現をしてしまうと、詮方尽きたような感じがして好感を持たれない。これは本人の揺るぎない信念から出た言葉ではあろうが、他者の心を打つものではない。この作文において意図することと、それを伝えるための言葉つまり表現がマッチしておらず、どっちに向かいたいのか方向性のわからない状態になっている。男の子はよく好きな女の子にいたずらをすることがあるが、それと同様に表現の仕方に歪みを感じる。この歪みを正し、読者の心を潤わせるような表現を以て読者の心を動かすような文章になるよう努力すべきである。歳月を経て自分の作品を振り返り、あたかも作者（つまり自分）の読者のような気分でいられるか、心境や伝えようとしたことが的確に表現されているか、目ざしてきた方向は間違っていなかったか、と自分に問い質した時、すべて是と言えるものにしたい。

作文から小説まで、広く文章を書くということにおいて、私は次の二点を強調しておきたい。一つは、作者は常に読者との出会い、心の分かち合いに思いを致して文章を書かなければならない。もう一つは、力を入れすぎず、身の丈に合った言葉を用い、方向性を持って文章を書かなければならない。

【略歴】賈　臨宇（かりんう）　浙江工商大学副教授、日漢翻訳研究所所長。日本学術振興会外国人招へい研究者（S16726）、同志社大学客座研究員、関西大学訪問研究員。中国浙江教育庁日本語教育発展奨励金受賞。日本語教師指導歴17年。

感動はここからはじまる

～授業外活動からの作文指導アプローチ～

中南財経政法大学　中村紀子

２０１７年10月　中南財経政法大学　南風社日本語サロン・ミニ講座

今夜は皆さんに中国人の作文コンクールについてお話ししたいと思います。

２０１２年に南風社を作った時、私は中南財経政法大学日本語学科を十年で全国的に有名にする目標を立てました。しかし、私達の力で、大学の名前を世に広めることはなかなか難しく、どうすればいいか頭を悩ませていました。今から五年前、偶然、段躍中先生と作文コンクールのことを知りました。このコンクールには努力を認めてくれる園丁賞があるではありませんか！　ここから私達の挑戦が始まったのです。

初めの二年間は試行錯誤の毎日でした。私自身が作文の授業を担当していなかったので、すべてが授業外からの取り組みです。最初の仕事は先輩達への意識改革から。この作文コンクールは個人戦ではなくて、団体戦！　私達みんなで挑戦していく感動の舞台だよ！　と訴え続けました。

さて、四千作品以上の作文の中から、三等賞以上に選ばれる人は約八十名、割合でいうと約百分の二です。かなりの高倍率ですが、いったいどんな作文が選ばれているのでしょうか。

ここには過去数年間の作文コンクール受賞作品集があるので、次のサロンの時に早く来て読んでみてください。入賞レベルがわかったら、声に出して読んだり、特に気に入った作品を書き写してみます。音楽でも、絵画でも一番最初の練習は、お手本を徹底的に真似するところから始まります。作文も同様です。

百人の中の二人に選ばれるには、皆さんがこの作文を書く理由を明確に読み手に伝えられなければいけません。いきなり文章を書きだすのではなく、なぜこの内容なのか、一番伝えたいことは何か、まず作文の設計図やマインドマップを作りましょう。これは作文のことだけではありません。私達の日常生活全般で、なぜ自分はこうするのか、きちんと説明する意識をもち、伝える力を磨きましょう。

テーマ作文の場合、学生が書く内容は絞られてきます。その中でよくある言葉や主張、展開を使うようでは、数千の作文の山の中から手に取ってもらえません。人を探すなら顔を見ます。では、作文の顔は何でしょうか。そう、タイトルです。ピカッと光るタイトルが用意できたら、その作文は半分完成したようなものです。これはどう練習すればいいでしょうか。皆さんは、毎日微信や微博などでメッセージを出していますね。そこに毎回タイトルをつけてみましょう。おもしろいなと思ったら、「賛」をつけますからね。

私が考える素晴らしい作文とは、誰も書かないことを誰もがわかるように書いた「特別で、普通の」文章です。そして、読んでいるうちに読み手が書き手と同化する瞬間があるものです。そのためには自分の文章が人を感動させられるかどうか、客観的に見つめる視点が必要です。経験した本人でなければわからない文章では説得力が全くありません。

これはこうやって練習していきます。何か美味しいものを食べた時、美しい景色を見た時、かっこいいイケメンや可愛い猫に出会った時、SNSで私にその感動を伝えてください。言葉がわからなくても、間違っても構いません。あなたの心のわくわくが新鮮なうちに教えてください。私もその感動をたっぷり味わって、私の感動を伝えますから、そこで使っている文法や語彙をどんどんおぼえていってくださいね。

実は一等賞を二年連続で受賞したくんくん先輩（張君恵さん）は、出会った当初は決して優秀ではありませんでした。彼女が他の学生と違っていたのは、毎日毎日私にいろんなことを伝えてきたことです。一年で微博の私信のページが二百枚近くになりました。皆さんはこんなすごい先輩とサロンで毎週会えるチャンスがあります。ぜひ先輩に一等賞をとる秘訣を聞いてみてください。もしかして、私の話より効果的かもしれません（笑）。

もう一度繰り返します。私達中南財経政法大学日本語学科にとって、この作文コンクールは孤独な闘いではありません。南風社の活動の中で感動をみつけ、伝えあい、それを言葉で表現し、より良い作品に仕上げていきましょう。そして、来年いっしょに北京の日本大使館の舞台へ上がりましょう。

※　※　※

前回、今回の作文コンクールでは、南風社の活動に特に熱心に取り組んだ学生が良い結果をいただいた。この感動の舞台を作ってくださった段躍中先生、四年間、物心共にご協力くださった森田拓馬先生、常々的確なご助言をくださる照屋慶子先生、そして、南風社の諸活動を温かく見守ってくださる中南財経政法大学外国語学院の先生方に心より感謝申し上げる。

南風社サロンは学生達が日本語で自分の感動や気持ちを伝えあう場である。最後に先日、照屋先生からいただいたサロンの感想をお借りして筆をおきたい。

※　※　※

張君恵さんが第13回中国人の日本語作文コンクールで史上初の二年連続一等賞を達成したと聞き、多少なりとも関わった私としては大変嬉しく誇らしく感じている。「素晴らしい」「快挙だ」「歴史に残る」と思う人も、「偶然？」「何で？」「実力？」と思う人もいるかもしれない。

街が国慶節休暇の賑わいを見せる九月二十九日、私は中南財経政法大学日本語学科南風社の日本語サロンに参加した。

開始時間の十九時前、中村先生の部屋のリビングに学生が続々集まってくる。サロン長が沖縄の写真を部屋中に貼り始める。南風社サロンでは時折、ゲストによるミニ講座が開かれ、その日は私が沖縄について話すことになっていた。ＢＧＭの「ハイサイおじさん」と写真のおかげで、部屋には「沖縄」ムードが一気に充満し、南風社サロンが始まった。

一時間半にわたるミニ講座の間、ずっと立ったまま話したり、歌ったり、笑ったり、踊ったりした。実はその一週間前、私は部屋で転倒して、頭と腰を強打して病院に運ばれている。サロンの前は疼いていた腰の痛みは不思議とどこかへ飛んでいた。学生達は皆明るく元気で、私のちょっとした一挙手一投足にも大笑いしてくれた。本当に楽しく充実したひと時を過ごした。

南風社の日本語サロンは、習得した日本語が楽しく実践できる場だ。学生達は笑顔で、しかもきれいな発音で日本語を話していた。きれいな発音こそ日本語教育の基本だと私は思っている。南風社のレベルの高さを実感した。

話す楽しさが満ち溢れている場を用意することが一番大切だと中村先生は考えている。このサロンを六年以上も毎週続けて来たと聞き驚いた。時代の流れとともに変容を見せる学生達に対し、飽きさせない場を提供し続ける事は至難の業だ。

中村先生作詞の「南之風」という南風社の歌も心をつなぐ絆の一つとして代々歌い継がれている。胸がきゅんとなってしまう歌詞と歌声だ。「社歌」「社章」「社訓（結束・結果・継承）」の三つがある日本語学科は全国広しといえども、中南財経政法大学の日本語学科だけだ。

史上初の二年連続一等賞と佳作以上、三等賞以上の受賞者数が全国一になったのは、中村先生が心血を注いで作り上げ、続けている南風社の日本語サロンにあると確信した。長年の異彩を放つ努力の積み重ねとそれを目の当たりにする学生達からの絶大な信頼が結実したのである。

先生はこの南風社の諸活動のほか、中村Ｒａｄｉｏというネットラジオ番組を通して、日々中国の若者に熱いメッセージを送っている。鉄人としか言いようのない活躍である。

【略歴】中村　紀子（なかむらのりこ）　１９７０年生まれ、千葉県出身。立正大学文学部史学科卒。個別指導塾教室長勤務を経て、２００３年湖北省武漢市世達実用外国語学校に赴任。２０１１年より中南財経政法大学外国語学院日本語学科教師。

日本語作文に辞書を活用しよう

青島大学　張科蕾

「私の日本語作文指導法」という大きなテーマを前に、私は戸惑った。

中国人の日本語作文コンクール応募作品の指導を始めて三年目。一年目は何の賞も取れなかった。二年目は佳作賞四人。そして三年目、三等賞でも取れたらいいなと頑張ったら、なんと王麗さんの作文が一等賞を獲得した。今でも夢を見ているようだ。今回の輝かしい結果は、一緒に指導してくださった本学の客員教授である小川郁夫先生をはじめ、二年前と一年前のコンクールのとき指導してくださった杜雪麗先生、これまで日本語の読み書きの指導に当たってくださった先生がたのおかげでもある。もちろん、王さん自身が人一倍の努力をして、とりわけ豊かな感受性と独特な考え方、優しい心の持ち主であるから、今回の作文に素晴らしいアイディアを出せたのだ。だから「私の日本語作文指導法」などと大きな口をきくのは厚かましいが、日本語作文における辞書の活用について自分なりのちょっとした考えを述べさせていただきたい。

今まで指導してきた数十人の学生を見ていると、作文を書くとき、まず中国語で作文し、それを日本語に訳すという方法をとる者がいる。この方法で完成した作文は中国語風の文が多くなり、その結果、翻訳調の不自然な日本語になってしまう。レベルの比較的高い学生は日本語で考え、直接日本語の文を書く。こちらのほうがいい作文ができるようだが、言葉遣いや、文法にはやはりおかしなところが出る。どちらの方法にしても、日本語でうまく表せない言葉にぶつかるからだ。こうなったら、辞書の出番だ。学生の通常のやり方は、中日対訳辞書を利用し、中国語の言葉の日本語訳語を探すことだ。ここで問題が出る。日本語訳語が複数ある場合どうするか。また訳語が一つだけの場合はそれをそのまま用いればいいのだろうか。学生はそれぞれ自分の判断によって決めることになるが、例えば「退屈な授業なので、知らず知らず眠ってしまった。いびきまでかいて、先生に怒られ、みんなに笑われた」のような文が出る。「知らず知らず」を「つい」に直したら、「辞書に『不知不覚』の日本語訳は『知らず知らず』と書いてあるじゃないですか。どうして間違いなんですか」と聞きに来る。「間違いではないが、『つい』のほうが適切です。『新明解』でこの二つの言葉を調べてみなさい」とこのとき、日本語国語辞典を勧める。『新明解』によると、「知らず知らず」の語釈は「自分でもそれと気づかないうちに、いつの間にかそうしている、そうなっている様子」で、「つい」は「その場の状況に影響されて、そのつもりもなかったこと、普通ならやらないことをしてしまう様子」である。例としては、それぞれ「知らず知らずして、思い出の場所に来ていた」「知らず知らずメロディーを口ずさんでいた」と「体に悪いと知りながらつい飲み過ぎてしまった」「半額セールの掛け声につられてついいらない物まで買い込んでしまった」が挙げられる。「つい」は外から働きかけられて、悪いと知りながら、してはいけないことをしてしまったため、後悔の気持ちを伴うことが多いから、「~してしまった」と共起しやすいことがわかる。

このように、中日対訳辞書から得た日本語訳語を安易にそのまま使うのではなく、類語辞典で日本語訳語を調べ直して、それとグループをなす類義語をそれぞれ日本語国語辞典で調べ、意味・用法の違いを比べ、より適切なものを選ぶことでより適切な表現ができるのではないかと思う。中日両国語の言葉の対訳は可能であるが、もともと語彙体系が異なるため、一対一の対訳ができるわけではない。「不知不覚」の対訳語は「知らず知らず」であったり、「つい」であったり、場合によっては「いつのまにか」や「思わず」になったりすることもある。コンテクストに応じてたくさんの語の中から適切なものを選んで使う。このプロセスはずいぶん面倒だが、こうすると知らず知らずいろいろな語の使い方が身に付き、言葉遣いが上手になる。学生は普段訳語に頼り過ぎて、中日・日中対訳の辞書を愛用しているようだが、日本語の勉強にはやはり日本で出版された日本語国語辞典のほうが語釈も詳細で、ニュアンスがわかるし、例文も自然で数多くあるし、ほかに実用的な情報もいろいろ提供されているからより役立つと思う。学生のほとんどはカシオ電子辞書を持っているが、搭載している『新明解国語辞典』『明鏡国語辞典』と『日本類語例解辞典』をあまり使わないのが残念だ。これから有効に使うことを強く勧めたい。

表現面のほか、学生の作文に漢字が必要以上に使われるのもよく見かける問題である。中国は漢字を使う国だから、学生は日本語を書くときも漢字を愛用する。おまけにパソコンの普及により、難しい漢字は手で書かなくても簡単に使えるようになった。例えば「纏める」「齎す」「贔屓」「鬘」のような漢字表記が学生の作文に見られる。日本では1981年に『常用漢字表』が公布され、1945字の漢字が一般の社会生活での使用の目安となってきた。2010年の改定により、2136字に増えても、普段の読み書きに使われる漢字は中国語ほど多くはない。というわけで、日本語で作文するとき、漢字の適度な使用を念頭に置くべきだ。コンクールの応募作品では字数の要求があるため、字数が足りなければ漢字を仮名に、オーバーしたら仮名を漢字に書きかえればいいと学生は考えがちだが、それは間違っている。必要以上に仮名が多くなれば、書いたものが子供っぽくなり、逆に難しい漢字が多ければ、わかりにくくなってしまう。『常用漢字表』を参考にして、適度に漢字を使い、わかりやすい日本語をめざす工夫をすべきだ。日本で出版された国語辞典のほとんどには表外漢字にマークが付けられているから、調べれば常用漢字であるかどうかすぐわかる。残念なことに、学生は辞書を利用する前に「編集方針」や「凡例」を読む習慣がないから、マークの意味がわからず、辞書の機能を十分に生かして用いているとは言えない。本来非常に役立つ情報がもったいないことに無視されてしまう。学生に辞書を効果的に利用させるためには、日本語教師の指導が必要である。

何年か前、辞書作りに取り組む人々の姿を描いた日本映画「舟を編む」を見た。長い年月をかけて根気よく言葉に没頭して辞書を作りあげる人々の情熱に感動した。『新明解』のような優秀な辞書は初版刊行以来、五、六年ごとに全面改訂の新版が出ている。どうやって言葉の意味を正確に伝えるか、どうやって日本語学習に役立てるか、何代かの編集者たちは知恵を絞って、工夫を凝らして、情熱を注いでいる。この心血を無駄にさせないように、辞書を大いに使おう。日本語作文に、日本語学習に辞書を活用しよう。

【略歴】 張 科蕾（ちょうからい） 北京外国語大学日本学研究センター卒業後、現職に就く。青島大学日本語学科教師。日本語教師指導歴13年。

私の日本語作文指導体験

―オリジナリティのある面白い作文を目指して

上海理工大学　郭　麗

何年か前に、日本僑報社・日中交流研究所が主催する「中国人の日本語作文コンクール」の存在を知った。しかし、指導教師として参加させていただいたのは、今回が初めてである。そもそも今回入賞した黄鏡清さんを含む二名の学生から、指導の依頼がなければ、私も勇気を出してこのコンクールに挑戦してみようと思わなかっただろう。もともと私が怠け者なのもあるが、私自身が指導力に自信をあまり持たなかったのが正直な理由である。

そのため私は、彼らに対して「私は作文授業を担当したこともないし、初めてこの作文コンクールの指導教師になったから、せっかく書きあげた作文も入賞しないかも知れないよ。そのときは先生を責めないでね」と冗談まじりに断ろうとした。すると、彼らは「いいえ、全然。私たちは先生のことを信じてますから。入賞できなくても、私たちの能力が足りないからです。先生は関係ありませんよ」と言ってくれた。その時私は、信頼されている、と感じてちょっと安心しただけでなく、自信と責任を感じた。たぶんこういう信頼関係がなければ、作文指導はうまくいかないものだろう。

今年のコンクール課題は①日本人に伝えたい中国の新しい魅力、②中国の「日本語の日」に私ができること、③忘れられない日本語教師の教え、という三つのテーマからの択一であったが、私の指導した二人の学生は自分の経験や知識などに基づき、それぞれ①と③を選んだ。そして、①を選んだ黄さんという学生が、今回一等賞を受賞した。なお、受賞できなかった方の学生も、準備過程において大変勉強になったので参加してよかったと言ってくれた。

私は少しでもオリジナリティのある面白い作文を書いてもらうための準備をした。まずは彼女たちのために、事前に色々と関連する参考資料を調べたり、今までの優秀な作文を自分なりに分析したりした。それから、一種のカウンセリングのようなやり取りの中で、本人が一番興味があり、そしてうまく書けそうなテーマを選び出すことにした。これは簡単そうに見えるが、そもそも本人にある程度豊かな人生経験と高い思考力があり、それを教師の側が汲み取ってあげなければ、意外と難しい。このあたりは短い文章では書ききれないが、たくさんの時間を取って話をしたのは確かだ。

ここで、「蒔かぬ種は生えぬ」ということがある。つまり、日頃から色々と工夫して学生の思考力を高めておかなければ、オリジナリティのある面白い作文を書くのは難しい。つまり種まきが重要なのだが、これには時間がかかる。私は大学一年の後半から黄さんを教え始めたが、そのときから彼女の賢さと熱心さに気がついていた。そして彼女もよく私のところに質問などに来てくれていた。時々上海では、日本関係のイベントに参加するチャンスがめぐってくる。そんなとき、学生たちに知らせると、真っ先に進んで参加してくれるのが、やはり黄さんだった。こういったことが、いわば種まきにあたったのであろう。

ところで黄さんの作文に出てくる「里美ちゃん」という日本人の女の子は、彼女の日本人の友人だ。1年余り前、日本のある大学からやってきた「里美ちゃん」を連れて、黄さんは上海の色々なところへ行った。上海で3週間を共にした二人は、深い友情を結ぶに至り、その後もお互いに連絡を取り合っている、と聞いている。そういった活動や、環境保護のイベントなどに彼女は参加しているという事実を、彼女から聞き取った私は、これらを材料にして一品の「料理」を作ろうと考えた。

黄さんが私に伝えてくれたのは、いわば料理に使う生の材料である。それをただブツ切りにして並べるだけではだめで、料理を作るのと同じように加工し、加熱し、調味しなければならない。ただここでも日本料理と中華料理の違いみたいなものはある。日本料理は素材を生かした調理法である。私は日本式で行こうと思ったが、とりあえず黄さんに中国語でこのテーマについて文章を書かせてみた。

その中国語の原稿を見たところ、私はこの素材で行ける、と確信した。もちろんそのままでは日本語の作文にはならない。いい作文というのは、分かりやすい単語や言い回しを使い、論理的に考えを読者に伝えることができる文章でなくてはならない。まずその点は後回しにするとしても、日本語と中国語の間には、両方とも漢語などが多いため、よく似ているが意味が違う表現も多い。それぞれの文化で好まれる表現にも大きな違いがある。そのため、いくらいい素材を使った中国語作文を直訳しても、いい日本語作文にはならないことがある。中国のラーメンが中華料理の文脈からはなれて、日本の料理になるためのプロセス、みたいなものがあるはずだ。これも簡単に説明できないのだが、作文で多用される修辞法などには、特に注意が必要であるように思う。たとえば学生の中国語作文の書き始めによく出てくるような「中国の歴史は長く、その文化は悠遠である」みたいな言い方は、日本語作文ではくどすぎて、ほぼ不要である。黄さんの文章にも同じような問題点があった。それで、堅苦しくてくどい表現は避けたほうが自然だと思い、指導した。

それから、読者の存在を意識することが重要だ、という話もした。筆者の考えがきちんと読者に伝わるためにはどうするか。読者の立場に立って書くことだ。読者が面白いと思い、関心を持ち、もっと読みたいと思うのは、どんな文章だろうか。黄さんの場合、せっかく「里美ちゃん」という人がいるのだから、この人に送る手紙、という形式を取るのはどうか、と提案した。よくある普通の作文よりも、興味を持って読んでもらえるかも知れない。さらに、文章の量の上限があるので、一旦書いたものをどんどん削る必要がある。その作業を通して、いくらいい作文の材料でも思い切って捨てなければならないことがある、と意識させた。テーマと関係がない材料は捨てるべきだ。

最後に、わが上海理工大学日本語学部の日本人教師である福井祐介先生には、さまざまな助言を受けた。また、最終的な言葉面の添削作業も福井先生に任せることになった。この場を借りて、心から感謝の意を申し上げたいと思う。

そして、この文章の中でたびたび出てきた、学生の黄さん。彼女は私のことを信頼してくれ、進んで作文指導を受けたいと申し出てくれた。この出発点がなければ、今回の受賞もあり得なかった。おかげさまで、黄さんの作文は、オリジナリティがあり面白い、と多くの人に評価してもらえた。私自身も、一人の教師としていくらかの自信をつけ、次のステップへ踏み出すきっかけになったような気がする。「教えることは学ぶこと」という。

まさに私も黄さんにいろいろ教えてもらった気がする。改めて、彼女にもありがとうと言いたい。

最後に、このコンクールを主催されている日本僑報社・日中交流研究所の皆様、協賛・後援をしてくださっている企業・団体各位、および日本大使館の皆様、私どもにこういうすばらしい機会を与えてくださって、本当にありがとうございました。心からの感謝の意を申し上げます。

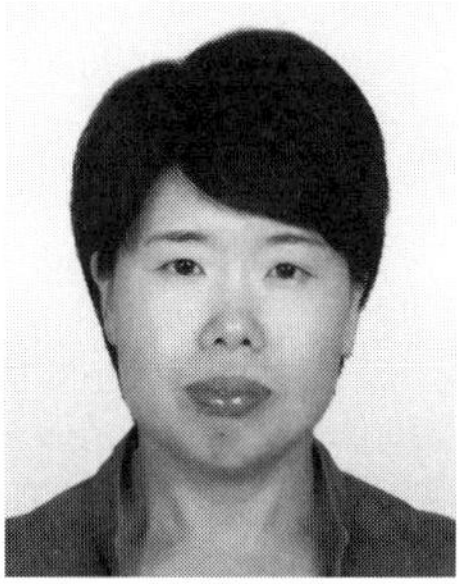

【略歴】郭　麗（かく　れい）

1977年生まれ。武漢大学日本語言語文学学部卒。2002年より上海理工大学外国語学院日本語学科教師。

私の日本語作文指導法

東北大学秦皇島分校、現・浙江師範大学　濱田亮輔

「読むときは書いた人を心に描き、書くときは読む人を心に描く」

作文授業でも読解授業でも、繰り返し学生に伝える言葉がこれです。単語や文法の指導以前に意識を変革するところから、作文授業が始まると私は思っています。

とはいえ、今回はテーマが特に難しかったと感じました。まず、テーマの一つである「忘れられない日本語教師の教え」は昨年とも重なるテーマであるため、読む人にとって新鮮さや魅力を感じてもらうのが難しくなったからです。このテーマでの指導は、「自分の状態や感情の変化が読む人に明確に伝わるように」ということと、「先に中国語で美しい表現を思い描き、それを日本語で表現する」という二点でした。普段の作文の授業でも、誰よりも意欲的に課題に取り組み、絶えず美しい表現を追求してきた学生が今回のコンクールで入賞を果たし、心からうれしく思っています。

もう一つのテーマである「日本人に伝えたい中国の新しい魅力」はテーマの解釈に差異が生じ、作文の方向性を固め、構想を練るまでに、多くの時間を要しました。第一には「日本人に伝えたい」の解釈です。これは、残念ながら、学生が書いた内容が、「日本人にとっては魅力的じゃないけど、中国人にとって魅力的だから日本人に伝えたい」という内容か、あるいは、「中国人にとっては魅力的じゃないかもしれないけど、きっと日本人には魅力的だから伝えたい」という内容かという究極の選択になってしまったからです。どちらの解釈でテーマを書くかは学生の判断ですが、結果として、読む人を心に描いた作品だけが入賞を果たしました。

さらに第二の解釈の難しさとして、「新しい魅力」という言葉もありました。この「新しい」は、今まで存在しなかった科学の進歩や社会の発展によるものなのか、あるいは、中国人にとって新鮮さがなくても、今まで日本人に知られていなかった再発見でもよいのか、という解釈で意見が分かれました。これについても、読む人の

視点を大切にして後者を選んだ学生が入賞しました。もちろん、この解釈も学生の判断によるものですが、助言をする立場の私には確信がありました。それは昨年度の一等賞に選ばれた合肥優享学外語培訓学校の張凡くんの「浪花恋しぐれ」という作文です。このときのテーマは「訪日中国人、『爆買い』以外にできること」というテーマで、彼の作文では、大阪の法善寺横丁での女将さんや大将との心温まる交流が描かれていました。この法善寺横丁という話題は、科学の進歩も社会の発展も無関係です。新しい観光地でも新しい魅力でもありません。しかし、昨年度の作文の中では、これが最も心に響いた忘れられない作文でした。これゆえ、「再発見」としての新しい魅力を今年度のテーマで考えるなら、地域限定や季節限定といった話題で、しかも心温まる「思い」を伝えてほしいと助言しました。「思い」は中国人や日本人といった垣根を越えて必ず心に響くからです。読む人を心に描き、その心に共感を呼ぶ文章こそが魅力的な文章だと私は信じています。

さて、解釈が定まり、方向性も見通しが立ち、初稿を受けたとき、更なる問題が生じてしまいました。それは、再発見であるが故に、私自身も、そしておそらく読む人も、この歌舞劇の話題について知識がないということです。とはいえ、あまりにも説明的な文章になれば魅力そのものが消えてしまいます。このため、説明ではなく描写を活かすように助言しました。知識がなくても目の前に歌舞劇のダイナミックさと楽しさが描き出せれば、読む人にとって確実に魅力的に映るからです。幸い、この締切時期の作文授業がレトリックを活かし、擬音語擬態語を多用するという目標設定でしたので、躍動感と動きのメリハリが伝わるように中国語でしっかりした文章を先に作り、それを日本語で表現するように助言しました。

その後、助言通り、躍動感あふれた中国語文章と日本語文章が目の前に並んだのですが、またまた大きな問題にぶつかりました。中国語の翻訳として、どのような日本語が正しいのかという問題です。先述のとおり、私自身にこの歌舞劇の知識がないので、翻訳チェックにも確信が持てません。しかし、インターネットで映像や画像を探すのではなく、一つ一つ中国語の修飾語の意味が日本語で正しく表現できているのか、一つ一つ動きを説明してもらいながら、日本語のチェックをしました。長い長い時間がかかるチェック作業でしたが、この作業を経たことで、読む人に知識がなくても、文字に書かれた表現だけで動きがイメージできるような文章になったのではないかと考えています。実際、この作文のチェックには構想段階から丸二カ月かかりましたが、それだけの苦労があったからこそ、文章が磨かれていく過程を学生が学べるのだと自負しています。

２０１５年にも「私の日本語作文指導法」を発表させていただきましたので、今回はそれとは重ならない内容を選びました。読む人を心に描き、読む人に伝えるために文章を自分がイメージしなければいけない、そして、そのためには母語である中国語の表現力を磨かなければ外国語の文章を磨くことなどできはしないというのが、今回の指導法の内容です。素晴らしい作文を読むチャンスを与えてくれ、学生とともに教師も成長できる、このコンクールに心から感謝しています。

【略歴】濱田　亮輔（はまだりょうすけ）　東北大学秦皇島分校語言学院日本語学科での指導を経て、現在、浙江師範大学外語学院日語系所属。専任としての大学機関での指導教育歴は15年で、日本で7年半、韓国で5年、中国で3年間（２０１７年で4年目となる）。

私の作文指導

―生活作文とエッセイを中心に―

菏澤学院　田中弘美

7年前、中国の大学に赴任してすぐに、「日本語作文」（3年前期）、「ビジネス作文」（3年後期）を担当した。作文到達目標を聞くと「卒業論文が書けること」ということだったが、卒論指導は4年次に中国人の先生が担当し、ネイティブ教師が直接指導に関わることはない。私は何をどう教えてもいいということだった。

指導すべき作文の分類

そこで、自分なりに指導すべき作文について分類してみた。

（1）生活作文：基礎的な表現・文法を使い、自分の伝えたいことを書く。日記、ある日の出来事、自己紹介など。

（2）文学的作文：表現・構成を工夫し、自分の感動や考えが読み手に伝わる様に書く。エッセイ、随筆、小説、スピーチ原稿など。

（3）説明的作文：客観的な情報をもとに自分の判断が読み手に伝わる様、筋道を立てて書く。レポート、論文など。

（4）実用的作文：ビジネス習慣・形式に則り、自分の意図が読み手に明確に伝わる様に書く。ビジネスメール、仕事関係の挨拶状・案内状など。

（4）は「ビジネス作文」という科目があるので問題ないが、（1）〜（3）の全てをたった一学期間の「日本語作文」で指導することは到底できない。そこで、作文の重要な基礎となる（1）生活作文は一・二年生の「日本語会話」で継続的に取り組むことにした。

作文の基礎は一年生から

会話テキスト『みんなの日本語』の各単元末にコラムがある。それを参考に、「自分の毎日／休日」「私の友だち」「わたしのうち／町」「友達への手紙」等、日記・手紙も含め、宿題と添削を重ねた。初めは2文からスタートした学生たちが、2年後には400字〜600字程度の文が無理なく書けるようになった。句読点や「」・（）などの記号の使い方もこの段階で教えた。

ここでの効果は、学生たちにとっては文字の練習はもちろん、学んだ文法・語彙を使って日本語で書くことに慣れ、作文が苦にならなくなったことだ。教師にとっては初級の学生たちの躓き易い箇所が分かり、指導の際に押さえるポイントが把握できたことが大きい。この土台作り抜きに突然三年で「日本語作文」に出くわすと、学生たちは四苦八苦したあげくインターネットの翻訳機能に頼り、教師は解読不能な文を前に途方に暮れるということになりかねない。作文指導開始は一年生からが望ましい。

文学的文章を書くことを目指す

「日本語作文」科目で学習の中心に据えたのは（2）の文学的文章、特にエッセイを書くことである。既に一、二年で生活作文を練習済みの学生たちにとって、次の課題は、自分の心を見つめ、思考し、読み手の共感や感動を得られる言葉を自分なりに工夫して文章を書くことであり、ジャンルとしてはエッセイが最適だと考えたためである。

『中国人の日本語作文コンクール』をエッセイ学習の中心に

エッセイを学ぶ学生たちにとって、日本僑報社主催の「中国人の日本語作文コンクール」は、意欲を持って学べる格好の機会だった。このコンクールがなければ、学生たちは長文を書く意欲の継続も、先輩の入賞に励まされ、自分たちもやればできるかもしれないと希望を持つことも不可能だっただろう。以下は、作文コンクール応募を励みに、学生と一緒に試行錯誤しつつ整理してきたエッセイを書く上での重点である。

エッセイを書くポイント

1．エピソードがエッセイを輝かせる。

エピソードは自分の言いたいことの具体的根拠になり、また文章を生き生きとさせるので、エッセイには欠かせない。内容は自分の見聞や体験だが、ネットや知人からの間接的見聞より、自分が直接体験し、深く心に残っていることの方が訴える力を持つ。

作文コンクール第7回「がんばれ！　日本」で3位入賞した学生は、自分の大学受験の失敗、家の経済的困窮、家族の病気などに苦しみ、克服した過程を詳述し、実感を込めて「生きていれば希望がある」と結んだ。彼女が

「自分の家の貧しさや苦労は、今まで誰にも話せなかったけど、先生が『自分の人生で一番苦しかったことと、それをどう乗り越えたか書いてね』と言ったから」と私に打ち明けたのは入賞して後のことだった。

　自らの体験を書くことは時に、心に沈殿する思いに光を当て、葛藤しながら整理する作業であり、また、意識化することで体験の意味が明確になったり、辛い出来事を乗り越えたりすることもできる。書くことで自分が深まるのがエッセイ作文の良さだと思う。

2．ワンパターン・凡庸表現から脱する。

凡庸例：
①日本語と私は縁がある。
②映画を見て、私はいろいろな感想がある。
③私は感動した／嬉しかった／楽しかった／面白かった。

　例①②下線部は中国の学校で教える決まり文句的な前置き表現だそうだが、日本語作文ではこうした新鮮味がなく、読者に凡庸感を与える表現は不要だとして文ごと削除させている。

　例③のように表面的で深みのない感情表現の場合、次のような学生の工夫例を示す。

工夫前：
「華ちゃんが食べないと、お母さんは心が痛いよ」という母の言葉が耳に入った。私は**感動した。**

工夫後：
「華ちゃんが食べないと、お母さんは心が痛いよ」という母の言葉が耳に入った。**私は返事もできずに、涙が出てきた。小さい時以来、母からこんな直接的な優しい言葉を聞いたことはなかった。**だから、この時はどんなに感動したことだろう！

「感動した」と簡単に書く代わりに、その時自分はどんな状態だったか、何をしたか、どう感じた／思ったかを書くと、読者はその場面をありありと想像し、疑似体験できる。読者の共感や感銘を得るには、感情を表す形容詞などの代わりに「したこと、聞いたこと、見たこと、思ったこと、その時の状態」等を動詞で表すのが効果的だと指導している。

3．多面的な思考が作文の価値を高める。

作文コンクール第8回「中国人がいつも大声で喋るの

はなんでなのか」というテーマを提示した時、学生たちは一様に妙な顔をした。「それテーマですか。へんですね」と抗議する学生もいた。中国人を侮辱していると思ったのだ。私は仕方なく「これは段躍中さんが決めました。私は決めていません」と言い訳した。「大声で話して何が悪い！」と息巻く先生もいた。

しかし、その後、学生たちはインターネットで調べ、「大声で話す」のに適さない時と場合があること、世界の多くの国で中国人の「マナーの悪さ」が話題になっていることなどを知って、心底驚いたようだ。自分が今まで「井の中の蛙」だったと作文に書いた学生もいた。私は私で、中国人の大声に対する諸外国の苦情の声が、学生たちの耳に届いていなかったことを知り、これまた心底驚いた。一側面からしか見ていないのはお互い様だったのだ。

インターネットが普及しても、自分が意識的に違う立場の声に耳を傾けなければ、一面的な判断を基に、狭量で決めつけに満ちた作文しか書けない。これは単に中国の学生の作文学習に留まらず、常に私たち自身も戒めなければならないことである。

エッセイでは他に、次のような点も指導した。

4．常に心にアンテナを張り、感受性を鍛える。
5．構成・初めの文・最後の文を工夫する（作文集の作品を参考に）。
6．先生の添削に盲従せず、自分で考え、納得して修正する。

最後に

この6年間は「中国人の日本語作文コンクール」の作品集をテキスト代わりにして、学生とともに作文学習に取り組み、成果を上げることができた。段躍中先生に感謝し、拙いながら実践報告としたい。

【略歴】 田中　弘美（たなか ひろみ）　元近畿中国帰国者支援交流センター講師（２００５～２０１０年）、元江西財経大学外国語学院日語系講師（２０１０～２０１４年）、現菏澤学院外国語学院日語系講師（２０１５年～現在）。日本語教師指導歴12年。

特別寄稿

審査員のあとがき

運城学院、現・湖南大学　瀬口誠

前回の「審査員のあとがき」を書いたのは、夏休みの終わり、北京から山西省運城へ飛ぶ飛行機の中だった。その後脱稿してからの一年は、とにかく波乱にとんでいた。この新しい「あとがき」は、その一年間に審査員として、教師として、そして中国で生活する一人の日本人として感じたことを交えて書いたものである。今次のコンクールにおいても、まず述べなければならないのが、審査に携わった方々への労（ねぎら）いの言葉である。多くの審査員を悩まし、審査協議が例年になく難航した今回、それはやはり、学生たちの甲乙つけがたい作文があってこそである。そして、それを指導し学生たちを未来へと導く日本語教師たちがいてこそ、本書は完成したと言えよう。

一

２０１７年「第13回　中国人の日本語作文コンクール」の第一のテーマ「日本人に伝えたい中国の新しい魅力」は、ますます不確実さを増している日中関係を突破する、新しい世代の希望の光源である。メディアに現れる論調の多くは、日中の衝突の側面ばかりを強調しているかのように見えるが、同時に他のもっと必要な側面、例えば中国の尽きることのない魅力の紹介については、ほとんど無関心ですらある。メディアやネット民は、現代にまで息づく中国の深い魅力については不可解なほど消極的で、日中の深い歴史的営みについてさえ扱うことを拒否しているかのようである。それに、「爆買い」の取り扱い方は、日中国交正常化45周年にとって良い前兆であったとはいいがたい。「爆買い」を当てにすればするほど、日本国内のインバウンド消費に目が行ってしまい、多くの日本人は、中国を「爆買いをする人の家計」としてしか見ることができなくなっていたからである。

そしてその結果、恐れていたことが起きてしまった。

たまに新聞の広告欄の中国旅行案内に散見される世界遺産だけが中国の魅力になってしまったのである。アメリカから持ち込まれるシアトルズ系には熱心であったが、その反面、私たち日本人の日常飲食になったお茶やラーメンや餃子のルーツには、無関心になってしまった。同時に、改革開放後の経済発展に沸く中国人自身も、自らを「悠久の歴史」を有すると称してはいるが、万里の長城の落書きに見られるように、国民一人一人が歴史遺産を守り伝承することを疎かにしていた。だからこそこのテーマは、中国で日本語を学ぶ若者の試みとして、大きな意義をもっている。

第二のテーマ「忘れられない日本語教師の教え」は、この「中国人の日本語作文コンクール」の一貫したテーマである日本語教師の熱い物語である。このテーマの最大のポイントは、日本語教師が中国で教えているどんな教師よりも、夢と感動を作っているということである。つまり、教師の熱心な指導や、学生が希望を失い諦めかけた時、挫折しかけた時に学生の傍に寄り添い励ましてくれた物語である。このテーマは、さらに二つの重要な問題について言及している。すなわち、恩師と夢についてである。

そして最後に、今回の第三のテーマ「中国の日本語の日に私ができること」は、「中国人の日本語作文コンクール」の主催者が、毎年12月12日に挙行されてきた表彰式の日を、日中国交正常化45周年に合わせて「日本語の日」として創設したいという願いから生まれたものである。この日に学生として何ができるのか、日中国交正常化45周年を記念する行事を新世代の学生がどのように発展させるのか、新鮮な提案が求められた。

二

昨年の「あとがき」で、私はかなり感情的で危ない橋を渡るような主張を展開している。爆買いは続き、日本の政府も市町村も爆買い観光客を取り込もうと血眼になっているというのに、私は単に「爆買い」の変化があたかも主流になろうとしているかのような論調を展開しているだけではなかった。私は学生たちの作文について論評にとどまらず、学生と日本語教師たちに対して作文コンクール参加の問題点を指摘しており、学生の日々の学習の到達点ではなく前年を超える更に気合いの入った作文の執筆を促してさえいる。そして、作文コンクール参加は学生と教師の共同作業であるとも主張した。

予想していた通り、私のこれらの主張は様々な反応と批判を招いた。ある教師は、学生の日本語学習の一環として作文コンクールに参加しているだけであって、先輩たちの作文より良い作文を書いたりする必要などないと言い切った。ある教師は、学生を一か所に集めて「よーい、ドン！」で作文を書かせ一斉テストすることこそが作文コンクールであると息まいていた。

私が前作の「あとがき」を書いてから一年が経ち、今年もまた、私は本作文コンクールの審査員を務めさせていただいた。本書に収録された多彩な作文の一覧は、目次を見ていただければ分かると思う。ここでは、この一年間に私が考えてきたことを顧みながら、本年作文コンクールに提出された作文について検討してみたい。

第一テーマ「中国の魅力」

第13回作文コンクールの最大のテーマは、もちろん、「日本人に伝えたい中国の新しい魅力」であり、それは経済発展に沸く中国を映す鏡でもある。一年前、私はこのテーマを提案し、幸運なことに採用していただいた。このテーマは、中国に赴任してからずっと心中に抱き続けてきたテーマであり、今、日本人と中国人の双方にとって必要なものだという強い想いがあった。一年前の12月14日、微信グループ上で、私は提案趣旨の補足を次のように述べている。

私の補足は、皆さんの想像力に訴えるものです。

それは、もし、第13回作文コンクールの作文集が完成すれば、日本人だけでなく、外国人、そして、自分たちが、中国人自身が読みたい、見たい、体験したい、そして行きたくなる、《最新！　魅惑の中国旅行ガイド　秘蔵版》になるのです。これは、世界で唯一最高のガイド本になるでしょう。どんな作文が集まるのか、今からワクワクします。

皆さんの熱い熱い熱い「想い」がいっぱい詰まった作文を期待しています！

果たして、今次の作文コンクール受賞作文は、期待を裏切らなかったと信じている。我々審査員は、学生たちが紹介する中国の魅力に読みふけり、感心しながら、第一読者となって読ませていただいた。読者の目に触れることなく惜しくも一次審査で落とされた作文の中にも、素晴らしいテーマや知見が溢れていたことは、ここに記しておかねばなるまい。厳正な審査を潜り抜け日の目を見た作文を読んだ読者の方々は、そこに、中国の悠久の歴史、広大な国土、多様な文物、新しさと懐かしさを発見することだろう。

とはいえ、このテーマに投稿された作文の山から、他山の石を発見することも、学生たちの作文能力向上のために必要な事だろう。指導に当たられた教師たちはご存じだとは思うが、このテーマに取り組んだ学生たちの多くが、テーマ「新しい中国の魅力」のキーワード「新しい中国」に目が行ってしまい、捕らわれてしまっていた。そのため、多くの作文が、「QRコード決済」、「シェアバイク」、「オンライン・ショッピング」、「配車アプリ」、「SNS」、「宅配サービス」、「宅急便」、「高速鉄道網」、「地下鉄網」、「オンライン・ライブ中継」、「写真加工アプリ」などの、目先の物ならぬ、指先の物に捕らわれて書いていた。学生たちは、自分たちの前の世代にはなかった文明の利器を使えることをもって、「新中国の新しい魅力」としていた。正直なところ、これらは、「あぁ、そうですか」、英語なら「so what ?」で終わる話である。「よく考える」とは、よく聞く言葉である。この言葉は、中国における日本語作文教育上、重要な意味をもっている。これから中国を旅行しようとする日本人に対して、「中国の新しい魅力」として「アリペイ」や「シェアバイク」を紹介して、日本人が更に中国に行きたくなるものだろうか？　「学生たちは、そんなに深く考えていないですよ」と言うのかもしれない。それこそが、問題なのだ。「深く考えない」で作文を書いているのだ。

昨年と一昨年の作文集には、指導教師たちによって書かれた「私の日本語作文指導法」が収録されており、多くの先生方が「考える力」を育てることに力点を置いている。私も、作文指導の際に、「考える作業」を最重視している。それは、単にアイデアを出し合う思考の訓練やブレインストーミングだけではない。相手の考えや意図を読み取り推察する能力の向上も含んでいる。作文コンクールの場合はこうである。出題者の意図はどこにあるのか？　テーマが求めているものは何か？　そして日本人だけでなく世界の観光客が求めるものは何か？　これら「他者感覚」を身につけ、相手の意図を読み取ることが肝心なのである。有り体に言えば、スマホ指先文明は「中国の魅力」を探す手段なのであって、作文テーマが求めているものではないのである。

この点を見事に言い当てているのは、主催者の趣旨説明かもしれない。「これまで日本人や他の外国人にあまり知られていない、それを知ったらどうしても訪れたくなるような『中国の新しい魅力』をぜひ考えてみてください。そして日本語の作文を通して、日本人に大いにアピールしてください」

このテーマに応募があった２４７６本の作文の半数以上が、無批判に「指先上之中国」を書いていた。学生諸君に問いたい。君たちがアメリカ旅行をしたいのは、NYのデリバリーシステムを体験したいからなのか？　アメリカの最新オンラインショッピングやアマゾンやグーグルの新サービスを体験したいからなのか？　決して「指先上之美国（米国）」ではないはずだ。しかし、作文コンクール募集開始前に恐れていたことが現実となってしまった。つまり、学生たちは中国の最新文明の利器を題材として描き、そのことによって多くのチャンスを失ってしまったのである。

昨年の「あとがき」で私は、このような事態を懸念していた。「審査する側からすれば、皆が同じことを書くならば、もっと別の事が書かれている作文を探したくなるものである。逆の立場（日本人）で考えてみよう。『中国に行って買い物以外にできること』は何だろうか。北京、上海、広州、故宮、長城、パンダ、四川料理、餃子、北京ダック、烏龍茶、寺、東方明珠等々。もしこれだけが中国で買い物以外にできることだとしたら、何か物足りないと思わないだろうか？　多くの作文は、表層的な日本旅行に満足してしまっていた」。残念ながら、私の心配は現実のものとなった。

だが、ここで私が強調したい真のポイントは、平凡な内容の作文が落選したということではない。そうではなく、中国の深い魅力を理解し、再発見し、失われゆく記憶を書き残し、日本人に熱く紹介してくれた若き学生たちがいるという証拠を、本書の中の随所に驚くほど多く見出すことができるという点である。

第二テーマ「日本語教師」

近年、中国の各学校で日本人教師が不足している。日本人教師の存在は、ますます希少になっている。ある人は帰国し、ある人は転職し、ある人は更に条件の良い学校へ移籍している。日本人教師が全くいない学校も増えている。学生たちが、素晴らしい日本語教師と出会う機会は、ますます減少している。

「中国人の日本語作文コンクール」の醍醐味の一つであるテーマ「日本語教師の教え」は、日本と中国の民間交流の最前線で紡がれている「縁」である。上手にコミュニケーションできずに苦悩している学生を優しく導く教師の姿、スピーチ大会の準備が上手くいかず落ち込んでいるときにそっと手を差し伸べる教師の姿、夢や希望や前向きに生きる素晴らしさを説きながらも最後の別れができず去って行った教師の姿、様々な師弟関係が描かれている。

日本語教師を取り巻く環境はますます厳しくなっている。他のどんな教師たちよりも学生たちに寄り添い熱く指導する日本語教師たちの姿を、学生たち自ら書いた作文以上に説明できようか。日本人に限らず中国人も、そして世界中の方々も、この作文集に収められた学生たちの作文を読んでいただきたい。日本語教師たちが、日本を深く理解してくれる若者を世に送り出そうと無心に教えている姿に心打たれるであろう。日本語教師は、自分自身を通じて日本を体現し、中国での日本理解を広げ、知日親日家を育てる「非公式日本親善大使」或いは「民間外交官」なのである。彼らのおかげで、「政府同士の関係は分からないけど、私たち一人一人の日本人中国人は共感できる」物語を語り継ぐことができる。学生たちの作文に描かれていることは、まさにその物語なのである。

第三テーマ「『日本語の日』にできること」

今回の作文コンクールのテーマの中で、最も野心的な試みはこのテーマだっただろう。多くの学生たちは、日本僑報社の段躍中氏が立ち上げた12月12日「日本語の日」に、全国日本語コーナーや日本文化体験イベントなど、様々な取り組みを企画・計画していた。中には、近年急速に発展しているIoT（Internet of Things）を利用した取り組みを提案して、日本人観光客への利便性を改善する活動の提案も見られた。各方面の様々なアイデアを応用する学生たちの作文に、一人の審査員としても一人の教師としても、私自身、学ぶ事が非常に多かった。

２０１７年の今年は日中国交正常化45周年であり、翌２０１８年は日中平和友好条約締結40周年でもあり、日中両国の各地で様々なイベントや催しが企画開催されている。これらのイベントに、日本語科に所属する学生たちだけでなく、日本語専攻ではないが日本に関心のある学生たちも、様々な形で参加していることだろう。美食、アニメ、伝統芸能、さまざまな技芸、日本語・中国語コーナー（サロン）、日中若者交流会、各地で様々な催しが行われている。２０１７年と２０１８年は様々な交流イベントが行われるだろうが、その後はどうなるのであろうか？　一過性の行事で終わらせてはならない。日本と中国は、古代より交流のある隣国であり、これからも未来永劫交流の続く隣国なのである。そういう想いから、この「日本語の日」は構想されたに違いない。

かつて唐の歴史家・李延寿の『南史・陳後主紀』に現れた「一衣帯水」は、隋の皇帝文帝が揚子江で隔てられた両岸の民を救うときの言葉として使われた。日本と中国は、海で隔てられ、アジアと西欧といった近代の文明概念に捕らわれて隔たってはいるが、多くの人は「一衣帯水」を呼びかけ願っている。「日本語の日」は、その呼びかけに答える一つの「回答」ではないだろうか。そして、それを推し進めることができるのは、不確かな未来さえも愛することのできる若者・学生たちだけだろう。鄧小平の言葉を借りるが、多くの大人たちには「知恵が足りない。次の世代は我々よりもっと知恵があるだろう」。新たな知恵を出してくれる若者に期待している。どのような知恵が出てきたかは、本書をお読みいただいて、各自何かを感じ取っていただければ幸いである。

三

昨年の「あとがき」で私は、作文に関わる様々な問題点を指摘した。特に「募集要綱」、応募ルールに関する指摘は、新たに読む読者のためにも極めて重要な事なので、以下に再掲載させていただく。

「中国人の日本語作文コンクール」は、学生と教師の共同作業の結晶である。このことを、学生と教師双方が、今一度熟考し、腑に落としていただきたい。すなわち、作文応募に関わる作業において、小さなミスが学生のチャンスの芽を摘んでしまう点は、決して大げさでも小さなことでもない。それ故、応募ルールの順守は、どんなに強調してもし過ぎることはない。どんなルールがあったのか、今一度思い出していただき、審査員として気づいた点を記録しておくことも、必要なことだと思う。最も多かったのは、毎年起こることだが、字数制限を守らない作文が多いことである。本作文コンクールの募集要項にはこうある。

「横書き、全角（漢数字）１５００～１６００字（厳守、スペースを含めない）」

「字数は本文のみで計算してください（テーマ、タイトル、出典、スペースは含めない）」

１４９９字は不可であり、１６０1字も不可であり、審査対象外になる。各種文字入力ソフトには、スマートフォン用アプリも含めて、文字カウント機能が備わっている。テーマや名前やタイトルや註や出典やスペースを除いた「文字数」を計算することができる。指導教師は、学生自身が計算したものを再度確認して、応募表エクセルデータに入力しなければならない。一字多くても一字少なくても駄目なので、教師は細心の注意を払って正確に入力しなければならない。

日本語を学ぶ以上、細かいことに、枝葉末節の部分に細心の注意を払うことは当然と考えていただきたい。そして、相手のこと、読む人のことを考える心遣いも、また、必要なのである。募集要項の他の部分にはこうある。

「作文の一番上に必ず、氏名、学校名、団体応募票での通し番号、テーマ（①②③のいずれか）、タイトルを記載してください（個人応募の場合、通し番号は不要です）。作文のファイル名は「団体応募票の通し番号―氏名」としてください（個人応募の場合、ファイル名は氏名のみで結構です）」

この文を素直に読めば、作文の一番上に「氏名、学校名、通し番号、テーマ番号、タイトル」の順で記入すると読めるだろう。そして、各作文のファイル名は、「11-王某某.doc」このようになるはずである。さらに、応募票には次のような記載もある。

「作文の最後に指導教師のご芳名を必ず明記くださぃ（1本の作文につき最大2名まで）」

「作文の最後」には指導教師の名前を記入する必要があることを、今気づいた方もいらっしゃるのではないだろうか。さらに、最大2名までという人数制限もある。言うまでもなく、3名は不可である。また、

「すべて日本語漢字、日本語フォントの明朝体で、英数字は半角で記入して下さい」

ともある。作文はゴシック体ではなく明朝体で入力しなければならない。原稿用紙の枡目使用について記載はないが、できれば無いほうがいいだろう。なぜなら、ファイルを開くアプリケーションによって（マイクロソフトワード以外も多い）、文字と枡目のズレが生じたり文字化けが起きてしまい、読みにくくなってしまうからだ。

これは、学生よりも読解力のある日本語教師たちが、学生たちに周知させなければならない点であろう。募集要項を精読し正確に理解して実践することは、日本語を学ぶ者にとって必須であり、「ルール順守」に比較的厳しい日本社会文化理解へのステップだと考えていただきたい。

以上のルールを厳守し、エクセル応募表を間違い無く作成することを含めて、当然のことながら、指導する日本語教師たちの責務になる。残念ながら、この一連のパッケージ作業に漏れやミスが多かったのも事実である。日々の授業や課外の作文の指導に加えて、細かい入力チェックをするというのは、非常に骨の折れる作業であることは重々承知している。だからこそ、常日頃から教室内外で、細かい点に気を付け注意を払う重要さを、諦めることなく学生たちに理解させなければならない。あらためて強調するが、募集要項を正確に読んで理解することは、学生と教師の双方ともに、作文コンクール参加の

基本中の基本である。

今回、敢えて指摘しておくべき作文執筆上の問題が一つある。多くの作文教科書や作文授業において、「形容詞」や「形容動詞」の使用を抑制するように指導されていると思う。それは、形容詞や形容動詞を不必要に多用することで、曖昧な文になり、読む人によって解釈が変わる可能性を極力避けるためである。だが、私が指摘したいことはそうではない。多くの作文に見られたのは、「大袈裟な表現」や「誇大表現」や「無駄な説明」が多かったことである。

例えば、「頭の中で火山が爆発したかのようにアイデアが沸いてきた」、「見るからに物腰柔らかそうで可憐な花のようなウェイトレスさん」、「もう4月だというのに1月の刺すような冷たい北風が吹き付ける朝」。自分が見た情景を伝えたい気持ちはよく分かるし、多彩な表現を使いたい気持ちもよく分かる。しかし、小説と違って字数制限のあるコンクール作文では、簡潔明瞭な文が求められる。大袈裟な表現や不必要な表現を書けば書くほど、読者の理解は遠退いてしまう。読者に想像してもらいたいがためにサービス精神で書いた文章は、逆に、読者を遠ざけてしまうのだ。優れた作文は、細部を読者の創造力に委ね、自由に想像してもらうのである。そしてそれは、簡潔明瞭な文から生まれる。

作文の要諦は、極力無駄な言葉を省き、具体的で簡潔明瞭な文を書く、である。これは簡単なようで極めて難しい。しかし、これも読者の立場になって考えれば分かることである。その意味でも、「他者感覚」を意識し身につけることは、大事なのである。

今回の作文コンクール直前に発覚した「剽窃」問題は、我々教師や審査員の限界を露呈し、再考を促した。この点は、真摯にそして謙虚に反省し、再発を防ぐ対策を取らなければならない。特に近年、インターネットからのコピペ（コピー&ペースト）によって剽窃・盗作への「心理的ハードル」が極端に低下したため、誰もがあまりに気軽に気楽に剽窃をしてしまう傾向にある。ある国では、大学の教師５００人余りが剽窃問題で一斉に処分されてしまった。範を垂れるべき大人がそうであるなら、学生たちに対してどうして「盗作は駄目」と言えようか！　この問題は、まずもって大人の問題である。できることなら私は、この問題に長々と触れたくはない。しかし、どうしても触れざるを得ないほど、深刻な問題なのだ。

この問題は、教師、主催者、審査員、学生、全員でスクラムを組んで地道に取り組まなければならない。私は昨年、「調べれば分かる、読めばわかる、考えれば分かる」とうそぶいて書いたが、謙虚な精神で「完全には分からない」と言わざるを得ないことを認めなければならない。今回の審査においても、正直なところ、コピーや剽窃かどうか判別のつかない作文も少なからずあった。願わくは、これらの作文が全部、学生自身が書いたオリジナルであってほしい。しかし、前述したように、剽窃への「心理的ハードル」が低い現実がある。更に、新しく赴任したばかりの日本人教師たちには、それらの作文が「素晴らしい作文」に見えてしまうかもしれない。それでもなお、私たちは、学生たちに対して、諦めることなく伝え続けなければならない、自分で書くオリジナル作文の良さを。

テクノロジーが解決してくれるのを悠長に待ってはいられない。そして指導には限界がある。ならば我々のできることは一つしかない。それは、有害コミック規制問題の時に炎の漫画家島本和彦が喝破したことの言い換えなのだが、コピーなんかよりも良い文章をバンバン紹介して、教師自ら良文をバンバン量産して学生たちに見せつけるのである。オリジナルを書いたときの素晴らしさや楽しさや感動は、「感動の格が違う」。我々はそれを示すべきなのだ。学生たちに対して、オリジナルを書いたり作ったりすることに「やみつきになっている」姿を見せることこそ、何よりも大事なことなのだ。

おわりに

「第13回　中国人の日本語作文コンクール」は、第12回に比して応募本数が減った。これは後退を意味するのか？　否、新たな始まりなのだ。毎年変化する作文テーマは、日中関係を様々な角度から学生に考えてもらい、新たな視点に取り組み、学生の成長を促している。このように常に新たな試みに積極的に取り組んでいるコンクールは、他にはない。だからこそ学生たちは、新たな知識を取り入れ、自ら考え、現代に目を開き過去を洞察し、その眼差しを未来に向けなければならない。

「中国人の日本語作文コンクール」は成長している。そこに参加する学生たちも成長している。それを指導する教師たちも成長している。審査する方々も学び成長している。そしてコンクールを後援協力していただける方々が成長を見守り支援している。皆、薄々気づいている、単なる量的な拡大よりも質的な進化・深化を伴った拡大が必要だということを。第13回の作文コンクールは、作文コンクールとしても日中関係を考える新たな視角というでも意味で、新たなスタート地点になったと、きっと後世の人々は語るだろう。一教師として、一審査員として、そして一読者として、そのような機会に立ち会えたことを大変光栄に思う。

今回も、日本僑報社の段躍中氏には、多くの作文を審査する貴重な機会を頂いた。深く感謝して、筆をおきたい。

【略歴】 瀬口 誠（せぐちまこと） 鹿児島県出身。久留米大学大学院後期博士課程修了。雑誌編集者や高校教師などを経て、２０１３年より山西省運城学院、２０１７年より湖南省長沙市の湖南大学外国語学院講師。

第十三回　中国人の日本語作文コンクール

佳作賞受賞者211名（受付番号順）

広東外語外貿大学	林雨桐
安徽大学	馮彩勤
浙江理工大学	呉雲観
チベット民族大学	郝皓宇
嘉興学院応用技術学院	周盛寧
天津外国語大学	殷子旭
中南民族大学	姚　瑶
貴州大学	呉桂花
塩城工学院	邱怡婷
塩城工学院	成暁倩
四川外国語大学成都学院	徐子芹
淮陰師範学院	周　怡
淮陰師範学院	朱夢雅
広東機電職業技術学校	郭燦裕
常州大学	郭夢林
嘉興学院	趙淑婷
江西財経大学	張革春
東華理工大学長江学院	陳麗菁
西華師範大学	袁　丹
青島職業技術学院	薛亜男
青島職業技術学院	陳佳敏
青島大学	趙妮雪
恵州学院	洪斌鋭
湖北民族学院	白鳳玲
集美大学	殷若宜
大連外国語大学ソフトウェア学院	鞠文婷
東莞理工学院	李素娜
大慶師範学院	姚　悦
湖南大学	劉麗雲
湖南大学	呉仕婭
湖南大学	呂　程
安徽外国語学院	葛宇翔
海南師範大学	任禹龍
海南師範大学	黄鎮清
渤海大学	趙玉瑩
渤海大学	王敏敏
華僑大学	脱康寧
華僑大学	呉宏茵
瀋陽工業大学	周　琳
浙江大学寧波理工学院	袁青青
大連外国語大学	游介邦

大連外国語大学	趙君儒
西北大学	蔚　盼
揚州大学	孫錦茜
揚州大学	王楚萱
揚州大学	張佳寧
江西農業大学南昌商学院	李　琳
江西農業大学南昌商学院	黄　琪
黄岡師範学院	謝璟玥
北京第二外国語学院	王大為
北京第二外国語学院	太敬媛
武漢工程大学	鄭　静
安陽師範学院	朱徳泉
安陽師範学院	余夢娜
南京大学金陵学院	周駱駱
電子科技大学	趙珊珊
東華理工大学	李　平
東華理工大学	曽明玉
東華理工大学	李　婷
東華理工大学	付巧芸

広東技術師範学院	張麗虹
北京科技大学	桂媛媛
浙江財経大学東方学院	朱潔銀
吉林大学珠海学院	張嘉慧
浙江万里学院	汪紅霞
浙江万里学院	孔夢婕
浙江万里学院	馬　李
浙江万里学院	王瑾瓏
暨南大学	陳鯨娜
広東外語芸術職業学院	李嘉棋
天津商務職業学院	任盛雨
楽山師範学院	鄭　茜
遼寧大学	徐明慧
西南交通大学	龍佳琪
西南交通大学	楊春麗
西南交通大学	靳　琳
山東青年政治学院	軒轅雲暁
ハルビン工業大学	侯炳彰
南京郵電大学	龍学佳

煙台大学	洪熙恵
吉林財経大学	鄒澐釗
中国海洋大学	張殷瑜
中国海洋大学	侯羽庭
中国海洋大学	劉　畑
山東大学威海分校翻訳学院	王暁暁
長安大学	史小玉
大連東軟情報学院	張童堯
大連東軟情報学院	曾鈺萍
大連東軟信息学院	何　陽
大連東軟情報学院	温麗穎
重慶三峡学院	譚　森
長春工業大学	李麗芳
長春工業大学	李寒寒
青島理工大学	王淑婷
天津工業大学	梁一爽
天津工業大学	馬沢遠
東北大学秦皇島分校	王　雨
許昌学院	馮如雪

華東師範大学	宮　倩
青海民族大学	ガットブジャ
通化師範学院	徐彤彤
福建師範大学	周丹羚
福建師範大学	丁沁文
江西外語外貿職業学院	涂智強
江西外語外貿職業学院	張志豪
泰山学院	郝亜蕾
泰山学院	田　雪
泰山学院	彭慧霞
泰山学院	張夏青
広東海洋大学	鐘葉娟
大連海洋大学	陳聖傑
大連海洋大学	潘　瑞
大連海洋大学	劉　娟
大連海洋大学	茹　壮
大連海洋大学	潘慧寧
大連海洋大学	陸　婷
山西大学	王　朋
山西大学	韋倩雯
山西大学	楊　綺
東華大学	呉氷潔
東華大学	沈千匯
東華大学	李享珍
東華大学	劉淑雲
南京理工大学	楊　珊
南京工業大学	丁剣鋒
南京工業大学	盧珊珊
魯東大学	梁亞曼
魯東大学	左玉潔
浙江師範大学	範丹鈺
浙江師範大学	彭　楨
浙江師範大学	呉非凡
華東政法大学	張羽冉
華東政法大学	趙嘉華
華東政法大学	高敏訥
華東政法大学	朱　瑛
青島農業大学	呉致芹
青島農業大学	徐一琳
青島農業大学	魏　婕
嶺南師範学院	梁慧梅
嶺南師範学院	盧冬梅
嶺南師範学院	許穎晴
済南大学	陳景蓉
武漢理工大学	葉　歓
武漢理工大学	張鉦浩
武漢理工大学	趙　晗
武漢理工大学	陳加興
吉林華橋外国語学院	郭天翼
吉林華橋外国語学院	章夢婷
吉林華橋外国語学院	陳　彤
吉林華橋外国語学院	殷雨晨
嘉興学院南湖学院	汪笑笑
嘉興学院南湖学院	沈雯婷
中南財経政法大学	劉　錦
中南財経政法大学	唐　然
中南財経政法大学	王　鈺

大連理工大学城市学院　丁　楠
大連理工大学城市学院　賈会君
大連理工大学城市学院　李芸璇
大連理工大学城市学院　張津津
浙江農林大学　単金萍
浙江農林大学　陸怡雯
合肥学院　劉　婕
合肥学院　胡煥碟
大連工業大学　王芸儒
大連工業大学　宋婷玉
大連工業大学　李　越
東北財経大学　孫雯雯
東北財経大学　許　暢
太原理工大学　張　妍
寧波工程学院　賀　珍
寧波工程学院　銭　蜜
寧波工程学院　金美好
寧波工程学院　李　婷
湖州師範学院　王玲平

湖州師範学院　陳予捷
湖州師範学院　鐘　琳
湖州師範学院　袁暁露
湖州師範学院　汪頌今
成都東軟学院　蘭　黎
成都東軟学院　厳　浩
大連大学　張書徳
大連大学　朱守静
武漢大学　胡　芸
武漢大学　杜軼楠
上海理工大学　呉欣君
遼寧師範大学　陶志璐
遼寧師範大学　孫　顥
遼寧師範大学大学院　張　錦
遼寧師範大学大学院　王卓琳
西安電子科技大学　尤子瑞
南京農業大学　李書輝
雲南民族大学　羅雯雪
西安財経学院　童　莎

南京師範大学　楊子璇
南京師範大学　劉明達
南京師範大学　彭淼琳
遼寧対外経貿学院　李春輝
西安外国語大学　程蕾彧
黒龍江外国語学院　劉雲嘉
江蘇大学　唐銀梅
江蘇大学　于佳雯
南京工業職業技術学院　仇昊寧
菏澤学院　唐　瀾
菏澤学院　徐　傑
菏澤学院　劉樹慧
大連民族大学　金娜延
蘭州理工大学　任　静
天津科技大学　蒋　瑩
天津科技大学　張　睿
天津科技大学　董魏丹
天津科技大学　黄靖智

第十三回　中国人の日本語作文コンクール

開催報告と謝辞

日本僑報社・日中交流研究所 所長　段　躍中

第13回コンクールのポスター

■概要■

主催：日本僑報社・日中交流研究所

協賛：株式会社ドンキホーテホールディングス、公益財団法人東芝国際交流財団

メディアパートナー：朝日新聞社

後援：在中国日本国大使館、（公財）日中友好会館、（一財）日中文化交流協会、日中友好議員連盟、（公社）日中友好協会、（一社）日中協会、日本国際貿易促進協会、（一財）日中経済協会、中国日本商会、北京日本倶楽部、日本日中関係学会、（一社）アジア調査会

協力：日中文化交流センター、（公財）日中国際教育交流協会

＊第13回中国人の日本語作文コンクールは、外務省による2017年日中国交正常化45周年の「周年事業」として認定されました。

■審査の経過■

【第一次審査】

第一次審査は、日本僑報社・日中交流研究所の「中国人の日本語作文コンクール」事務局を中心に、ご協力いただける日本語教師（前任者を含む）などの関係者にも依頼して進めました（在中国の現任教師の場合、勤務校からの応募作品の審査は外させていただきました）。

審査の前に、募集要項の規定文字数に満たない、あるいは超過している作品を審査対象外とした上で、各規定をクリアした作品について採点しました。

今回の一次審査の審査員として、主に左記の方々がご協力くださいました。

岩楯嘉之、小林さゆり、佐藤則次、瀬口誠の各氏です（50音順）。今回の約4千本からなる作品全てに目を通し、内容の面白さ（独自性）、文法の正確さなどにより採点し選考しました。一次審査は、本コンクール審査の根幹となるもので、最も時間と労力を要する部分でもあります。ご支援とご協力を賜り、誠にありがとうございました。

【第二次審査】

第二次審査は、公正を期するために応募者の氏名と大学名を伏せ、受付番号のみがついた対象作文（上位21作品）を審査員に採点していただく形で実施しました。

今回は、左記の審査員13名が二次審査にご協力くださいました（50音順・敬称略）。この場をお借りして、深く感謝を申し上げます。

赤岡直人　（公財）日中国際教育交流協会 業務執行理事
岩楯嘉之　前NPO法人日中交流支援機構 事務局長
折原利男　元埼玉県立高校教員、日中友好8・15の会会員
関　史江　技術アドバイザー
瀬野清水　元重慶総領事
高橋文行　日本経済大学大学院教授
谷川栄子　（株）ウィルナショナルファーストアカデミー代表取締役
塚越　誠　書家、日中文化交流の会 日本代表
藤村幸義　拓殖大学名誉教授

二井康雄　映画ジャーナリスト、書き文字作家
古谷浩一　朝日新聞中国総局長
吉田弘之　アジア調査会事務局長
和田　宏　ＮＨＫグローバルメディアサービス専門委員、神奈川県日中友好協会会員

【第三次審査】

第三次審査は、二次審査で得点の高かった学生に対し、スマートフォンの音声アプリでそれぞれ直接通話をし、口述審査を行いました（審査員・佐藤則次氏、段躍中）。その上で、新たに日本語による短い感想文を即日提出してもらい、審査基準に加えました。


【最終審査】

最終審査は、二次審査と三次審査の合計点により選出した最優秀候補者と一等賞候補者計６名の作品を北京の日本大使館あてに送付し、現任の横井裕大使ご自身による審査で最優秀賞「日本大使賞」を決定していただきました。

■各賞について■
審査員による厳正な審査の結果、今回の応募総数４０３１本の中から、計２９２本の作者に対して各賞を授与しました。内訳は、最優秀・日本大使賞1名、一等賞５名、二等賞15名、三等賞60名、佳作賞２１１名です。

本コンクールは近年とくに応募者数（作品数）が増加しており（２０１４年以降、毎年のべ４千~５千名に上る）、主催者はこれを考慮し、前回の第12回コンクールから三等賞枠をそれまでより10名増やした60名（本）に、また佳作賞枠も２００名以上にそれぞれ拡大しています。

■園丁賞について■
学生たちの日本語能力の向上は、担当教師の指導なくしてはありえません。そのため主催者は、日中国交正常化35周年にあたる２００７年の第３回コンクールから、学生の作文指導に実績のある学校及び日本語教師を表彰する「園丁賞」（第３回の「園丁奨」より改称）を創設しました。「園丁」とは中国語で教師のことを意味しています。

対象となるのは、応募校１校につき団体応募数が50本

を超えた学校です。当該校には賞状を授与しました。また、各校で日本語書籍が不足しているという実情を聞き、その一助になればとの思いから、１００本以上の応募があった学校に10万円以上相当、50本以上の応募があった学校に５万円相当の書籍をそれぞれ寄贈いたしました。また応募数が10本を超えた学校にも、記念書籍を寄贈しました。

日本語を学ぶ学生たちに十分に活用していただければ幸いです。

今回の園丁賞受賞校は、計36校となりました。受賞校と応募数は次の通り。受賞校の皆さん、誠におめでとうございます。

湖州師範学院（１５２）、大連海洋大学（１１９）、中南財経政法大学（１０４）、大連理工大学城市学院（１０３）、浙江万里学院（98）、武漢理工大学（96）、西南交通大学（95）、淮陰師範学院（85）、吉林華橋外国語学院（84）、天津工業大学（79）、東華大学（79）、浙江師範大学（72）、青島農業大学（71）、湖南大学（70）、大連工業大学（68）、魯東大学（66）、華僑大学（64）、青島大学（64）、天津科技大学（63）、華東政法大学（62）、山西大学（62）、江西外語外貿職業学院（60）、嘉興学院（58）、揚州大学（57）、大連東軟情報学院（56）、大連外国語大学（55）、東華理工大学（54）、海南師範大学（53）、中国海洋大学（51）、寧波工程学院（51）、嶺南師範学院（51）、塩城工学院（50）、菏澤学院（50）、恵州学院（50）、福建師範大学（50）、泰山学院（50）。

■優秀指導教師賞について■

従来のコンクールでは、学生を対象とした各賞の授与のほか、団体応募の作文本数が50本を超えた学校に対し、前述の「園丁賞」を授与してきました。２０１５年の第11回コンクールでは、これらの賞のほかに優れた指導教師個人をたたえる「優秀指導教師賞」と「指導教師努力賞」をそれぞれ創設、２０１６年の第12回コンクールでは「優秀指導教師賞」の授与を継続実施いたしました。

これは中国で日本語を学ぶ学生たちに、日本語や日本の文化を熱心に教えている中国人教師、ならびに日本人教師の日ごろの努力とその成果をたたえるものです。

本コンクールでは、前回同様「優秀指導教師賞」の授与を行うこととなりました。対象となるのは、三等賞以上の受賞者を育てた日本語教師で、受賞者には賞状と記念品が授与されます。

今回の優秀指導教師賞の受賞者は、のべ計１０７名です。受賞者と学校名は次の通り（順不同、敬称略）。教師の皆様、誠におめでとうございます。

高良和麻（河北工業大学）、賈臨宇（浙江工商大学）、中村紀子、森田拓馬（中南財経政法大学）、張科蕾、小川郁夫（青島大学）、郭麗（上海理工大学）、邢雅怡、濱田亮輔（東北大学秦皇島分校）。

范碧琳（青島大学）、石原美和（南京農業大学）、佐藤敦信、曹春燕（青島農業大学）、池嶋多津江（同済大学）、大工原勇人（中国人民大学）、駒澤千鶴（国際関係学院）、李敏、後藤那奈（天津科技大学）、太田敦雄（大連東軟信息学院）、半場憲二（武昌理工学院）、若菜郁夫（ハルビン工業大学）、山口文明（江西財経大学）、坪井弘文、杜小平（青島職業技術学院）、小川友里（華僑大学）、河崎みゆき（上海交通大学）。

杜雪麗（青島大学）、南和見、田苗（杭州師範大学）、日下部龍太（清華大学）、平塚貴嗣、馮立華（長春師範大学）、李楽（恵州学院）、上田裕（電子科技大学）、稲木徹（華僑大学）、鈴木穂高（浙江農林大学）、朴京玉（青島農業大学）、徐秋平、藤崎郁美（西南民族大学）、田中弘美（菏澤学院）、史艶玲（河北大学）、陳霞（上海市晋元高級中学）、岩佐和美（東華大学）、馬光超（寧波外国語学校）、周暁氷、安田悠（許昌学院）、森下朱理（大連海事大学）、新村美有紀（山東財経大学）、西端大輔（上海海洋大学）、丹波秀夫（上海杉達学院）、高月舞（中南民族大学）、夏芸、照屋慶子（湖南大学）、小林清史（広東外語外貿大学）、森健一郎（信陽師範学院）、楊海茹、平岡正史（嘉興学院）、鄒茜、神田英敬（武漢理工大学）、原田拓郎（広東海洋大学）、孫薇（天津工業大学）、森岡ゆかり（大連東軟信息学院）、王菲、羅鵬（西南交通大学）、劉艶絨、千葉雄一郎（東華理工大学）、李夢瑜、森本卓也（江西農業大学南昌商学院）、李艶秋（海南師範大学）、富松哲博、趙徳旺（淮陰師範学院）、土肥誠（東莞理工学院）、張晨曦（大連大学）、不破明日香（寧波工程学院）、単麗（大連工業大学）、雨宮雄一（吉林華橋外国語学院）、駒崎達也（華東政法大学）、横井香織、石田雄士（中国海洋大学）、川内浩一（大連外国語大学）、古田島和美（常州大学）、堀川英嗣（山西大学）、瀬口誠（運城学院）、彭美娟（楽山師範学院）、山田ゆき枝（南京信息工程大学）、原口耕一郎（安徽大学）。

※三等賞以上の受賞者が複数名に上り、複数受賞された先生方の場合、「優秀指導教師賞」を各人1賞とさせていただきます。なにとぞご了承ください。

■本書の刊行経過■

日中交流研究所の母体である日本僑報社は、第1回の作文コンクールから受賞作品集を刊行しており、本書で13作目となります。

タイトルは順に、第1回『日中友好への提言2005』、第2回『壁を取り除きたい』、第3回『国という枠を越えて』、第4回『私の知っている日本人』、第5回『中国への日本人の貢献』、第6回『メイドインジャパンと中国人の生活』、第7回『蘇る日本！　今こそ示す日本の底力』、第8回『中国人がいつも大声で喋るのはなんでなのか？』、第9回『中国人の心を動かした「日本力」』、第10回『「御宅」と呼ばれても』、第11回『なんでそうなるの？　中国の若者は日本のココが理解できない』、第12回『訪日中国人「爆買い」以外にできること』。

これら12作の作品集は多くの方々からご好評を賜り、朝日新聞の書評欄や日経新聞一面コラム、ＮＨＫなどで紹介されたほか、各地の図書館、研究室にも収蔵されております。

今回のテーマは（１）「日本人に伝えたい中国の新しい魅力」（２）「中国の『日本語の日』に私ができること」（３）「忘れられない日本語教師の教え」の３つとしました。

（１）の「日本人に伝えたい中国の新しい魅力」は、今回の作文コンクールのメインテーマといえるものであり、本書のメインタイトルとしても使用しました。このテーマでは、２０１７年の日中国交正常化45周年を記念して、新世代の若い学生さんたちから、そのフレッシュな視点・観点で「中国の新しい魅力」について日本人に伝えてもらうことを目的としました。

日本と中国は現在、関係改善に向けて両国が努力していくことで一致していますが、年々増加を続ける訪日中国人客に比べ、訪中日本人客が減少し、人的往来のアンバランスが生じているのが現状です。また、歴史ある「友好都市」など日中の地方同士の交流も、変化の大きな新しい時代を迎え、新たな関係構築を模索しているとの報告もあるようです。

そこで、これまで日本人や他の外国人にあまり知られていない、それを知ったらどうしても訪れたくなるような中国の新しい魅力やセールスポイントなどについて自由に書き綴ってもらいました。その作文が、国交正常化45周年を大きく盛り上げ、友好都市関係の再活性化や訪中日本人客の増加等につながる一助となることを期待したものです。

（1）をテーマとした応募作の中で多く見られたのが、この数年、中国人の生活を大きく変えたとされるスマホ決済やシェア自転車などの新しいサービスについての紹介でした。〝イノベーション大国〟〝デジタル強国〟を目指す中国のＩＴ産業の発展は確かに目覚ましく、それに伴い人々の暮らしがいっそう豊かで便利になり、生活の質が向上したことは想像するに難くありません。こうした〝ＩＴ先進国〟としての中国の現状や変貌をつぶさに伝えた作品は、日本の読者の関心を大いに集めるものと見られます。

中でも上位に選ばれた作品を見ると、そうした新サービスについて一辺倒で〝紋切り型〟の紹介に終わることなく、自らの体験を交えた具体的なエピソードを生き生きと伝えたことが高く評価されたようです。

このほか対外的にあまり知られていない地方の珍しい風習や少数民族の暮らし、中国伝統文化の現状と変化などについて、実体験や自ら知り得たことを踏まえて、リアリティーのある描写で読み手を引きつけた作品もありました。それらはいまだ知られざる中国の一面であり、日本人読者の興味をそそり、中国理解促進の一助にもなることから高得点を得た作品が多かったようです。

（2）の「中国の『日本語の日』に私ができること」は、２０１７年の日中国交正常化45周年を記念して、中国で初めての「日本語の日」を創設したいと考える主催者（日本僑報社・日中交流研究所）に対し、「この日、自分なら何ができるか」を具体的に提言してもらうという前向きな試みでした。

主催者はそれをもって中国人学生の日本・日本人・日本語への理解をいっそう深めてほしい、中国各地の日本語学習者に、その語学力をいっそう楽しく伸ばしてほしいと願いました。

このテーマでは、主催者の予想を超えるユニークな提言が数多く出されました。例えば「地元の観光スポットに、QRコード読み取り式の日本語説明看板を増やす」「中国人の川柳大会を開く」「多くの人と東日本大震災復興支援ソング『花は咲く』を歌い、日本人の心を癒す」などです。その独自性や旺盛な意欲からは、やはり若い世代ならではのみずみずしい感性と勢いがうかがえました。

中にはアイデアが浮かびすぎたのか、1作品せいぜい1600字以内の短い作文の中にいくつもの案を列挙したため「伝えたいこと」がかえって不明瞭になってしまった作文もありました。しかしそれよりも「日本語説明看板」や「川柳大会」などのように「伝えたいこと」を1つか、せいぜい2つに絞り、具体的な方法を掘り下げて書いたほうが読者の心に響きやすく、かつ「伝える力」「メッセージ性」が強くなったように思われます。

(3)の「忘れられない日本語教師の教え」は、第11回のテーマ「わたしの先生はすごい」、第12回のテーマ「私を変えた、日本語教師の教え」に続くものです。

中国における日本語学習者は現在100万人を超えており、その100万人を指導する日本語教師の数は、約1万7千人(うち日本人教師が約2千人)に上るそうです。この教育現場で日々奮闘されている先生方の地道なご努力やご苦労はいかばかりかとお察しする次第です。

そこで今回も、学生さんたちが日ごろ指導を受けている日本語教師から学んだこと、とくに自分の生活や学習態度、考え方などを大きく変えた先生の教えを具体的に書き綴ってもらいました。それをもって学生側から日本語教師に感謝の気持ちを示すとともに、先生方にはその作文を今後の指導の参考にしていただければと考えました。

例年に違わず、数多くの優れた作品が集まりましたが、ここでは前回に引き続き「日本語教師の教え」をテーマに選び、連続して1等賞を受賞した張君恵さん(中南財経政法大学大学院）の作文について触れたいと思います。

今回の張さんのタイトルは「走り続けるということ」。テーマは昨年同様の「日本語教師の教え」ですが、今回は今年の作文コンクールに2年連続してチャレンジした類まれな経験を描いた、よりタイムリーで興味深い内容となりました。当初は躊躇していたという作文コンクールへの〝再チャレンジ〟を強く後押ししてくれた教師と、それに応えた自身のひたむきな努力について率直に綴り、高い評価を受けました。

本コンクールで2年連続しての1等賞受賞は初の快挙。張さんが、その人一倍のチャレンジ精神と努力でつかみとったこの成果は、本コンクールを目指す多くの後輩たちの新たな励みと目標になることでしょう。

総じていえば今回の応募作品は、これまで以上に大差のない優れた作品が多く、各審査員の頭を悩ませました。

審査を終えたある審査員は「いずれも甲乙つけがたく、点数をつけるのに本当に苦労しました。どの作文もわかりやすく正確に表現されていることから、文法点が高くなりました。この背景には、指導された日本語教師の質の高さと講義内容の工夫があると思われました」と講評を寄せてくださいました。

また「昨年に比べると、テーマが広がったために面白い作文が増えましたね」という感想を述べた審査員のほか、「テーマ（2）は各自具体的かつ積極的な取り組みが出てきて、とても好感が持てました。ぜひ頑張っていただきたい。それがやがて日中の真の草の根交流の『種』となるのだと信じます」と今後への期待を述べた審査員もおられ、いずれも高い評価でした。

また、第一次審査に多大なご協力をいただいた運城学院（中国山西省）の日本語教師、瀬口誠先生（現・湖南大学）からは特別寄稿「審査員のあとがき」を前回に続いてまとめていただき、本書に掲載いたしました（瀬口先生による勤務校からの応募作品の審査は外させていただきました）。

瀬口先生は、第13回作文コンクールの3つのテーマと、各テーマが求める「本質」についてそれぞれ詳しく解説されています。自らの提案が採用された（1）のテーマ「日本人に伝えたい中国の新しい魅力」の応募作については「審査員は、学生たちが紹介する中国の魅力に読みふけり、感心しながら、第一読者となって読ませていただいた」「厳正な審査を潜り抜け日の目を見た作文を読んだ読者の方々は、そこに、中国の悠久の歴史、広大な国土、多様な文物、新しさと懐かしさを発見することだろう」と論評しています。

その一方で、「中国の新しい魅力」に「スマホ決済」などの新文明が多く取り上げられたことに対し「目先の物ならぬ、指先の物に捕らわれて書いていた」と鋭く指摘した上で、「出題者の意図はどこにあるのか？　テーマが求めているものは何か？　そして日本人だけでなく世界の観光客が求めるものは何か？　これら『他者感覚』を身につけ、相手の意図を読み取ることが肝心なのである」と、作文をより「深く考えて」まとめることを勧めておられます。

このほか第13回作文コンクールでは、1等賞以上の受賞学生を指導された先生方を中心に、それぞれ貴重な「日本語作文指導法」をお寄せいただき、本書に併せて掲載しました。これら教育現場の第一線におられる先生方の指導法や講評は、現場を知りつくしたベテラン教師による真の「体験談」であり、作文コンクールで優秀な成績を収めるための「アドバイス」であり、さらにはより優れた日本語作文を書くための秘訣を満載した「作文ガイド」であるともいえましょう。

この作文コンクールに初トライしたい学生の皆さん、また今回は残念な結果に終わったものの、次回以降ぜひ再チャレンジしたい学生の皆さん、そして現場の先生方、本書シリーズの読者の皆様にはぜひ、これら先生方の指導法や講評を参考にしていただけたら幸いです。

入賞作品は最終的にこのような結果となりましたが、順位はあくまでも一つの目安でしかありません。最優秀賞から佳作賞まで入賞した作品は、どの作品が上位に選ばれてもおかしくない優秀なできばえであったことを申し添えたいと思います。

いずれの作品にも、**普段なかなか知り得ない中国の若者たちの「本音」がギッシリと詰まっていました。中には、日本人にはおよそ考えもつかないような斬新な視点やユニークな提言もありました。そうした彼ら彼女らの**

素直な「心の声」、まっすぐで強いメッセージは、一般の日本人読者にもきっと届くであろうと思います。

日本の読者の皆様には、本書を通じて中国の若者たちの「心の声」に耳を傾け、それによってこれからの日本と中国の関係を考えていただくほか、日本人と中国人の「本音」の交流のあり方についても思いを致していただければ幸いです。

なお、本書掲載の作文はいずれも文法や表記、表現（修辞法など）について、明らかな誤りや不統一が見られた箇所について、編集部が若干の修正を加えさせていただきました。その他、日本語として一部誤りや不自然な箇所があったとしても「学生の努力の跡や成長の過程が見られるもの」と受け止め、そのまま掲載いたしました。

また、本書の掲載順は、一等賞から三等賞までが総合得点の順、佳作賞が登録番号順となっております。併せてご了承いただけましたら幸いです。

■結果報告と謝辞■

日本僑報社・日中交流研究所が主催する「中国人の日本語作文コンクール」は、日本と中国の相互理解と文化交流の促進をめざして、２００５年にスタートしました。中国で日本語を学ぶ、日本に留学経験のない学生を対象として、２０１７年で第13回を迎えました。

この13年で中国全土の３００校を超える大学や大学院、専門学校などから、のべ３万７２０２名が応募。中国国内でも規模の大きい、知名度と権威性の高いコンクールへと成長を遂げています。作文は一つひとつが中国の若者たちのリアルな生の声であり、貴重な世論として両国の関心が高まっています。

第13回日本語作文コンクールは従来通り、日本での半年以上の留学経験のない中国人学生を対象として、今年は５月８日から31日までの約３週間にわたり作品を募集しました。

厳密な集計の結果、中国27省市自治区・特別行政区と日本の大阪府（計28）の１８９校（大学、大学院、専門学校、高校）から、計４０３１本もの作品が寄せられたことが明らかとなりました。そして今回も、近年に並ぶ最多クラスの作品数を記録しました（1人につき複数の応募もあるため、作品数はのべ数とする）。

日中関係は2017年、国交正常化45周年の節目の年を迎え、この重要な機会を生かして一層の関係改善を図ろうとする期待が高まりました。こうした前向きな両国関係の背景をとらえ、中国で日本語を学ぶ若者たちの日本語学習熱が一定して高いことが示された形となりました。

詳しい集計結果を見ると、応募総数4031本のうち、男女別では男性636本、女性3395本。女性が男性の5倍を超えて、圧倒的多数でした。

今回のテーマは（1）日本人に伝えたい中国の新しい魅力（2）中国の「日本語の日」に私ができること（3）忘れられない日本語教師の教え――の3つあり、テーマ別では（1）2476本（2）452本（3）1103本という結果で（1）が最多となりました。

（1）が最も多かったのは、年々増加を続ける訪日中国人客（2016年は過去最多の637万人を記録）に比べ、訪中日本人客が減少し、人的往来のアンバランスが生じている中、日本人に中国の新たな魅力をアピールし、中国により関心を持ってもらいたい、訪中日本人客の増加につなげたいと熱心に考える中国の学生が多かったためと見られます。

コンクールは、現任の在中国日本大使ご自身による審査で最優秀賞・日本大使賞を決定していただきました。また3位までの上位入賞作（81本）は「受賞作品集」として本書にまとめ、日本僑報社から出版しました。

表彰式は2017年12月12日（火）、北京の日本大使館で開催。最優秀賞受賞者は、副賞として翌2018年、日本に1週間招待される予定です。

在中国日本大使館には第1回からご後援をいただいております。第4回からはさらに最優秀賞に当たる「日本大使賞」を設け、歴代大使の宮本雄二、丹羽宇一郎、木寺昌人、および現任大使の横井裕の各氏には、ご多忙の中、直々に大使賞の審査をしていただきました。

ここで改めて、歴代大使と横井大使をはじめ大使館関係者の皆様に、心より御礼を申し上げます。

また、第2回から第6回までご支援いただきました日本財団の笹川陽平会長、尾形武寿理事長の本コンクールへのご理解と変わらぬご厚誼にも深く感謝を申し上げます。

そして第7回よりご協賛をいただいている株式会社ドンキホーテホールディングスの創業会長兼最高顧問、公益財団法人安田奨学財団理事長の安田隆夫氏からは日本留学生向けの奨学金制度設立などの面でも多大なご支援を賜りました。これは中国で日本語を学ぶ学生たちにとって大きな励みと目標になるものです。ここに心より感謝を申し上げます。

第9回からは、公益財団法人東芝国際交流財団にもご協賛をいただいております。改めて御礼を申し上げます。

朝日新聞社には、坂尻信義氏（元中国総局長）のおかげで第7回からご協賛をいただき、第10回からはメディアパートナーとしてご協力いただいております。現任の古谷浩一総局長をはじめ記者の皆さんが毎年、表彰式や受賞者について積極的に取材され、その模様を生き生きと日本に伝えてくださっています。それは日中関係が難しい状況にある中でも、日本人が中国をより客観的にとらえ、中国により親近感を持つことのできる一助になったことでしょう。同社のご協力に心より敬意と感謝の意を表します。

谷野作太郎元中国大使、作家の石川好氏、国際交流研究所の大森和夫・弘子ご夫妻、中国日本商会事務局の中山孝蔵さん、さらにこれまで多大なご協力をいただきながら、ここにお名前を挙げることができなかった各団体、支援者の皆様にも感謝を申し上げます。誠にありがとうございました。

また、マスコミ各社の皆様には、それぞれのメディアを通じて本コンクールの模様や作品集の内容を丁寧にご紹介いただきました。そして日中〝草の根交流〟の重要性や、日中関係の改善と発展のためにも意義深い中国の若者の声を、広く伝えていただきました。改めて御礼を申し上げます。

中国各地で日本語教育に従事されている先生方に対しましても、その温かなご支援とご協力に感謝を申し上げます。これまでに中国各地の３００校を超える学校から応募がありましたが、このように全国展開できた上、今回の応募数が第1回（１８９０本）の2倍超に増加するなど、本コンクールがこれほどまでに知名度と信頼を得られたのは、教師の皆様のご尽力のおかげです。

最後になりますが、応募者の皆さんにも改めて御礼を申し上げます。まず、皆さんの作文は力作、労作ぞろいであり、主催者はこれまで出版した作文集をたびたび読み返してきました。そしてその都度、皆さんのような若者ならではのパワーとエネルギーに刺激を受けて、現在の日中関係を、民間人の立場からより良いものにしていくための勇気と希望を抱くことができました。

さらにこの13年間、本コンクールは先輩から後輩へと受け継がれてきたおかげで、いまや中国の日本語学習者の間で、大きな影響力を持つまでになりました。現在、過去の応募者、受賞者の少なからぬ人たちが、日中両国の各分野の第一線で活躍しています。

皆さんが学生時代に本コンクールに参加して「日本語を勉強してよかった」と思えること、また日本への関心をより深め、日本語専攻・日本語学習への誇りをより高めていると聞き及び、私は主催者として非常に励まされています。

また、皆さんのように日本語を身につけ、日本をよく理解する若者が中国に存在していることは、日本にとっても大きな財産であるといえましょう。皆さんがやがて両国のウインウインの関係に大きく寄与するであろうことを期待してやみません。

毎年、作文コンクールはさまざまな試練に立ち向かっています。それを乗り越え、本活動を通じて、日中両国の相互理解を促進し、ウインウインの関係を築き、アジアひいては世界の安定と発展に寄与する一助となることを願い、私どもは今後の歩みを着実に進めてまいります。

引き続き、ご支援、ご協力のほどよろしくお願い申し上げます。

２０１７年12月吉日

特別掲載

第十二回中国人の日本語作文コンクール
授賞式開催報告

日本僑報社・日中交流研究所主催の「第12回中国人の日本語作文コンクール」の表彰式と日本語スピーチ大会が２０１６年12月12日（月）午後、北京の在中国日本大使館で、横井裕大使をはじめ上位入賞者ら関係者約１６０人が出席して開かれた。

（表彰式共催：日本大使館、コンクール協賛：株式会社ドンキホーテホールディングス、東芝国際交流財団、メディアパートナー：朝日新聞社）

来賓として、横井大使をはじめ日本大使館の山本恭司公使、（株）ドンキホーテホールディングスの高橋光夫専務取締役兼ＣＦＯ、東芝国際交流財団の大森圭介専務理事、朝日新聞社の古谷浩一中国総局長、住友商事常務執行役員東アジア総代表で中国日本商会の古場文博会長、中国人の日本語作文コンクール推進大使で日本語教師の笈川幸司氏らが出席した。

中国人の日本語作文コンクールは、日本と中国の相互理解と文化交流の促進をめざして、２００５年にスタート。中国で日本語を学ぶ、日本に留学経験のない学生を対象として、今年（２０１６年）で第12回を迎えた。今回は中国各地の大学や専門学校など１８９校から、前回の総数４７４９本を大幅に上回り過去最多となる５１９０本もの応募があった。

最近の日中関係に改善のきざしが見える中、過去最多の応募総数を記録したことで、中国の若者たちの日本への関心がますます高まっていることがうかがえる結果となった。

今回のテーマは、（1）訪日中国人、「爆買い」以外にできること（2）私を変えた、日本語教師の教え（3）あの受賞者は今――先輩に学び、そして超えるには？――の３つ。

数次にわたる厳正な審査の結果、最優秀賞の日本大使賞から佳作賞まで計３００人（本）が入選を果たし、蘭州理工大学（現在、南京大学大学院）の白宇さんの「二人の先生の笑顔が私に大切なことを教えてくれた」がみごと最優秀賞に輝いた。

「二人の先生の笑顔が……」は、日中関係が最悪となった大学入学当時、日本語を専攻することに消極的になっていた筆者が、２人の日本人教師との出会いとその熱心な教えにより、日本語専攻に誇りを持つまでになった、その成長の過程が生き生きと綴られた感動的な作品。

表彰式で、横井大使はこの作品を自ら大使賞に選んだ理由について、自身も研修や業務を通じて、異文化に戸惑いながらも中国の人々と交流してきた。そうした中で、この作品は「より深く中国のことを知り、日本と中国の友好と協力のために力を尽くしたいと感じた経験と重なるもの」だったとして、その「共感」こそが大使賞選出の大きな

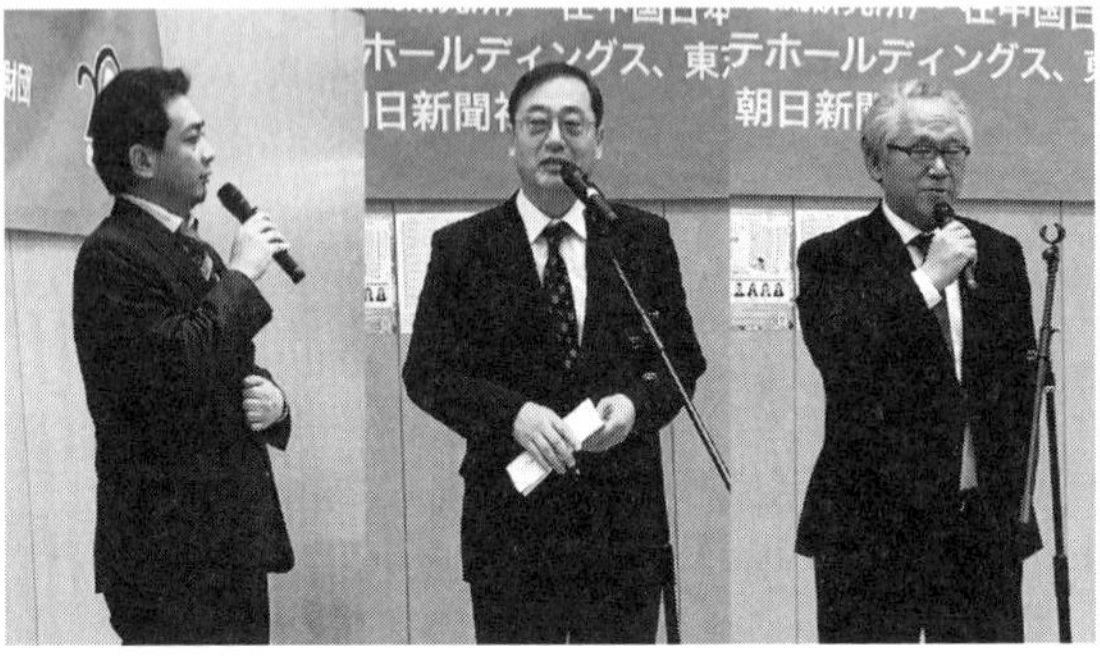

キッカケとなったことを明らかにした。

さらに、日本語を学ぶ中国の学生たちに向けて「日本の同世代の若者と様々な交流を積み重ね、将来にわたって、日中友好の担い手として活躍されることを期待している」と温かなエールを送った。

日本大使賞の授与式では、横井大使から白宇さんに賞状が贈られたほか、「日本1週間招待」の副賞が与えられた。

続いて上位入賞の1等賞（5人）、2等賞（15人）、3等賞（60人）受賞者がそれぞれ発表され、この日のために中国各地から駆けつけた受賞者たちに賞状と賞品が授与された。

受賞者代表のスピーチでは、日本大使賞受賞の白宇さんをはじめ、1等賞受賞の郭可純さん（中国人民大学）、張凡さん（合肥優享学外語培訓学校）、張君恵さん（中南財経政法大学）、張彩玲さん（南京農業大学）、金昭延さん（中国人民大学）の6人が登壇。

日本語教師との出会いを通じて日本への感情が変わった体験を書いた白宇さんのほか、「『サヨナラ』は言わない」と題し、「『爆買い』ならぬ『爆体験』」「また行きたい場所、また会いたい人こそが、旅の最上のお土産」だと訴えた郭可純さん、「浪花恋しぐれ」と題し、演歌の舞台となった大阪での旅行体験を通じて、「日本へ行く時には、その高品質な製品だけでなく、人の心を

引き付ける場所にも目を向けてほしい」と語った張凡さんら、それぞれが受賞作を堂々とした日本語でスピーチ。日ごろの学習の成果を披露した。

来賓挨拶に続いて、日中交流研究所の段躍中所長（日本僑報社編集長）がコンクール12年の歩みを、これまでの記録写真をスクリーンに映し出しながら報告した。

コンクールは「中国の日本ファンをもっと応援しよう」との方針のもと、（1）「日本ファンを育てること」（2）「日中の絆」「アジアの絆」「世界の絆」の礎を作ること（3）それらが最終的には日中の安全保障や友好につながる――という思いを目的に２００５年にスタート。この12年で３００を超える大学からのべ３万３１７１人の応募があり、うち受賞者がのべ１５２２人に上った。

こうした実績により、コンクールは中国国内でも規模の大きい、知名度と権威性の高いコンクールへと成長を遂げてきた。

さらに、コンクールの入選作品をまとめた「受賞作品集」をこれまでに12巻刊行（いずれも日本僑報社刊）。合わせて７５１本に上る上位入賞作品を掲載し、日中両国のメディアに多数報道されているほか、「中国の若者の声」として各界から注目されていることなどが紹介された。

段躍中所長は12年にわたる各界からの支援に感謝の意を述べるとともに、「日本語学習を通じて日本への理解を深めた学生たちを、これからも応援していただきたい」と、コンクールへの一層の理解と支援を呼びかけた。

続いて、来年の第13回コンクールのテーマが発表された。日中国交正常化45周年の節目の年となる２０１７年は、これを記念するテーマが３つあり、（1）日本人に伝えたい中国の新しい魅力（2）中国の「日本語の日」に私ができること（3）忘れられない日本語教師の教え。

応募期間は２０１７年5月8日（月）から5月31日

(水)。主催者側から「引き続き、多くの皆さんに応募していただきたい」との呼びかけがあった。

表彰式第1部の「学生の部」に続く第2部は「先生の部――日本語教師フォーラム in 中国」として、昨年より創設された「優秀指導教師賞」の受賞者が発表された。

「優秀指導教師賞」は、コンクール3等賞以上の受賞者を育てた教師に対して、その日ごろの努力と成果をたたえるもの。受賞者それぞれに同賞が授与された。

続いて指導教師を代表して、運城学院の瀬口誠先生が基調講演を行ったほか、「優秀指導教師賞」受賞者である蘭州理工大学の丹波秀夫先生、丹波江里佳先生、中国人民大学

の大工原勇人先生、中南財経政法大学の森田拓馬先生、中村紀子先生、南京農業大学の石原美和先生がそれぞれ作文コンクールへの参加体験や「作文の書き方指導」などについて報告。さらに日本語作文コンクール推進大使の笈川幸司先生から、コンクール開催への激励の言葉があった。

この後、受賞者と来賓、主催者らが全員そろっての記念撮影が行われた。

受賞者たちは晴れやかな笑顔を見せるとともに「受賞を励みに、日本語をさらにレベルアップさせたい」「来年もチャレンジします」などと語り、新たな学習意欲に燃えていた。

多くの受賞者たちが授賞式会場で笑顔を見せた

特別掲載

第十二回中国人の日本語作文コンクール

最優秀賞・日本大使賞受賞者の日本滞在記

最優秀賞・日本大使賞を受賞した白宇《はくう》さん（蘭州理工大学＝応募時）は、副賞の「日本1週間招待」を受けて２０１７年2月20日から27日までの８日間来日し、東京都内の各所を訪問、受賞の喜びを報告したほか、日本理解をいっそう深めた。

朝日新聞、中国の新華社など大手メディアの取材を受けたほか、ＮＨＫの国際放送「ＮＨＫワールド」の番組収録にゲスト参加。白さんはいささか緊張気味だったが、世界中のリスナーのために、作文コンクールでの体験や受賞作についてわかりやすく紹介した。

また、第2回「日中教育文化交流シンポジウム」に、作文コンクール受賞経験者の先輩や中国人留学生、日本人学生らと出席。互いの国の文化や教育などについて率直に意見交換するなど「学生の民間大使」として精力的に活動した。

現在（２０１７年）、南京大学大学院でより専門性の高い日本語翻訳などを研究しているという白宇さん。

今回は3回目の来日だったそうだが、白さんは日本での1週間を振り返り「毎日忙しかったが、とても充実していた。この貴重な体験を胸に、これからも頑張りたい！」と新たな意欲に燃えていた。滞在中はかなりのハードスケジュールであったが、白さんにとっては日本理解や日本人との交流をいっそう深める、またとない機会になったようだ。

なお、この来日の模様は、前述の朝日新聞、新華社、ＮＨＫ国際放送をはじめ、読売新聞、東京新聞などで報道された。中国関連ニュースサイト・レコードチャイナは「中国人の日本語作文コンクール優勝者」として白さんのインタビュー記事を掲載した。

以下、来日の模様を写真とともに振り返る（白宇さんの日本訪問には、指導教師の丹波秀夫先生が同行された）。

2017年2月20日（月）

午後1時、羽田空港着。日本僑報社段躍中編集長、指導教師の丹波秀夫先生と

午後5時、株式会社ドンキホーテホールディングスを表敬訪問。髙橋光夫専務取締役兼CFOにお会いして、最優秀賞受賞の喜びを報告、コンクールへの変わらぬ支援に感謝の意を表した

午後6時、公益財団法人日中友好会館主催の「中国メディア訪日団歓迎会」に参加。同会館の江田五月会長と

新華社東京支局の楊汀記者から取材を受ける

2月21日（火）

午後4時、東芝国際交流財団を表敬訪問。大森圭介専務理事が迎えてくださった

夜、外務省幹部との夕食会へ。国際法局の三上正裕審議官（現局長）らが出席

写真で見る日本滞在一週間

午後2時、国会懇談会・記者会見に出席。近藤昭一・衆院議員（右から2番目）と懇談

同、西田実仁・参院議員と懇談

午後5時前、自民党本部に二階俊博幹事長を表敬訪問

2月22日（水）

午前9時半、外務省にて小田原潔外務大臣政務官を表敬訪問

午前11時、丹羽宇一郎元中国大使を表敬訪問

昼、衆議院議員会館の食堂にて昼食

2月23日（木）

午前10時半、福田康夫元首相を表敬訪問

午前11時半、東京大学の高原明生教授を訪問

午後2時、NHKの国際放送「NHKワールド」の番組収録へ

午後6時、中国大使館での日中友好団体新年会に参加。程永華大使に今回の受賞について報告、出席者らと歓談

明石康・元国連事務次長と

ノーベル生理学・医学賞受賞の大村智・北里大学特別栄誉教授と

遠山清彦・衆議院議員と

写真で見る日本滞在一週間

正午、朝日新聞社を表敬訪問。坂尻信義国際部長らと

午後４時、鳩山由紀夫元首相を表敬訪問

午後２時、銀座の東京華僑総会を表敬訪問。機関紙「華僑報」の江洋龍編集長と懇談

夜、島田総合研究所の島田晴雄先生（慶應大学名誉教授）を訪問

2月25日（土）

午前10時、前駐米大使の藤崎一郎・上智大学特別招聘教授を訪問

2月24日（金）

午前10時、自民党の高村正彦副総裁を表敬訪問

写真で見る日本滞在一週間

昼、神田神保町にある老舗中華料理店「漢陽楼」へ。その後中国専門書店、東方書店と内山書店を見学

午後1時、日本教育会館にて輿石東前参議院副議長を表敬訪問

午後2時、同会館で開かれた「第2回日中教育文化交流シンポジウム」に出席

同シンポジウムのパネルディスカッションに参加

夜、瀬野清水元重慶総領事の自宅にて
ホームステイを体験

2月26日（日）

都内を楽しく散策

2月27日（月）

午前10時15分、リムジンバスで羽田空港へ。午後、空路帰国

写真で見る日本滞在一週間

付録　過去の受賞者名簿

第十二回　中国人の日本語作文コンクール

上位受賞者81名

最優秀賞・日本大使賞

蘭州理工大学　白　宇

一等賞

中国人民大学　郭可純
合肥優享学外語培訓学校　張　凡
中南財経政法大学　張君恵
南京農業大学　張彩玲
中国人民大学　金昭延

二等賞

雲南民族大学　羅雯雪
湖南文理学院　肖思岑
長安大学　王君琴
国際関係学院　王晨陽
中国人民大学　靳雨桐
黒龍江外国語学院　舒　篠
中南財経政法大学　王亜瓊
東莞理工学院　朱翊慇
北京科技大学　葉書辰
青島職業技術学院　張春岩
恵州学院　徐　娜
大連外国語大学　張文輝
山東政法学院　劉　安
大連大学　曾　珍
山西大学　王亜楠

三等賞

大連外国語大学　肖年健
国際関係学院　喬志遠
東華大学　謝　林
同済大学　余鴻燕
青島農業大学　郭　帥
南京農業大学　蔣易珈
北京科技大学　馬茜瀅
長江大学　梅錦秀

大連外国語大学	林　璐
同済大学	郭瀟穎
上海理工大学	洪　貞
南京師範大学	顧　誠
浙江農林大学	李　聡
青海民族大学	佟　徳
菏澤学院	李　倩
江西農業大学南昌商学院	劉嘉慧
外交学院	張靖婕
合肥学院	高璟秀
吉林華僑外国語学院	陳倩瑶
常州大学	王　婷
楽山師範学院	王　弘
揚州大学	仲思嵐
東莞理工学院	劉権彬
運城学院	郭建斌
煙台大学	闞洪蘭
浙江農林大学	蔡偉麗
浙江農林大学	陳　怡
東北大学秦皇島分校	李慧玲
南京理工大学	羅亜妮
嘉興学院	李琳玲
大連外国語大学	李　達
東華大学	劉小芹
揚州大学	甘睿霖
南京郵電大学	周彤彦
瀋陽師範大学	李　氷
遼寧師範大学海華学院	彭　俊
天津科技大学	陳　麗
南京師範大学	羅夢晨
瀋陽工業大学	劉雨佳
常州大学	許楚翹
東華理工大学	廖珊珊
青島職業技術学院	譚　翔
広東省外国語芸術職業学院	李家輝
四川外国語大学	王沁怡
遼寧対外経貿学院	曹伊狄
南京工業大学	李偉浜
西安財経学院	楊茹願
嘉興学院	朱杭珈
東華理工大学	陳子航
東華大学	戴俊男
同済大学	呉佩遙
遼寧大学外国語学院	時　瑤
大連工業大学	董鳳懿
五邑大学	黄潔貞
大連東軟情報学院	施静雅
安陽師範学院	馮倩倩
山東科技大学	付子梅
武漢理工大学	鄭玉蓮
寧波工程学院	施金暁
長春理工大学	丁　明

第十二回　中国人の日本語作文コンクール

佳作賞受賞者219名（受付番号順）

江漢大学　周俊峰
蘇州大学　張林璇
蘇州大学文正学院　楊晏睿
対外経済貿易大学　祁麗敏
重慶三峡学院　殷　静
天津財経大学　劉先会
山東農業大学　李睿禕
曲阜師範大学　黄国媛
吉林建築大学城建学院　王建華
華東理工大学　楊夢倩
広東外語外貿大学　何思韻
南京大学金陵学院　黄　晨
長春理工大学　陳静姝
淮陰師範学院　呂　月
淮陰師範学院　史　蕊
淮陰師範学院　張　悦
北京郵電大学　陳維晶
広東省技術師範学院　黄少連
渤海大学　丁　一
重慶師範大学　王一平
貴州大学　陳蓓蓓
貴州大学　柏在傑
貴州大学　樊偉璇
華僑大学　袁静文
華僑大学　李方方
華僑大学　袁冬梅
華僑大学　蔡舒怡
華僑大学　金慧貞
華僑大学　李翔宇
青島大学　任昀娟
青島大学　趙　芮
青島大学　王光紅
青島大学　丁夢雪
青島大学　李　明
青島大学　常暁怡
青島大学　閆　陽
華南理工大学　陳暁雲
海南師範大学　霍雨佳
海南師範大学　劉　塁
四川外国語大学　楼金璐
吉林財経大学　王暁琳
泰山学院　方穎穎
井岡山大学　熊萍萍
浙江万里学院　高何鎧
嘉興学院平湖校区　宋躍林

嘉興学院平湖校区	謝子傑
西南交通大学	張　彤
電子科技大学	鐘　璨
煙台大学	王喩霞
東華理工大学	蔡苗苗
東華理工大学	曾明玉
楽山師範学院	張　琪
楽山師範学院	王　潔
渭南師範学院	蔡　楽
西南民族大学	李天琪
吉林大学	呉夏萍
浙江万里学院	潘衛峰
江西財経大学	陳鋭煒
江西財経大学	劉英迪
江西財経大学	呉明賓
上海交通大学	曾冉芸
大慶師範学院	徐　冲
東北師範大学	李佳鈺
北方工業大学	斉夢一
浙江師範大学	鄭燕燕
浙江師範大学	戴可晨
吉林華橋外国語学院	唐亜潔
吉林華橋外国語学院	湯承晨
菏澤学院	于　蕾
東北大学	王沢洋
集美大学	周艶芳
集美大学	林麗磊
新疆師範大学	甘　瑶
南京理工大学	葉　璇
西南民族大学	張玉蓮
遼寧大学	徐明慧
嘉興学院	張媛媛
西北大学	劉　玉
福州大学至誠学院	陳思伊
中国海洋大学	趙戈頴
中国海洋大学	李祖明
山西大学	王沢源
山西大学	曹　帆
山西大学	陳　周
広東外語外貿大学	鐘宇丹
広東外語外貿大学	陳嘉慧
北京科技大学	王　蕙
大連外国語大学	卜明梁
大連外国語大学	董博文
大連外国語大学	高　明
大連外国語大学	金　菲
大連外国語大学	藍　玉
大連外国語大学	李佳沢
大連外国語大学	劉　迪
大連外国語大学	馬　駸
大連外国語大学	馬　蓉
大連外国語大学	王海晴
大連外国語大学	鄭皓予
山東師範大学	樊翠翠
山東師範大学	盧静陽
山東大学（威海）翻訳学院	王暁暁
山東大学（威海）翻訳学院	王小芳
嘉興学院	厳晨義
遼寧軽工職業学院	于華銀
新疆師範大学	黄媛熙

上海師範大学	顔夢達
広東省外国語芸術職業学院	王若雯
長春外国語学校	徐楽瑤
西安交通大学	王　瑞
西安交通大学	唐　鈺
山東理工大学	張永芳
山東理工大学	徐　文
黒龍江外国語学院	霍曉丹
黒龍江外国語学院	張　淼
黒龍江外国語学院	于曉佳
黒龍江外国語学院	龐　迪
黒龍江外国語学院	李文静
黒龍江外国語学院	金淑敏
黒龍江外国語学院	霍曉丹
東華大学	劉正道
東華大学	張啓帆
東華大学	侯金妮
東華大学	高　寧
東華大学	符詩伊
同済大学	何悦寧
同済大学	陳頴潔
同済大学	于凡迪
魯東大学	毛彩麗
魯東大学	張玉玉
魯東大学	解慧宇
魯東大学	李　浩
魯東大学	苟淑毅
天津外国語大学	陳　錚
天津外国語大学	徐嘉偉
天津外国語大学	高夢露
天津外国語大学	陳　靖
天津外国語大学	朱　珊
天津外国語大学	周姗姗
天津商務職業学院	康為浩
天津商務職業学院	任盛雨
中南大学	張之凡
大連東軟情報学院	凌沢玉
揚州大学	劉智洵
嶺南師範学院	李婉媚
嶺南師範学院	朱藹欣
嶺南師範学院	呉玉儀
南京郵電大学	田海媚
南京郵電大学	沈嘉倩
南京郵電大学	龍学佳
南京郵電大学	謝豊蔚
南京郵電大学	徐永林
ハルビン工業大学	劉　群
浙江大学城市学院	呉璐瑩
南京信息工程大学	李鳳婷
上海師範大学天華学院	韓　丹
天津工業大学	梁一爽
天津工業大学	王雨帆
湖州師範学院	徐文諱
湖州師範学院	馮金娜
湖州師範学院	閔金麗
山東科技大学	王潔宇
山東科技大学	穆小娜
山東科技大学	張仁彦
山東科技大学	劉偉娟
四川外国語大学成都学院	劉姝珺

四川外国語大学成都学院　趙紫涵
武昌理工学院　廖　琦
武昌理工学院　田漢博
武昌理工学院　王沙沙
武昌理工学院　李煜菲
武昌理工学院　劉思敏
武昌理工学院　裴　慶
武昌理工学院　柳宇鳴
武昌理工学院　唐一鳴
武昌理工学院　劉淑嫚
大連大学　雷景堯
運城学院　路志苑
黄岡師範学院　曹海青
北京第二外国語学院　謝沅蓉
北京第二外国語学院　劉　雅
東北財経大学　張芸馨
東北財経大学　沈茜茜
嘉興学院南湖学院　奚丹鳳
嘉興学院南湖学院　田　葉
山東財経大学　張銀玉

安徽師範大学　高　雅
安徽師範大学　王雅婧
天津科技大学　林青霞
天津科技大学　王春蕾
天津科技大学　陳維任
山東大学　于汨鑫
玉林師範学院　李海川
玉林師範学院　李虹慧
大連民族大学　刁金星
寧波工程学院　李笑林
大連理工大学城市学院　王卓琳
大連理工大学城市学院　蔣蘊豊
青島農業大学　趙瑾軒
青島農業大学　許夢琪
中南財経政法大学　周克琴
中南財経政法大学　胡　健
中南財経政法大学　陳馨雷
中南財経政法大学　黄橙紫
武漢理工大学　董知儀
武漢理工大学　魏　甜

武漢理工大学　呉夢思
武漢理工大学　李福琴
武漢理工大学　張夢婧
太原理工大学　孟　晴
浙江農林大学　方沢紅
浙江農林大学　戚夢婷
大連工業大学　李延妮
大連工業大学　于　晨
大連工業大学　王彩雲
北京外国語大学　蘇　翎
青島大学　季孟嬌
常州工学院　張雪倩
瀋陽薬科大学　肖宛璐
瀋陽工業大学　範松梅

第11回
中国人の日本語作文コンクール受賞者一覧

最優秀賞

張晨雨　山東政法学院

一等賞

雷雲恵　東北大学秦皇島分校
莫泊因　華南理工大学
張戈裕　嶺南師範学院
翁暁暁　江西農業大学南昌商学院
陳静璐　常州大学

二等賞

陳星竹　西安交通大学
孟　瑶　山東大学(威海)翻訳学院
王　林　武漢理工大学
羅暁蘭　国際関係学院
任　静　山西大学
王　弘　楽山師範学院
于　潔　揚州大学
郭可純　中国人民大学
劉世欣　南京理工大学
霍暁丹　黒竜江外国語学院
馮楚婷　広東外語外貿大学
周佳鳳　江西科技師範大学
王昱博　遼寧大学
許芸瀟　同済大学
鄒潔儀　吉林華橋外国語学院

三等賞

王羽迪　天津科技大学
張　敏　青島農業大学
趙盼盼　山東財経大学
金慧晶　北方工業大学
劉世奇　重慶大学
李思琦　山東大学(威海)翻訳学院
蒋雲芸　山東科技大学
蘇芸鳴　広東海洋大学
朱磊磊　鄭州大学
譚文英　南京農業大学
楊　力　瀋陽薬科大学
万瑪才旦　青海民族大学
宋文妍　四川外国語大学
梁　露　運城学院
張哲琛　東華大学
穀　柳　合肥学院
曹亜曼　南京師範大学
陳　婷　長春工業大学
祁儀娜　上海海事大学
夏葉城　遼寧対外経貿学院
張雅晴　ハルビン工業大学
閔子潔　北京師範大学
文家豪　雲南民族大学
牛雅格　長安大学
謝東鳳　中南民族大学
万　健　西南民族大学
陳蓓蓓　貴州大学
周　標　海南師範大学
田天緑　天津工業大学
白　露　長春理工大学
陳嘉敏　東莞理工学院
江　琼　江西財経大学
譚雯婧　広東海洋大学
陳維益　東北財経大学
王瀟瀟　南京大学金陵学院
李　珍　吉林大学
顧宇豪　浙江大学城市学院
王詣斐　西北大学
王超文　北京郵電大学
蔡　超　韶関学院
孫秀琳　煙台大学
李如意　外交学院
蒙秋霞　西南科技大学
牛宝倫　嘉興学院
範紫瑞　北京科技大学
畢　奇　太原理工大学
劉秋艶　大連外国語大学
楊慧穎　南京師範大学

佳作賞

李夢婷　天津財経大学
馮馨儀　天津財経大学
楊　珩　天津財経大学
馬雲芳　天津外国語大学
宋啓超　吉林大学
王暁依　浙江大学城市学院
曹　丹　青島大学
丁夢雪　青島大学
郝　敏　青島大学
楊　建　青島大学
葉雨菲　青島大学
成　愷　西南交通大学
俞　叶　西南交通大学
王　暢　西南交通大学
但俊健　西南交通大学
劉暁慶　西南交通大学
聶　琪　山東科技大学
張雪寒　吉林大学珠海学院
方　嘯　嘉興学院
陳子軒　嘉興学院
霍思静　嘉興学院
朱杭珈　嘉興学院
戴蓓蓓　嘉興学院
李　静　貴州大学
範　露　貴州大学
成　艶　貴州大学
趙慧敏　淮陰師範学院
付　雪　淮陰師範学院
劉樊艶　淮陰師範学院
陳　聡　淮陰師範学院
呉芸飛　淮陰師範学院
顧夢霞　淮陰師範学院
牛　雪　淮陰師範学院
李　艶　湘潭大学
夏英天　遼寧師範大学海華学院
白　洋　華僑大学
袁静文　華僑大学
曽宇宸　華僑大学
鄭貴嬰　華僑大学
徐鳳女　華僑大学
蔡舒怡　華僑大学
袁晨晨　浙江万里学院
唐佳麗　浙江万里学院
趙　琳　浙江万里学院
朱暁麗　浙江万里学院
王斐丹　浙江万里学院
胡佳峰　浙江万里学院
胡佳峰　浙江万里学院
宣方園　浙江万里学院
林嫻慧　浙江万里学院
趙浩辰　長春理工大学
余梓瑄　南京信息工程大学
劉　璐　南京信息工程大学

姜景美	東北師範大学	張艾琳	惠州学院	馮茹茹	寧波工程学院
郭　城	大連外国語大学	洪毅洋	惠州学院	兪夏琛	寧波工程学院
何璐璇	大連外国語大学	張　鈺	揚州大学	張　薇	遼寧師範大学
隋和慧	大連外国語大学	唐順婷	四川理工学院	金智欣	遼寧師範大学
頼麗傑	大連外国語大学	李新雪	長江大学	黄倩倩	合肥学院
馮佳誉	大連外国語大学	楊欣儀	長江大学	龐嘉美	北京第二外国語大学
李欣陽	大連外国語大学	鄭　巧	長江大学	張雅楠	北京第二外国語大学
李佳沢	大連外国語大学	陳　豪	長江大学	孫　肖	北京第二外国語大学
李嘉欣	大連外国語大学	池夢婷	長江大学	金静和	北京第二外国語大学
艾雪驕	大連外国語大学	鄔甚佳	黄岡師範学院	甘　瑶	新疆師範大学
呂紋語	大連外国語大学	段　瑩	北京科技大学	張佳琦	上海交通大学
蘇靖雯	大連外国語大学	董揚帆	北京科技大学	張雅鑫	天津工業大学
呉昱含	大連外国語大学	馬新艶	南京師範大学	孫　帆	中南大学
張曦冉	大連外国語大学	夏君妍	南京師範大学中北学院	彭暁慧	湘潭大学
張暁晴	大連外国語大学	楊馥毓	浙江農林大学東湖校区	史苑蓉	福建師範大学
高　原	大連外国語大学	陳　怡	浙江農林大学東湖校区	林心怡	福建師範大学
姚佳文	大連外国語大学	李　毅	浙江農林大学東湖校区	張曉芸	福建師範大学
于　森	大連外国語大学	孔増楽	浙江農林大学東湖校区	高建宇	吉林財経大学
陳　暢	大連外国語大学	沈夏艶	浙江農林大学東湖校区	劉建華	東南大学
韓　慧	大連外国語大学	潘　呈	浙江農林大学東湖校区	陸君妍	湖州師範学院
蘇日那	大連外国語大学	李　楽	太原理工大学	鄭　娜	湖州師範学院
蘇星煌	大連外国語大学	李一菲	太原理工大学	李双彤	湖州師範学院
羅晶月	大連外国語大学	孫甜甜	大連理工大学城市学院	滸淼琴	湖州師範学院
叶桑妍	大連外国語大学	韓　玲	大連理工大学城市学院	李夢丹	中南財経政法大学南湖校区
張楽楽	大連外国語大学	胡　硯	大連理工大学城市学院	馬　沙	中南財経政法大学南湖校区
張　瑜	東華大学	李　婷	大連理工大学城市学院	秦小聡	中南財経政法大学南湖校区
郎　鈅	東華大学	姜　楠	ハルビン工業大学	袁暁寧	中南財経政法大学南湖校区
姚儷瑾	東華大学	陳　倩	長沙学院	康恵敏	中南財経政法大学南湖校区
蘇日那	大連外国語大学	王　翎	東北財経大学	黄鍇宇	大連理工大学
蘇星煌	大連外国語大学	鄧　婧	海南師範大学	王　進	大連理工大学
羅晶月	大連外国語大学	冷　敏	海南師範大学	金憶蘭	浙江師範大学
叶桑妍	大連外国語大学	檀　靖	嘉興学院南湖学院	王依如	浙江師範大学
張楽楽	大連外国語大学	趙　莉	湘潭大学	鄭　卓	浙江師範大学
張　瑜	東華大学	何　丹	大連工業大学	方　園	南京郵電大学
郎　鈅	東華大学	宋　娟	大連工業大学	姚　野	長春工業大学
姚儷瑾	東華大学	靳宗爽	大慶師範学院	李　月	運城学院
楊嘉佳	東華大学	陳　暁	大慶師範学院	徐　捷	運城学院
黎世穏	嶺南師範学院	夏丹霞	武漢理工大学	謝　林	運城学院
劉煒琪	嶺南師範学院	馬永君	武漢理工大学	吉　甜	天津師範大学
林小愉	嶺南師範学院	林華欽	武漢理工大学	王佳歓	常州大学
朱靄欣	嶺南師範学院	曹婷婷	武漢理工大学	李若晨	武昌理工学院
金美慧	大連民族大学	孫　葳	武漢理工大学	鄭詩琪	武昌理工学院
李霊霊	大連民族大学	曹　文	大連理工大学	王志芳	武昌理工学院
周明月	大連民族大学	閻　玥	大連大学	黄佳楽	武昌理工学院
劉晨科	山東交通学院	江　楠	大連大学	張　婭	武昌理工学院
徐　力	山東交通学院	郭　莉	青島農業大学	李宝玲	天津科技大学
権芸芸	対外経済貿易大学	王佳怡	寧波工程学院	黄燕婷	東莞理工学院
劉孟花	山西大学	費詩思	寧波工程学院	張玉珠	南京農業大学
張殷瑜	山西大学	陳　聡	寧波工程学院	陳雪蓮	山東大学
李　媛	惠州学院	金静静	寧波工程学院		

第10回
中国人の日本語作文コンクール受賞者一覧

最優秀賞

姚儷瑾　　東華大学

一等賞

張　玥　　重慶師範大学
汪　婷　　南京農業大学）
姚紫丹　　嶺南師範学院外国語学院
向　穎　　西安交通大学外国語学院
陳　謙　　山東財経大学

二等賞

王淑園　　瀋陽薬科大学
楊　彦　　同済大学
姚月秋　　南京信息工程大学
陳霄迪　　上海外国語大学人文経済賢達学院
王雨舟　　北京外国語大学
徐　曼　　南通大学杏林学院
陳梅雲　　浙江財経大学東方学院
黄　亜　　東北大学秦皇島分校
陳林傑　　浙江大学寧波理工学院
呉　迪　　大連東軟情報学院
呉柳艶　　山東大学威海翻訳学院
孟文森　　大連大学日本言語文化学院
趙含嫣　　淮陰師範学院
郭　倩　　中南大学
王　弘　　楽山師範学院

三等賞

徐聞鳴　　同済大学
洪若檳　　厦門大学嘉庚学院
姚怡然　　山東財経大学
李　恵　　中南財経政法大学
尤政雪　　対外経済貿易大学
謝　林　　運城学院
黄子倩　　西南民族大学
万　運　　湘潭大学
丁亭伊　　厦門理工学院
梁泳恩　　東莞理工学院
王秋月　　河北師範大学匯華学院
孫丹平　　東北師範大学
伊　丹　　西安外国語大学
郝苗苗　　大連大学日本言語文化学院
徐　霞　　南京大学金陵学院
季杏華　　揚州大学
李　楊　　浙江万里学院
劉国豪　　淮陰師範学院
金夢瑩　　嘉興学院
鄢沐明　　華僑大学
陳　韵　　甘泉外国語中学
孫晟韜　　東北大学軟件学院
楊　珺　　北京科技大学
劉慧珍　　長沙明照日本語専修学院
林　婷　　五邑大学
申　皓　　山東財経大学
宋　婷　　長春理工大学
許　莉　　安陽師範学院
余立君　　江西財経大学
李　淼　　大連工業大学
馮其紅　　山東大学（威海）翻訳学院
陳　舸　　浙江工業大学之江学院
黄倩榕　　北京第二外国語大学
沈夏艶　　浙江農林大学
曹金芳　　東華大学
黎　蕾　　吉林華橋外国語学院
任　静　　山西大学
陳静逸　　吉林華橋外国語学院
徐夢嬌　　湖州師範学院
馮楚婷　　広東外語外貿大学

佳作賞

楊米婷　　天津財経大学
喬宇航　　石家庄外国語学校
林景霞　　浙江万里学院
王亜瓊　　中南財経政法大学
浦春燕　　浙江万里学院
黄斐斐　　上海海洋大学
戴舒蓉　　浙江万里学院
李瑶卓　　運城学院
程　月　　長春工業大学
来　風　　運城学院
瞿春芳　　長春中医薬大学
路志苑　　運城学院
伍錦艶　　吉首大学

楊　茜　曲阜師範大学
徐嘉熠　北京理工大学
周　熠　北京理工大学珠海学院
魯雪萍　黄岡師範学院
陳　洪　四川外国語大学成都学院
陳　穎　西南交通大学
陳　茹　中国医科大学
梁小傑　西南交通大学
陳　晨　大連大学日本言語文化学院
王思雨　長安大学
華雪峡　大連大学日本言語文化学院
袁慶新　聊城大学
勾宇威　北京師範大学
于聖聖　長春理工大学
孫麗麗　山東大学
賈海姍　大連東軟情報学院
文胎玉　湖北民族学院
李官臻　大連東軟情報学院
楊錦楓　揚州大学
賈少華　大連東軟情報学院
孫暁宇　揚州大学
馬小燕　西北大学
孟維維　淮陰師範学院
潘秋杏　恵州学院
謝夢佳　淮陰師範学院
魏麗君　恵州学院
王正妮　河南理工大学
鄭暁佳　吉林大学珠海学院
金　珠　遼寧軽工職業学院
徐逍綺　上海師範大学天華学院
唐淑雲　華僑大学
牛愛玲　山東交通学院
戴惠嬌　華僑大学
李　玲　山東交通学院
文暁萍　広東外語外貿大学
張　楠　山東交通学院
陳明霞　中南大学
呉家鑫　山東交通学院
蔡海媚　広州鉄路職業技術学院
方　荃　天津職業技術師範大学
孫小斐　山東理工大学
張丹蓉　北京第二外国語大学
孫　漪　哈爾浜理工大学栄成学院
曽　瑩　嶺南師範学院外国語学院
林　霞　青島農業大学
張暁坤　嶺南師範学院外国語学院
鄭芳潔　青島農業大学
陳玉珊　嶺南師範学院外国語学院

張静琳　長江大学
劉暁芳　青島大学
向　沁　湖南大学
崔倩芸　青島大学
張　偉　遼寧大学外国語学院
温殊慧　山西大学
陶穎南　通大学杏林学院
張蓓蓓　山西大学
姜光曦　哈爾浜工業大学
任家蓉　山西大学
王　芬　浙江工業大学之江学院
余姣姣　南京林業大学
金　鑫　浙江工業大学之江学院
李　希　南京林業大学
章佳敏　合肥学院
唐　雪　湖州師範学院
林先慧　合肥学院
李　慧　琳湖州師範学院
張雅琴　寧波工程学院
曽　光　遼寧対外経貿学院
馮茹茹　寧波工程学院
瞿　蘭　浙江師範大学
王　静　浙江農林大学
李　欣　航長春外国語学校
潘　呈　浙江農林大学
陸楊楊　上海交通大學
廖美英　集美大学
王　耀　華山東外貿技術学院
李甜甜　集美大学
黄篠芙　東北育才外国語学校
雷紅艶　湘潭大学
郭　欣　東北育才外国語学校
皮益南　湘潭大学
王茹輝　天津工業大学

第9回
中国人の日本語作文コンクール受賞者一覧

最優秀賞

李　敏　国際関係学院

一等賞

李渓源　中国医科大学
趙思蒙　首都師範大学
毛暁霞　南京大学金陵学院
李佳南　華僑大学
張佳茹　西安外国語大学

二等賞

李　彤　中国医科大学
沈　泱　国立中山大学
張　偉　長春理工大学
何金雍　長春理工大学
葛憶秋　上海海洋大学
王柯佳　大連東軟信息学院
王雲花　江西財経大学
李　靈　上海師範大学天華学院
王楷林　華南理工大学
鄭曄高　仲愷農業工程学院
朱樹文　華東師範大学
斉　氷　河北工業大学
厳芸楠　浙江農林大学
熊　芳　湘潭大学
杜洋洋　大連大学日本言語文化学院

三等賞

羅玉婷　深圳大学
崔黎萍　北京外国语大学日研中心
孫愛琳　大連外国語大学
顧思骐　長春理工大学
遊文娟　中南財経政法大学
張　玥　重慶師範大学
張　眉　青島大学
林奇卿　江西農業大学南昌商学院
田　園　浙江万里学院
馬名陽　長春工業大学
尹婕然　大連東軟信息学院
王　涵　大連東軟信息学院
蒋文娟　東北大学秦皇島分校
李思銘　江西財経大学
梁　勁　五邑大学
馬　倩　淮陰師範学院
陳林杰　江大学寧波理工学院
崔舒淵　東北育才外国語学校
劉素芹　嘉応大学
邵亜男　山東交通学院
周文弢　遼寧大学遼陽校
虞希希　吉林師範大学博達学院
彭　暢　華僑大学
尹思源　華南理工大学
郭　偉　遼寧大学
魏冬梅　安陽師範学院
楊　娟　浙江農林大学
牛　玲　吉林華橋外国語学院
馬源営　北京大学
高麗陽　吉林華橋外国語学院
宋　偉　蘇州国際外語学校
劉垂瀚　広東外語外貿大学
唐　雪　湖州師範学院
呼敏娜　西安外国語大学
李媛媛　河北師範大学匯華学院
梁　婷　山西大学
呂凱健　国際関係学院
黄金玉　大連大学日本言語文化学院
黎秋芳　青島農業大学
劉　丹　大連工業大学

佳作賞

達　菲　浙江工商大学
蔡麗娟　福建師範大学
褚　蓄　長春理工大学
陳全渠　長春理工大学
朱姝璇　湘潭大学
劉潁怡　華南理工大学
付莉莉　中南財経政法大学
王明虎　青島大学
邵　文　東北育才学校
馬麗娜　浙江万里学院
趙一倩　浙江万里学院
黄立志　長春工業大学
沈　一　長春工業大学
熊　茜　大連東軟信息学院
曹　静　大連東軟信息学院
薛　婷　大連東軟信息学院
鄭莉莉　東北大学秦皇島分校
侯暁同　江西財経大学
雷敏欣　五邑大学
葉伊寧　浙江大学寧波理工学院
陳　芳　楽山師範学院
趙倩文　吉林華橋外国語学院
田　園　東師範大学
梁　瑩　山東大学
張可欣　黒竜江大学
馬　駸　華僑大学
梁建城　華南理工大学
高振家　中国医科大学
張玉珠　南京農業大学
李暁傑　遼寧大学
陳聞怡　上海海洋大学
孫君君　安陽師範学院
張　悦　連外国語大学
楊雪芬　江農林大学
周琳琳　遼寧師範大学
郭会敏　山東大学(威海)翻訳学院日本語学部
王　碩　ハルビン工業大学
曽　麗　長沙明照日本語専修学院
喬薪羽　吉林師範大学
方雨琦　合肥学院
章　芸　湘潭大学
金紅艷　遼寧対外経貿学院
包倩艶　湖州師範学院
陳　婷　湖州師範学院
郭家斉　国際関係学院
張　娟　山西大学
王菊力慧　大連大学日本言語文化学院
龍俊汝　湖南農業大学外国語学院
李婷婷　青島農業大学
李　淼　大連工業大学

第8回
中国人の日本語作文コンクール受賞者一覧

最優秀賞

李欣晨　湖北大学

一等賞

兪妍驕　湖州師範学院
周夢雪　大連東軟情報学院
張鶴達　吉林華橋外国語学院
黄志翔　四川外語学院成都学院
王　威　浙江大学寧波理工学院

二等賞

銭　添　華東師範大学
張　燕　長沙明照日本語専修学院
馮金津　大連東軟情報学院
魏　娜　煙台大学外国語学院
張君君　大連大学
羅　浩　江西財経大学
葉楠梅　紹興文理学院
周小慶　華東師範大学
施娜娜　浙江農林大学
高雅婷　浙江外国語学院
韓　璐　大連工業大学
潘梅萍　江西財経大学
李雪松　上海海洋大学
李　傑　東北大学
于　添　西安交通大学

三等賞

劉　珉　華東師範大学
呉智慧　青島農業大学
李暁珍　黒竜江大学
孫明朗　長春理工大学
王傑傑　合肥学院
周　雲　上海師範大学天華学院
黄慧婷　長春工業大学
楊　香　山東交通学院
洪雅琳　西安交通大学
王洪宜　成都外国語学校
張　瀚　浙江万里学院
馬雯雯　中国海洋大学
周亜平　大連交通大学
張　蕊　吉林華橋外国語学院
王　璐　青島科技大学
鄭玉蘭　延辺大学
王晨蔚　浙江大学寧波理工学院
邱春恵　浙江万里学院
張　妍　華僑大学
楊天鷺　大連東軟情報学院
郝美満　山西大学
李書琪　大連交通大学
李艶蕊　山東大学威海分校
王翠萍　湖州師範学院
許正東　寧波工程学院
張　歓　吉林華橋外国語学院
楊彬彬　浙江大学城市学院
薛思思　山西大学
趙丹陽　中国海洋大学
楊　潔　西安交通大学
李文静　五邑大学
劉庁庁　長春工業大学
佟　佳　延辺大学
劉宏威　江西財経大学
牟　穎　大連大学
石　岩　黒竜江大学
郭思捷　浙江大学寧波理工学院
傅亜娟　湘潭大学
周亜亮　蕪湖職業技術学院
胡季静　華東師範大学

佳作賞

趙　月　首都師範大学
閻　涵　河南農業大学
楊世霞　桂林理工大学
蒋華群　井岡山大学
王暁華　山東外国語職業学院
呉望舒　北京語言大学
何楚紅　湖南農業大学東方科技学院
耿暁慧　山東省科技大学
郭映明　韶関大学
馬棟萍　聊城大学
曹　妍　北京師範大学珠海分校
張　晨　山東交通学院
范暁輝　山東工商学院
李　峥　北京外国語大学
藍祥茹　福建対外経済貿易職業技術学院
魏　衡　西安外国語大学
陳　婷　上海外国語大学賢達経済人文学院
唐　英　東北大学
逄　磊　吉林師範大学
朱　林　温州医学院
熊　芳　湘潭大学
王亜欣　湖北第二師範学院
王穏娜　南京郵電大学
梁慶雲　広州鉄路職業技術学院
孫　端　遼寧工業大学
柳康毅　西安交通大学城市学院
趙瀚雲　中国伝媒大学
林　玲　海南大学
李冰倩　浙江理工大学
劉夢嬌　北京科技大学
呂　揚　広州第六高等学校
郭　君　江西農業大学
黄嘉穎　華南師範大学
張麗珍　菏澤学院
胡　桑　湖南大学
呉佳琪　大連外国語学院
蘇永儀　広東培正学院
侯培渝　中山大学
陳絢妮　江西師範大学
袁麗娜　吉首大学張家界学院
劉　莎　中南大学
段小娟　湖南工業大学
許穎穎　福建師範大学
劉艶龍　国際関係学院
張曼琪　北京郵電大学
任　爽　重慶師範大学
李競一　中国人民大学
井惟麗　曲阜師範大学
張文宏　恵州学院
劉依蒙　東北育才学校
韓　娜　東北大学秦皇島分校
王　歓　東北大学秦皇島分校

第7回
中国人の日本語作文コンクール受賞者一覧

最優秀賞
胡万程　国際関係学院

一等賞
顧　威　中山大学
崔黎萍　河南師範大学
曹　珍　西安外国語大学
何洋洋　蘭州理工大学
劉　念　南京郵電大学

二等賞
程　丹　福建師範大学
沈婷婷　浙江外国語学院
李　爽　長春理工大学
李桃莉　暨南大学
李　胤　上海外国語大学
李　竑　上海海洋大学
李炆軒　南京郵電大学
王　亜　中国海洋大学
徐澜境　済南外国語学校
李　哲　西安外国語大学
陳宋婷　集美大学
楊　萍　浙江理工大学
陳怡倩　湘潭大学
趙　萌　大連大学
陳凱静　湘潭大学

三等賞
劉　偉　河南師範大学
王鍶嘉　山東大学威海分校
冉露雲　重慶師範大学
李　娜　南京郵電大学
黄斯麗　江西財経大学
章亜鳳　浙江農林大学
張雅妍　暨南大学
王　玥　北京外国語大学
趙雪妍　山東大学威海分校
李金星　北京林業大学
羅詩蕾　東北育才外国語学校
莫倩雯　北京外国語大学
趙安琪　北京科技大学
欧陽文俊　国際関係学院
孫培培　青島農業大学
郭　海　暨南大学
孫　慧　湘潭大学
張徐琦　湖州師範学院
黄瑜玲　湘潭大学
楊恒悦　上海海洋大学
王吉彤　西南交通大学
任　娜　北京郵電大学
鄒　敏　曲阜師範大学
徐芸妹　福建師範大学
全　程　南京外国語学校
鄭方鋭　長安大学
秦丹丹　吉林華橋外国語学院
張臻園　黒竜江大学
任　爽　重慶師範大学
宋　麗　黒竜江大学
宣佳春　浙江越秀外国語学院
唐　敏　南京郵電大学
李玉栄　山東工商学院
陳　開　浙江越秀外国語学院
皮錦燕　江西農業大学
呉秀蓉　湖州師範学院
殷林華　東北大学秦皇島分校
黄　婷　浙江万里学院
雷　平　吉林華橋外国語学院
李嘉豪　華僑大学

佳作賞
範夢婕　江西財経大学
馮春苗　西安外国語大学
路剣虹　東北大学秦皇島分校
関麗嫦　五邑大学
何　琼　天津工業大学
趙佳莉　浙江外国語学院
崔松林　中山大学
王　菁　太原市外国語学校
馬聞嘒　同済大学
馬暁晨　大連交通大学
蔡暁静　福建師範大学
金艶萍　吉林華橋外国語学院
付可慰　蘭州理工大学
阮浩杰　河南師範大学
黄明婧　四川外語学院成都学院
高錐穎　四川外語学院成都学院
童　何　四川外語学院成都学院
李雅彤　山東大学威海分校
聶南南　中国海洋大学
王　瀾　長春理工大学
王媛媛　長春理工大学
朴太虹　延辺大学
張イン　延辺大学
呂　謙　東北師範大学人文学院
車曉曉　浙江大学城市学院
梁　穎　河北工業大学
李逸婷　上海市甘泉外国語中学
朱奕欣　上海市甘泉外国語中学
靳小其　河南科技大学
阮宗俊　常州工学院
呉灿灿　南京郵電大学
張　婷　大連大学
趙世震　大連大学
周辰溦　上海外国語学校
周　舫　湘潭大学
華　瑶　湘潭大学
霍小林　山西大学
文　義　長沙明照日本語専修学院
王　星　杭州第二高等学校
李伊頔　武漢実験外国語学校
王　瑾　上海海洋大学
孙婧雯　浙江理工大学
童　薇　浙江理工大学
諸夢霞　湖州師範学院
林　棟　湖州師範学院
林爱萍　嘉興学院平湖校区
張媛媛　青島農業大学
顔依娜　浙江越秀外国語学院
王丹婷　浙江農林大学
陳婷婷　浙江大学寧波理工学院

第6回
中国人の日本語作文コンクール受賞者一覧

【学生の部】

最優秀賞

関　欣　西安交通大学

一等賞

劉美麟　長春理工大学
陳　昭　中国伝媒大学
李欣昱　北京外国語大学
碩　騰　東北育才学校

二等賞

熊夢夢　長春理工大学
徐小玲　北京第二外国語大学大学院
鐘自鳴　重慶師範大学
華　萍　南通大学
郭　莼　北京語言大学
王帥鋒　湖州師範学院
薄文超　黒竜江大学
彭　婧　湘潭大学
盧夢霏　華東師範大学
袁倩倩　延辺大学
周　朝　広東外語外貿大学
蒋暁萌　青島農業大学
周榕榕　浙江理工大学
王　黎　天津工業大学
陳　娟　湘潭大学

三等賞

樊昕怡　南通大学
呉文静　青島農業大学
潘琳娜　湖州師範学院
楊怡璇　西安外国語大学
王海豹　無錫科技職業学院
侯　姣　西安外国語大学
陸　婷　浙江理工大学
張郁晨　済南市外国語学校　高校部
張芙村　天津工業大学
呉亜楠　北京第二外国語大学大学院
沈　燕　山東交通学院
張　聡　延辺大学
許嬌蛟　山西大学
張　進　山東大学威海分校
方　蕾　大連大学
林心泰　北京第二外国語大学大学院
鐘　婷　浙江農林大学
王瑶函　揚州大学
甘芳芳　浙江農林大学
王　媚　安徽師範大学
杜紹春　大連交通大学
金銀玉　延辺大学
周新春　湖州師範学院
趙久傑　大連外国語学院
文　羲　長沙明照日本語専修学院
林萍萍　浙江万里学院
高　翔　青島農業大学
李億林　翔飛日本進学塾
馬暁晨　大連交通大学
呂星縁　大連外国語学院
任一璨　東北大学秦皇島分校

【社会人の部】

一等賞

安容実　上海大和衡器有限会社

二等賞

黄海萍　長沙明照日本語専修学院
宋春婷　浙江盛美有限会社

三等賞

胡新祥　河南省許昌学院外国語学院
蒙明超　長沙明照日本語専修学院
楊福梅　昆明バイオジェニック株式会社
洪　燕　Infosys Technologies(China)Co Ltd
唐　丹　長沙明照日本語専修学院
王冬莉　蘇州工業園区サービスアウトソーシング職業学院
桂　鈞　中化国際
唐　旭　常州職業技術学院

第5回
中国人の日本語作文コンクール受賞者一覧

【学生の部】

最優秀賞

郭文娟　青島大学

一等賞

張　妍　西安外国語大学
宋春婷　浙江林学院
段容鋒　吉首大学
繆婷婷　南京師範大学

二等賞

呉嘉禾　浙江万里学院
鄧　規　長沙明照日本語専修学院
劉　圓　青島農業大学
楊潔君　西安交通大学
戴唯燁　上海外国語大学
呉　玥　洛陽外国語学院
朴占玉　延辺大学
李国玲　西安交通大学
劉婷婷　天津工業大学
武若琳　南京師範大学
衣婧文　青島農業大学

三等賞

居雲瑩　南京師範大学
姚　遠　南京師範大学
程美玲　南京師範大学
孫　穎　山東大学
呉蓓玉　嘉興学院
邵明琪　山東大学威海分校
張紅梅　河北大学
陳　彪　華東師範大学
鮑　俏　東北電力大学
曹培培　中国海洋大学
龍斌鈺　北京語言大学
和娟娟　北京林業大学
涂堯木　上海外国語大学
王篠晗　湖州師範学院
魏夕然　長春理工大学
高　潔　嘉興学院
劉思邈　西安外国語大学
李世梅　湘潭大学
李麗梅　大連大学
謝夢影　暨南大学
馮艷妮　四川外国語学院
金麗花　大連民族学院
丁　浩　済南外国語学校
張　那　山東財政学院
姜　茁　中国海洋大学
韓若氷　山東大学威海分校
陳　雨　北京市工業大学
楊燕芳　厦門理工学院
閆　冬　ハルビン理工大学
朱　妍　西安交通大学
張姝嫻　中国伝媒大学
範　敏　聊城大学
沈釗立　上海師範大学天華学院
俞　婷　浙江大学寧波理工学院
胡晶坤　同済大学
温嘉盈　青島大学

【社会人の部】

一等賞

黄海萍　長沙明照日本語専修学院

二等賞

陳方正　西安NEC無線通信設備有限公司
徐程成　青島農業大学

三等賞

鄭家明　上海建江冷凍冷気工程公司
王　暉　アルバイト
翟　君　華鼎電子有限公司
張　科　常州朗鋭東洋伝動技術有限公司
単双玲　天津富士通天電子有限公司
李　明　私立華聯学院
胡旻穎　中国図書進出口上海公司

第4回
中国人の日本語作文コンクール受賞者一覧

【学生の部】

最優秀賞

徐　蓓　北京大学

一等賞

楊志偉　青島農業大学
馬曉曉　湘潭大学
欧陽展鳴　広東工業大学

二等賞

張若童　集美大学
葉麗麗　華中師範大学
張　傑　山東大学威海分校
宋春婷　浙江林学院
叢　晶　北京郵電大学
袁少玲　暨南大学
賀逢申　上海師範大学
賀俊斌　西安外国語大学
呉　珺　対外経済貿易大学
周麗萍　浙江林学院

三等賞

王建升　外交学院
許　慧　上海師範大学
龔　怡　湖北民族学院
範　静　威海職業技術学院
趙　婧　西南交通大学
顧静燕　上海師範大学天華学院
牛江偉　北京郵電大学
陳露穎　西南交通大学
馬向思　河北大学
鐘　倩　西安外国語大学
王　海　華中師範大学
許海濱　武漢大学
劉学菲　蘭州理工大学
顧小逸　三江学院
黄哲慧　浙江万里学院
蘆　会　西安外国語大学
陳雯文　湖州師範学院
金　美　延辺大学
陳美英　福建師範大学
金麗花　大連民族学院

【社会人の部】

最優秀賞

張桐赫　湘潭大学外国語学院

一等賞

葛　寧　花旗数据処理（上海）有限公司大連分公司
李　榛　青島日本人学校
胡　波　無錫相川鉄龍電子有限公司

二等賞

袁　珺　国際協力機構JICA成都事務所
張　羽　北京培黎職業学院
李　明　私立華聯学院
陳嫻婷　上海郡是新塑材有限公司

三等賞

楊鄒利　主婦
肖鳳超　無職

特別賞

周西榕　定年退職

第3回 中国人の日本語作文コンクール受賞者一覧

【学生の部】

最優秀賞

陳歆馨　暨南大学

一等賞

何美娜　河北大学
徐一竹　哈尔濱理工大学
劉良策　吉林大学

二等賞

廖孟婷　集美大学
任麗潔　大連理工大学
黄　敏　北師範大学
張　旭　遼寧師範大学
金美子　西安外国語大学
頼麗苹　哈尔濱理工大学
史明洲　山東大学
姜　燕　長春大学
謝娉彦　西安外国語大学
銭　程　哈尔濱理工大学

三等賞

黄　昱　北京師範大学
張　晶　上海交通大学
呉　瑩　華東師範大学
蔡葭俍　華東師範大学
曹　英　華東師範大学
楊小萍　南開大学
于璐璐　大連一中
徐　蕾　遼寧師範大学
陸　璐　遼寧師範大学
黄　聡　大連大学
劉　暢　吉林大学
張　惠　吉林大学
鄧瑞娟　吉林大学
劉瑞利　吉林大学
劉　闖　山東大学
胡嬌龍　威海職業技術学院
石　磊　山東大学威海分校
林　杰　山東大学威海分校
叶根源　山東大学威海分校
殷暁谷　哈尔濱理工大学
劉舒景　哈尔濱理工大学
劉雪潔　河北経貿大学
尹　鈺　河北経貿大学
張文娜　河北師範大学
付婷婷　西南交通大学
張小柯　河南師範大学
張　麗　河南師範大学
文威入　洛陽外国語学院
王　琳　西安外国語大学
趙　婷　西安外国語大学
許　多　西安外国語大学
田　甜　安徽大学
朱麗亞　寧波大学
劉子奇　廈門大学
朱嘉韵　廈門大学
胡　岸　南京農業大学
張卓蓮　三江学院
代小艶　西北大学

【社会人の部】

一等賞

章羽紅　中南民族大学外国語学部

二等賞

張　浩　中船重工集团公司第七一二研究所
張　妍　東軟集団有限公司

三等賞

陳暁翔　桐郷市科学技術協会
厳立君　中国海洋大学青島学院
李　明　瀋陽出版社
陳莉莉　富士膠片（中国）投資有限公司広州分公司
朱湘英　珠海天下浙商帳篷有限公司

第2回
中国人の日本語作文コンクール受賞者一覧

最優秀賞

付暁璇　吉林大学

一等賞

陳　楠　集美大学
雷　蕾　北京師範大学
石金花　洛陽外国語学院

二等賞

陳　茜　江西財経大学
周熠琳　上海交通大学
庄　恒　山東大学威海分校
劉　麗　遼寧師範大学
王　瑩　遼寧師範大学
王荧艶　蘭州理工大学
張　嵬　瀋陽師範大学
張光新　洛陽外国語学院
王虹娜　厦門大学
許　峰　対外経済貿易大学

三等賞

曹文佳　天津外国語学院
陳　晨　河南師範大学
陳燕青　福建師範大学
成　慧　洛陽外国語学院
崔英才　延辺大学
付　瑶　遼寧師範大学
何　倩　威海職業技術学院
侯　雋　吉林大学
黄丹蓉　厦門大学
黄燕華　中国海洋大学
季　静　遼寧大学
江　艶　寧波工程学院
姜紅蕾　山東大学威海分校
金春香　延辺大学
金明淑　大連民族学院
李建川　西南交通大学
李　艶　東北師範大学
李一菡　上海交通大学
林茹敏　哈尓濱理工大学
劉忱忱　吉林大学
劉　音　電子科技大学
劉玉君　東北師範大学
龍　雋　電子科技大学
陸暁鳴　遼寧師範大学
羅雪梅　延辺大学
銭潔霞　上海交通大学
任麗潔　大連理工大学
沈娟華　首都師範大学
沈　陽　遼寧師範大学
蘇　琦　遼寧師範大学
譚仁岸　広東外語外貿大学
王　博　威海職業技術学院
王月婷　遼寧師範大学
王　超　南京航空航天大学
韋　佳　首都師範大学
肖　威　洛陽外国語学院
謝程程　西安交通大学
徐　蕾　遼寧師範大学
厳孝翠　天津外国語学院
閻暁坤　内蒙古民族大学
楊　暁　威海職業技術学院
姚　希　洛陽外国語学院
于菲菲　山東大学威海分校
于　琦　中国海洋大学
于暁艶　遼寧師範大学
張　瑾　洛陽外国語学院
張　恵　吉林大学
張　艶　哈尓濱理工大学
張　釗　洛陽外国語学院
周彩華　西安交通大学

第1回 中国人の日本語作文コンクール受賞者一覧

特賞・大森和夫賞

石金花　洛陽外国語学院

一等賞

高　静　南京大学
王　強　吉林大学
崔英才　延辺大学

二等賞

楊　琳　洛陽外国語学院
王健蕾　北京語言大学
李暁霞　哈爾濱工業大学
楽　馨　北京師範大学
徐　美　天津外国語学院
唐英林　山東大学威海校翻訳学院
梁　佳　青島大学
陶　金　遼寧師範大学
徐怡珺　上海師範大学
龍麗莉　北京日本学研究センター

三等賞

孫勝広　吉林大学
丁兆鳳　哈爾濱工業大学
李　晶　天津外国語学院
厳春英　北京師範大学
丁夏萍　上海師範大学
盛　青　上海師範大学
白重健　哈爾濱工業大学
何藹怡　人民大学
洪　穎　北京第二外国語学院
任麗潔　大連理工大学
于　亮　遼寧師範大学
汪水蓮　河南科技大学
高　峰　遼寧師範大学
李志峰　北京第二外国語学院
陳新妍　遼寧師範大学
姜舯羽　東北師範大学
孫英英　山西財経大学
夏学微　中南大学
許偉偉　外交学院
姜麗偉　中国海洋大学
呉艶娟　蘇州大学
蘇徳容　大連理工大学
孟祥秋　哈爾濱理工大学
李松雪　東北師範大学
楊松梅　清華大学
金蓮実　黒竜江東方学院
陳錦彬　福建師範大学
李燕傑　哈爾濱理工大学
潘　寧　中山大学
楊可立　華南師範大学
陳文君　寧波大学
李芬慧　大連民族学院
尹聖愛　哈爾濱工業大学
付大鵬　北京語言大学
趙玲玲　大連理工大学
李　艶　東北師範大学
魯　強　大連理工大学
蘇江麗　北京郵電大学
姚軍鋒　三江学院
宋　文　大連理工大学
張翠翠　黒竜江東方学院
崔京玉　延辺大学
裴保力　寧師範大学
鄧　莫　遼寧師範大学
田洪涛　哈爾濱理工大学
劉　琳　寧波大学
王　暉　青島大学
李　勁　大連理工大学
劉　麗　遼寧師範大学
武　艶　東北師範大学

第1～4回、中国人の日本語作文コンクール受賞作文集

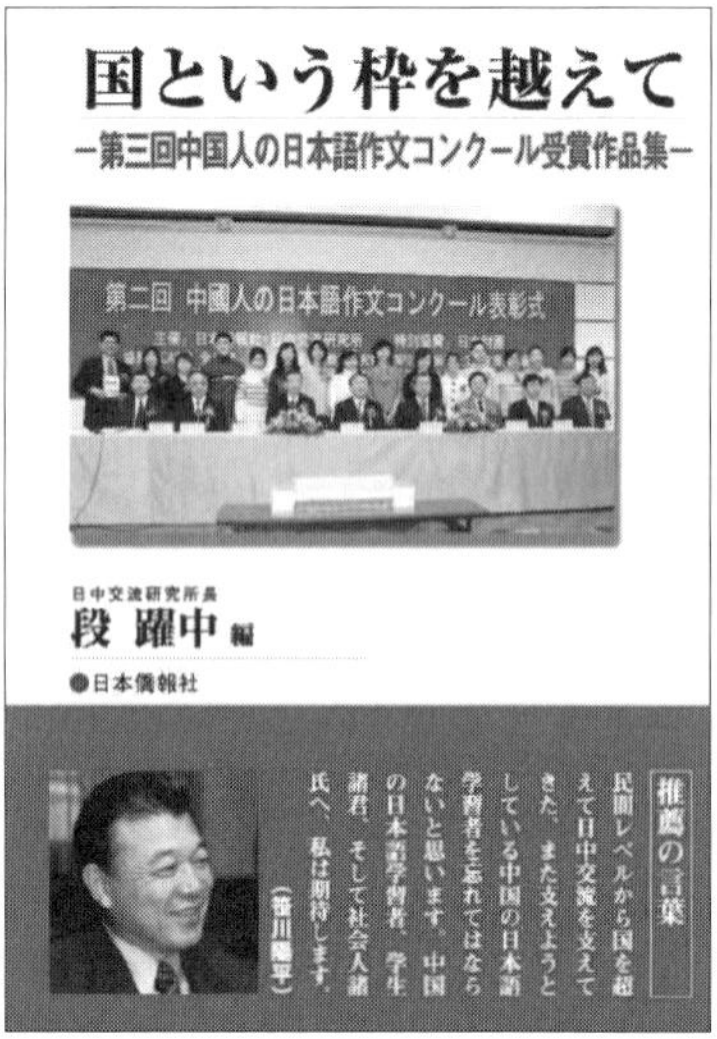

第５～８回、中国人の日本語作文コンクール受賞作文集

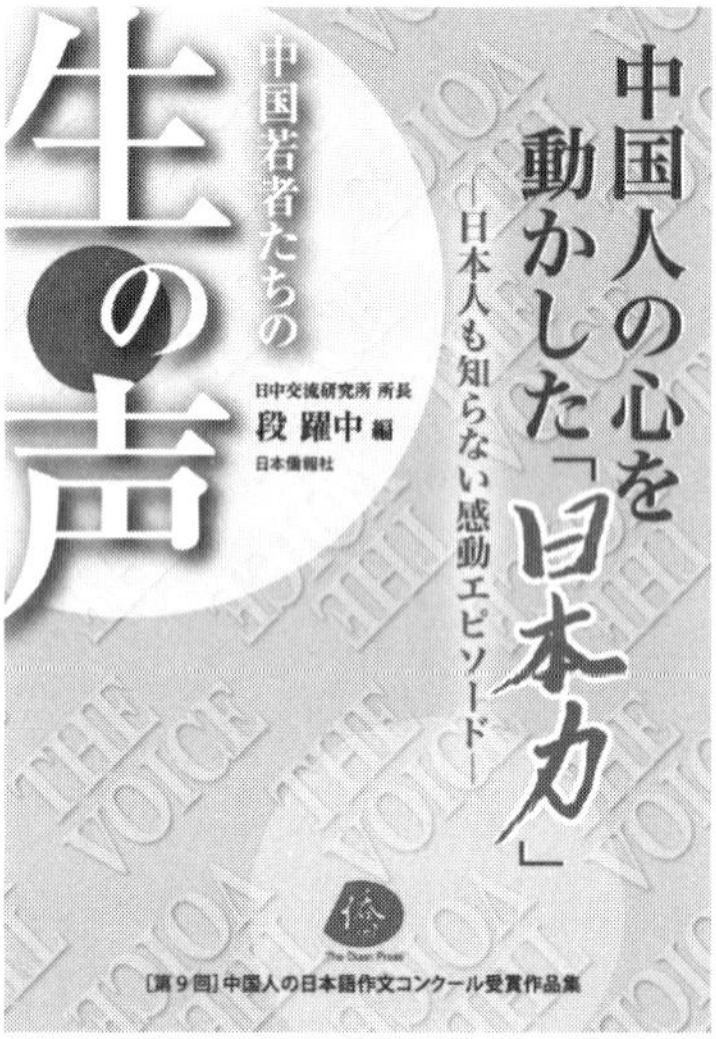

第９～12回、中国人の日本語作文コンクール受賞作文集

2006年(平成18年)5月30日 火曜日 43154号 (日刊)

朝日新聞
© 朝日新聞社 2006年
発行所 〒104-8011 東京都中央区築地5丁目3番2号
朝日新聞東京本社
電話 03-3545-0131

中国語作文コンクールを開いた日中交流研究所長

ひと

段《ドゥワン》 躍《ユエ》 中《ジョン》さん(48)

日本人が対象の中国語作文コンクールは珍しい。奔走したのは、日中の相互理解を深めることが、在日中国人の責務と決意したからだ。

「犯罪や反日デモの報道だけで、暗いイメージが祖国に定着するのは耐え難い」

243人が応募、優秀作36点に和訳を付け、「我們永遠是朋友」(私たちは永遠の友人)と題し出版した。中国の新聞社などに100冊を送った。

「日本語が読めない中国人にも、中国が好きな日本人の心情が伝わる意義は大きい」

きっかけは、中国人学生向けの日本語作文コンクールの表彰式に、04年に招かれたことだ。大森和夫・国際交流研究所長が私財を投じ、12年間続けてきた。中国人の日本語能力の向上と、対日理解の進展ぶりに感激した。

大森氏が事業の継続に限界を感じ断念したため、引き継ぐ一方、日本人も中国語で発信すれば「国民同士の本音の交流が広がる」と思い、日中交流研究所を設立した。

妻の日本留学を機に、中国青年報社を退職し、91年に北京から来日。在日中国人の活動を紹介する情報誌「日本僑報」を創刊、130冊の本を出版してきた。メールマガジンの読者は約1万人。

だが、不信感は日中双方の一部に根強い。自身のブログが批判されることもあり、運営費の工面にも四苦八苦だ。

来年は国交回復35周年。「受賞者同士が語る場を作り、顔も見える交流にしたい」

文・写真 伊藤 政彦

ひと

日中作文コンクールを主催する在日中国人

段《だん》 躍中《やくちゅう》さん

本音を伝え合い 理解を深める努力を

「両国民の相互理解を深めようと奔走する民間の努力が台なしになった。15日の参拝は、傷つけられた中国人の心の傷口をさらに広げただけ」

小泉純一郎首相の靖国神社参拝を巡って揺れ続ける日中関係を憂う。

靖国参拝が続いたこの5年、双方の民衆に不信感が広がるのを感じた。「在日中国人ができることは何か」と考え、昨年1月、日中交流研究所を設立。中国人の日本語作文と日本人の中国語作文コンクールを始めた。

「多くの人は相手の国について報道などの限られた情報しか知らない。民衆が相手の言葉で自分の気持ちを伝えていく。これこそ民間の友好を培う力になる」と説く。今年、中国人1616人が応募した。日本人側は現在募集中だ。将来は「両国の受賞者でフォーラムを開き、顔を合わせて語り合う場を作りたい」。

中国有力紙「中国青年報」の記者だったが、妻の留学に伴い、91年に来日した。目に映ったのは在日中国人の活躍ぶりがほとんど紹介されていない実態だった。自ら在日中国人の活動を記録し始め、96年から活動情報誌「日本僑報」を発行、出版も始めた。5年前からは日本語と中国語の対訳で書かれた新スタイルの書籍も出版。出版数は140冊に上り、ホームページへのアクセスは1日3000件を超す。

「日中関係が冷え込むこんな時こそ、民間の間に交流チャンネルを張り巡らせていかなければ。これは在日中国人の責務だ」。そう自らに課す。

――文と写真・鈴木玲子

中国湖南省出身。「現代中国人の日本留学」など著書多数。48歳。中国語作文の募集要項は、http://duan.jp/jc.htm。日中交流研究所は03・5956・2808。

15　オピニオン　統12版　2013年（平成25年）12月5日（木）

MAINICHI 毎日新聞

発言

草の根発信で日中をつなごう

段 躍中　日本僑報社編集長

中国在住の日本語学習者を対象とした日本語作文コンクールを主催して9年になる。

毎回、中国全土で日本語を勉強する留学未経験者たちから約3000もの力作が集まるが、昨年来の両国関係の悪化による影響で応募が減るのではないかと心配していた。

だが、蓋《ふた》を開けると例年と変わらぬ数の作品が寄せられ、胸をなでおろした。同時に長年、日中の草の根交流活動に従事している立場として、この状況でも日本語を熱心に勉強している中国人学生が数多くいるとわかり、うれしい気持ちにもなった。

今年のテーマは「中国人の心を動かした『日本力』」とした。それは、国と国との関係がどれほど冷え込もうとも「感動」は両国民の心をつないでくれると考えたからだ。応募作には作者自身や、家族、友人が体感した日本文化や触れ合った日本人から受けた感動的なエピソードが若者らしいみずみずしい文章で描かれており、彼らを感動させた「日本力」は審査員を務めた日本人にさえ日本の素晴らしさを再認識させた。

それら「日本力」は世界的に有名な日本のアニメなどのサブカルチャーと同様、全世界に訴えかけられるソフトパワーだ。このパワーこそ日中関係改善の切り札になり得る。

コンクールの応募者たちは、時に周りから日本語を学ぶことを批判されながらも勉強にいそしんでいるばかりでなく日本人や日本文化への理解も深め、その素晴らしさに感動し、作文という形で発信してくれた。彼らは今後も日本の良さに触れ、それを何らかの形で発信してくれるはずだ。世界中に数多く存在する「日本ファン」たちもフェイスブックやツイッターなどを使い、優れた「日本力」について発信し続けている。

日中という「引っ越しできない隣人同士」が〝ウィンウィン〟の関係を築くためには、お互いが尊重し合い、気持ちを通わせながら関係を築くことが必要ではないかと思う。その実現には、両国の政治家やメディアの努力ももちろん重要だが、一般市民の努力も必要だ。だからこそ日本の人々にも、先に述べたような新メディアを活用して自ら中国に対してアピールする「発信者」になってもらいたいと思うのだ。

「謙虚さ」は日本人が持つ素晴らしい特徴ではあるが、この場面では不要だ。「中国語や英語ができないから……」としり込みする人もいるかもしれないが、世界には日本の良き理解者でもある日本語学習者や「日本ファン」が大勢いる。あなたがインターネットを通して日本語で発信した言葉がそれらの人を介して中国をはじめとする全世界に広めてもらえる可能性が十分にある。

1991年に来日した筆者は東京を拠点に、出版活動や中国人を対象とした日本語作文コンクール、日本人及び在日中国人向けの「星期日漢語角」（日曜中国語コーナー）などの活動を行っているが、皆さんに「日中関係改善のための発信者の会」の設立を呼びかけたい。一人でも多くの「日本人発信者」が登場し、両国関係の改善に一役買ってくれることを願っている。

だん・やくちゅう　元中国青年報記者。編著書「中国人がいつも大声で喋るのはなんでなのか？」

朝日新聞

2013年（平成25年）

12月7日

私の視点

日本僑報社編集長

段《だん》　躍中《やくちゅう》

日中友好　冷めぬ中国の日本語学習熱

国交正常化後で最悪と言われる日中関係だが、中国の若者の日本への興味と関心まで冷え込んでいるわけではない。中国で日本語を学習している留学未経験の学生を対象にした「中国人の日本語作文コンクール」で、今年は応募数の減少が懸念されたが、最終的には2938本が寄せられ、例年と変わらない盛況だった。「日本語学習熱」は冷めてはいない。

コンクールは私が代表を務め、日中関係の書籍を出版している日本僑報社と日中交流研究所が2005年から開催してきた。これまでに中国の200を超える大学から、2万本もの作文が集まった。

9回目の今年はテーマを「感動」にした。両国関係が試練に見舞われても、「感動」が両国民の心をつなぐきっかけになると考えたからだ。日中関係が悪化すれば、中国国内で日本語を学習すること自体、「難しい立場」に立つことになる。それでも、彼らは日常生活の中で、自分や家族が日本人と触れ合い、感動した体験を熱い思いに描いていた。

いにしえの優雅さを短い言葉の中で語る和歌の世界や、出会って1週間しかたたない中国人に「国が原因で中国人を拒否するのは理不尽」と〝おもてなし〟の精神で誕生日を祝ってくれる研修仲間、旅行で訪れた日本で迷子になり、道を尋ねると、目的地まで連れて行ってくれた夫婦……。

そこには政治的な対立を乗り越え、積極的に交流を続け、友好を育もうとする、ごく普通の日中の市民が登場する。もちろん、文化や習慣の違いは大きい。「相互理解」と言っても、実生活で簡単に実現するものでもない。そこを認識した上で、その差を縮めていこうという強い意思、お互いを尊重し合うという前提に立てば、感動も共有できる。そういった体験が真摯につづられていた。

コンクールの入選作は、中国在住の学習者とは思えないほど日本語のレベルが高いものが多い。「入選作品集」は、中国では日本語学習教材にも利用されている。

日本人の審査員からは「日中関係の改善に、真剣に取り組もうとする両国の若者に感動した」「中国での日本人への評価が高いことに驚いた」などの声も上がった。

日本で日中友好活動に携わる立場から見ても、こうした若者は、両国の将来に頼もしい存在になるように思える。そんな彼らを、みなさんにも応援していただければありがたい。多くの人に、彼らの「生の声」とも言える入選作品集を、ぜひ手にとって読んでいただきたい。中国人の心を動かした「日本」は、きっとみなさんの心も感動させるはずだ。

2013年（平成25年）3月26日（火曜日）　東京新聞

東京新聞

中日新聞東京本社

日本語を学ぶ中国人学生

対立憂う　懸け橋の卵たち

五味　洋治

沖縄県・尖閣諸島を日本政府が国有化して半年が過ぎたが、島をめぐる日本と中国の対立は一向に改善されない。日本に関心を持ち、日本語を学んでいる中国の学生たちは就職や日本留学が難しくなり、将来への不安を抱いている。

二〇〇九年の調査によると、中国の日本語学習者数は約八十三万人。独学者を含めるとさらに増える。世界でも韓国（九十六万人）に次いで学習者が多い。国際交流基金などが行う日本語能力試験は中国全土で約十一万人が受験している。

同じ漢字文化圏だけに、短期間で中・上級段階に達する人が多い。最近、中国の外相に就任した王毅氏も、若いころ日本語を専門に学んだ。

日本語を学ぶ中国人は、日中両国の間をつないでくれる大切な人材だが、いま困難な状況に陥っている。

日本僑報社（東京・池袋）などが毎年主催する日本語作文コンクールで優秀な成績を収めた大学生たちが、安倍晋三首相への手紙という形で、自分たちの様子を日本語で同社に送ってきた。原文のままを引用してみる。

湖北大外国語学院の李欣喬さん(二二)は「進学と就職の問題について、さんざん迷っています」。日中関係悪化の影響で就職先が減り、日本への留学も家族や友人の強い反対に遭っているためだ。

李さんは、今年一月、作文コンクール最優秀賞の副賞で日本を訪問した。「過激な行動でお互いに傷つけているのが何の意味もないことを、しみじみ感じました。日本への先入観を取り除くために、微力ながら、自分なりの力を尽くしたいです」

外交官志望者が学ぶ国際関係学院（北京）四年生胡万程さん(二二)は、「外交の基本原則は自国の国益を守ること。しかし、自国の国益だけを追って、双方の国益を損なう結果になっていまいか。即刻解決が困難な問題は、双方、暫時、静観するという方法はとれないか」と提案した。

同じ国際関係学院四年生欧陽文俊さん(二三)は昨年五月、中国大学生訪日団の一員として日本を訪問し、大学生と将来の夢を話し合った。

「日本への留学を準備しています。自分の目で見た日本、体験した日本を丸ごとに友達や家族に教えたい。より多くの日本人と友達になりたいと思っているからです。中日関係を改善するには安倍首相が一番有力ではないでしょうか。中日両国が各レベルでちゃんと話しあえる未来に導いてほしい」と要望した。

尖閣諸島については公船を使って実力行使してくる中国側に問題がある。しかし中国にも、対立に戸惑い、和らげたいと思っている人たちが少なからずいる。手紙は今月、安倍首相に郵送された。ぜひ読んでほしい。（編集委員）

〒100・8055 読売新聞東京本社編集委員室 kaisetsu@yomiuri.com

論点

小さな市民交流 重ねて

日中関係改善への一歩

段《だん》 躍中《やくぢゅう》氏

「中国青年報」記者を経て1991年来日。新潟大院博士課程修了。96年に日本で出版社「日本僑報社」設立、編集長。55歳。

領土や歴史認識に関する主張が対立する日中関係の改善は、残念ながら、当面は望めない。そんな中で、市民の立場からも、少しでも関係が良い方へ向かうよう、自ら考えて行動すべきではないだろうか。

私も微力ながら相互理解に役立てばと、6年前から東京・西池袋公園で「漢語角」という中国語の交流会を行ったり、中国で日本語を勉強している学生が対象の日本語作文コンクールを主催したりしている。コンクールは今年で10回目を迎え、毎年約3000もの作品が寄せられる。応募数は、日中関係が悪化した2012年以降も減っていない。日本語の水準は様々だが、「中国のごく普通の若者が一生懸命日本語で書いたもの」という点で共通しており、非常に大きな意味を持つと思う。

彼らの多くは日本のアニメやドラマなどのサブカルチャーから日本に興味をもったようで、今年は作文コンクールのテーマの一つを「ACG（アニメ・コミック・ゲーム）と私」としたほどだ。日本語を学ぶには至らないが、そうしたものが大好きな中国人は多い。日本の企業が作った電化製品や自動車などを高く評価し、好んで購入する人たちも常に存在する。つまり、中国には相当数の「日本ファン」がいるのだ。

そこで、日本国民にお願いしたいのが、「日本ファン」のサポートだ。

例えば、最近は日本各地で中国人旅行者と遭遇する機会が多くなっていると思う。買い物のためだけに来日したという印象を持たれるかもしれないが、彼らにとって日本への旅費は決して安くなく、「日本を楽しもう」という思いは、欧米からの旅行者より強いかもしれない。サポートとは、中国人旅行者が困っているのを見かけた時、ほんの少しでも手を差しのべてもらえないかということだ。道に迷っているなら交番を教えるだけでもいい。店舗内なら、店員を呼んで来るだけで構わない。小さな親切は良い思い出として残り、帰国後に周囲に語られ、さらにその周囲にも広がる。一つの〝小さな国際交流〟で影響を与えられる人数は少なくても、その機会が多ければ多いほど、影響される人数も増えていく。

ほかにも、市民にできる行動はある。

先日、昨年の日本語作文コンクールの受賞作をまとめた書籍「中国人の心を動かした『日本力』」に関する読売新聞の記事を読んだ女性から、3冊注文が入った。後日頂戴したはがきには、1冊は自分用、1冊は日本人の友人、もう1冊は中国から来た友人にプレゼントしたと書いてあった。

私は感激するとともに、草の根交流を推進する者として、非常に刺激を受けた。

今はフェイスブックやツイッターなどもある。街で見知らぬ中国人に声をかけることができなくても、こうしたツールを活用して一般市民が両国の「良い部分」を伝え、広められる。それを読んだ中国人から、拙い日本語で書かれたメッセージを日本人が受け取る日が来れば、日中関係が改善に向かう、小さいが確実な一歩となるだろう。

THE YOMIURI SHIMBUN
讀賣新聞 2014年9月22日

popstyle Cool

受験、恋…関心は同じ

「中国の若者の間での日本のサブカルチャーの影響力を思い知りました」。中国で日本語を学んでいる学生が対象の日本語作文コンクールを主催しているが、10回目の今年、テーマの一つを「ACG（アニメ・コミック・ゲーム）と私」にしたら、過去最多の4133人の応募者のうち約８割が、それを選んだからだ。

中国の全国紙「中国青年報」記者を経て、1991年８月に来日し、日本生活は23年になる。95年に新潟大学大学院に入学し、中国人の日本留学についての研究に取り組んだ。96年に「日本僑報社」を設立、まず月刊誌刊行を始めた。「日中の相互理解のために役立つ良書を出版したい」との思いから、中国のベストセラーの邦訳などを出している。

I love JPN

日本僑報社編集長

段躍中 さん 56

DUAN Yuezhong

▲ 中国人の日本語作文集や中国小説の邦訳本を書棚から取り出す段躍中さん（東京都内の日本僑報社で）

2006年には、大学受験生たちを描いた中国のベストセラー小説『何たって高三！　僕らの中国受験戦争』の邦訳を出版。昨年９月には、不倫や老いらくの恋などの人間模様を描いた現代小説『新結婚時代』の邦訳書を出した。「中国社会は大きく変化を遂げており、日本人と中国人の関心事が重なるケースが多くなってきています」

中国人の作文コンクールの作品集も毎年出版しており、第９回のタイトルは『中国人の心を動かした「日本力」』だった。一方、日本の書籍の版権を取り次ぎ、中国で出版する仲立ちもつとめている。その成果の一つとして、日本の与野党政治家の思いをまとめて02年に出た『私が総理になったなら　若き日本のリーダーたち』が、04年に中国で翻訳・出版された。「今後も『日本力』を中国に伝える仕事をしていきたい」と力を込める。

朝日新聞
オピニオン　12版▲　2012年(平成24年)12月24日　月曜日

風　坂尻 信義　北京から

日本語を学ぶ　若者の草の根交流が氷を砕く

この冬2度目となる雪化粧が北京にほどこされた14日、中国各地で日本語を学ぶ学生が日本大使公邸と棟続きのホールに集まった。「中国人の日本語作文コンクール」の表彰式に出席するためだ。

日中関係の書籍を出版する日本僑報社（東京・池袋）の主催で、今年で8回目。同社編集長の段躍中さん(54)は1991年、日本に留学した妻を追って、共産主義青年団の機関紙・中国青年報を辞めて来日した。アルバイトのない日は巣鴨の4畳半アパートと豊島区立図書館を往復する生活で、50音から日本語を学んだ。B5サイズ18ページのタブロイド判情報誌から始め、これまでに出版した書籍は約240冊にのぼる。

今年のコンクールには、中国の大学、専門学校、高校、中学の計157校から2648編が寄せられた。応募資格は「日本留学の経験がない学生」。優秀賞数編の中から日本大使が選ぶ最優秀賞の受賞者には、副賞として1週間の日本行きが贈られる。

会場で、昨年の最優秀賞を受けた胡万程さん(21)が、かいがいしく準備を手伝っていた。北京の国際関係学院4年。東日本大震災後、インターネットの掲示板に「ざまみろ」と書き込んだ高校時代の同級生との対立と和解を描いた作文「王君の『頑張れ日本』」で受賞し、今年2月に日本を初めて訪れた。

日本に行ったら「すべてを見たい」と昨年の表彰式で話した胡さんは、卒業後の日本留学を目指している。

今年の最優秀賞に選ばれたのは、中国内陸部にある湖北大外国語学院日本語学科4年の李欣晨さん(21)。受賞作「幸せな現在」は、祖父の戦争体験を踏まえ、日中両国の人々が「過去の影」に縛られてはいけないと書いた。

やはり日本への留学志望の李さんは、国有企業に勤める父親から、最近の日中関係の悪化を受けて難色を示されていた。でも、今回の受賞で「私が自分の目で見た日本が『想像した通りに人々が優しく、景色がきれいだったら、留学を支持する』と父親は言ってくれました」と、うれしそうだった。「やさしい響きが好き」という日本語の教師になることが、将来の夢だ。

今年あった、もうひとつの「日本語・提言コンテスト」の表彰式も、印象深かった。

1等賞に選ばれた河南省の安陽師範学院3年、韓福艶さん(22)は「苦しい選択　日本語科」と題し、中国の農村部でこそ日中交流が必要と訴えた。子供のころ、テレビで見る戦争映画の日本兵は、鬼のような人物ばかりだった。

日本のアニメに魅せられて日本語を専攻したという韓さんは「私の選択が間違っていなかったことを両親に証明したい」と語った。

こちらの表彰式は、満州事変の発端となった柳条湖事件から81年の9月18日だった。中国では「国恥の日」と呼ばれるこの日、日本政府による尖閣諸島国有化に反発したデモが中国国内約100都市で燃え上がっていた最中で、会場探しに苦労したという。

こうした草の根交流が、運営資金の工面に苦しみながら、細々と続けられている。

大使不在の公邸の日本庭園は、雪のあとに降った雨が凍りつき、先週の雪でまた白く染まった。6年前、当時の安倍晋三首相が日中関係を修復するため決断した訪中が、中国で「破氷の訪問」と呼ばれていたことを、ふと思い出した。（中国総局長）

朝日新聞
2014年（平成26年）
1月27日

風　古谷 浩一　北京から

悪化する日中関係　それでも日本語を学ぶ若者

言うまでもなく、日中関係はとても悪い。こんなとき、中国で日本語を学ぶ若者たちはいったい何を感じているのだろうか、と思った。

「本当にいいのか。日本語なんて勉強しても将来性はないだろう」。日本僑報社が主催する「中国人の日本語作文コンクール」で1等賞をとった李佳南さん(21)は、受賞作文のなかで、父親にそう言われた経験を書いていた。それでも彼女は、福建省にある華僑大学日本語学科に入学した。「（両国民が）互いに尊敬し、助け合える日が来るだろう」と信じているという。

李さんに会ってみたいと思い、電話をした。「えっ」と驚いた様子の李さんだったが、すぐに承知してくれた。日本人と話す機会はほとんどないそうで、「私にとってもチャレンジです」という。

江西省の玉山県にある李さんの実家を訪ねた。省都の南昌から鈍行列車でゴトゴトと約4時間。郊外に山と農地が広がる地方の小さな街だ。

小ぎれいなアパートの部屋で、白と黒の縞のワンピースを着た李さんは、ちょっと緊張した表情で話してくれた。日本語学科に入ったのは、語学への関心からで、日本語にこだわったわけではなかったこと。両親は就職に有利な経済関係の学科を勧めたけど、合格点に達しなかったこと。

――今の中国で、日本語を学ぶって、どんな気持ち？

「別に……。でも2年生のときは最悪。勉強しても意味がないと思った」

李さんが言ったのは、一昨年の尖閣国有化の際の反日デモのことだ。「（日本語学科の）みんなは、ああ、この専門は良くないんだな、選択ミスだなって感じた」

――安倍首相の靖国参拝については？

「本当につらい。どうしてこうなっちゃうんだろう。経済や文化の面で関係を発展させるのは悪いことなのかな？私たちは私たちで勉強するしかないけど」

父親は出稼ぎに出ており、不在だった。近くの山で農業を営む祖父の迷木さん(82)を李さんと一緒に訪ねた。日中戦争の時、この辺りにも日本の軍隊が来て、食べ物などを奪っていった。殺された人もいたという。ちょっと迷ったが、聞いてみた。

――孫が日本語を学ぶのは嫌ですか。

「そんなことはないよ」。迷木さんは笑顔でそう言った。でも、それ以上は何を聞いても、あまり話してくれない。李さんは、私に申し訳なさそうな顔をした。

中国では今、約100万人が日本語を学んでいる。有名な日本語教師、笈川幸司氏によると、こうした学生たちにとって、31日からの春節（旧正月）は、親族のなかで居心地の悪いものになりそうだという。日中の交流がしぼめば、就職先もぐっと減る。

中国と言えば、きつい表情をした報道官が日本を厳しく批判する場面が頭に浮かぶかもしれない。日本人が中国政府の対応に怒りを感じることがあるのはよく分かる。

だけど、中国にも、私たちと同様、こんな状況は嫌だと思う人がいることも知って欲しい。対立を深める二つの政府の関係だけが、日中関係のすべてであってはならない。

取材を終え、駅に向かうタクシーのなかで、李さんに将来の希望を尋ねた。返ってきた答えは「日本に留学できれば、一番いい」。垂れた前髪の奥で、その目はずっと前を見つめていた。（中国総局長）

書評委員 お薦め「今年の3点」

朝日新聞

© 朝日新聞社 2006年
朝日新聞東京本社

高原 明生

①「反日」以前 中国対日工作者たちの回想（水谷尚子著、文藝春秋・1300円）
②中国残留日本人「棄民」の経過と、帰国後の苦難（大久保真紀著、高文研・2520円）
③壁を取り除きたい 第二回中国人の日本語作文コンクール受賞作品集（段躍中編、日本僑報社・1890円）

①は戦中戦後に捕虜の教育や邦人送還などに従事した対日工作者たちとの貴重な面談記録。日本と日本人に深い理解と愛情を有した彼らに、日本人も強い敬愛の念を抱いたことが戦後の日中友好運動の牽引力だったと説く。日中関係の基本に光を当てる労作だ。

旧満州には150万人以上の日本人がいた。その中で中国に残留せざるをえなかった婦人や孤児は塗炭の苦しみを味わった。②は、長年の取材をもとに、その困難が帰国後も続くことを伝える。この人たちをこれ以上まだ苦しめるのか、日本社会の本質が問われる。

偏見の無い、心が通い合う社会を、そして世界をつくりたい。③は中国人学生による日本語作文コンクールの入賞作品集。これを読むと、日中間の「壁」に戸惑いつつ、理想を追う青年たちの明るく素直な思いが心に沁みる。若者は、いや人は皆、どこでも同じだ。

産經新聞

2014年7月31日

アピール

日中友好支える日本語教師の努力

日本僑報社編集長
段躍中 56
（東京都豊島区）

国際交流基金の日本語教育に関する調査によれば、2012年度に世界で約400万人の人々が日本語を勉強しており、うち約104万人が中国の学習者だったという。

驚いたのは、ここ数年、日中関係はどん底とも言われる冷え込みの中にあるにもかかわらず、学習者数が2009年度より20万人以上も増加しており、日本語教育機関の数も同年度比で5・4％増の1800施設だったことである。

私は毎年、「中国人の日本語作文コンクール」を主催しているが、10回目を迎えた今年、応募件数は過去最多の4133件に上った。中国での日本語学習熱は、両国関係にあまり左右されないとは感じていたが、これらの数字を目にして、それが確信に変わると同時に、感動すら覚えた。

ただ、中国の日本語学習者や日本語教師を取り巻く状況はかなり厳しいと、容易に想像できる。事実、コンクールの応募作にも、日本語を学ぶことを家族や友人に反対された経験をつづったものが数多くあった。

しかし、彼らのほとんどは外野の圧力に屈することなく日本語学習を続け、日本や日本人への理解を深め、日本語だけでなく日本のことも好きになっている。つまり、中国には日本語学習を通じて日本に好印象を抱く可能性のある人が、100万人以上もいるわけだ。

私は彼らの存在こそ、今後の日中関係において非常に重要だと考えている。現在のように両国トップが対話できない状況下で、国と国とをつなぐのは市民同士の交流以外にないと思うからだ。

日本語学習者という〝日中市民交流大使〟の育成には、日本語教師、とりわけ日本の本当の姿を正確に伝えられる日本人教師の皆さんの力添えが必要である。コンクールには、そのような高い志をもつ日本語教師をたたえる賞を設けることにした。賞が少しでも彼ら日本語教師の励みになればと心から願っている。

讀賣新聞

2013年(平成25年)
2月24日日曜日

中国人がいつも大声で喋るのはなんでなのか?

段躍中編　日本僑報社　2000円

評・須藤　靖（宇宙物理学者　東京大教授）

相互理解に様々な視点

それそれ、そうだよネ。そんな声の合唱が聞こえてくるような秀逸かつ直球のタイトル。この宇宙がダークエネルギーに支配されているのはなぜか、大阪人にパキューンと撃つマネをすると必ず胸を押さえて倒れてくれるのはなぜか、などと同レベルの深く根源的な問いかけだ。

チマチマした印税稼ぎのために軽薄な説を押し付ける似《え》非《せ》社会学者による使い捨て新書の類いか?という疑念も湧きそうだ（残念ながら現代社会にその手の書籍が蔓延《まんえん》しているのも事実）。しかし本書はそれらとは一線を画す、日本語を学ぶ中国人学生を対象とした「第8回中国人の日本語作文コンクール受賞作品集」なのだ。

大声で主張するのは自信と誠実さを示す美徳だと評価され学校教育で繰り返し奨励されているという意外な事実。発音が複雑な中国語は大声で明瞭に喋ることは不可欠。はたまた、通信事情が悪い中国では大声で喋らないと電話が通じない、という珍説も飛び出す。公共の場所において大声で喋るのは、他人を思いやらない無神経さの表れ。日本人が抱きがちなそんな悪印象が、視点をずらすだけでずいぶん変化する。

大皿に盛られた料理を大勢で囲み、にぎやかに喋りながら楽しむ食事。知り合いを見つけるや、はるか遠くからでも大声で会話を始める農村部の人々の結びつき。想像してみると確かにうらやましい文化ではないか。いかにも文集という素朴な雰囲気の装丁の中、日中両国を愛する中国人学生61名が、文化の違いと相互理解・歩み寄りについて、様々な視点から真摯《しんし》に、かつ生の声で語りかけてくれるのが心地良い。

酔っぱらった時の声がうるさいと、家内にいつも大声で叱責される私。しかし故郷の高知県での酒席は到底太刀打ちできない喧《かまびす》しさ。でも単なる聞き役に回る私ですら飛び交う大声は不快どころか楽しさの象徴だ。高知県人は深いところで一衣帯水の中国と文化を共有しているらしい。中国移住を真剣に検討すべきだろうか。

◇だん・やくちゅう＝1958年、中国・湖南省生まれ。91年に来日し、新潟大大学院修了。日本僑報社編集長。

2016. 12. 26

日本経済新聞

春秋

流行語にもなった「爆買い」。一時の勢いは衰えたともいわれるが、その隆盛を同じ国の若者はどう感じているのだろう。中国で日本語を学ぶ学生たちの作文集「訪日中国人、『爆買い』以外にできること」が出版されたので読んでみた。彼らの日本旅行記が印象深い。

▼演歌好きの学生は初の訪問地に大阪を選ぶ。「浪花恋しぐれ」の舞台、法善寺横丁を見るためだ。店の人や客たちと大阪弁で盛り上がる。歌詞に登場する落語家について解説を受ける。帰国後、店での時間を思い出し感慨深い気持ちになった。「爆買いだけしかしないなら、忘れがたい思い出を作ることは難しい」と記す。

▼別の学生は長野県の農村に足を運ぶ。無農薬の野菜作りに驚き、ブドウやリンゴのみずみずしさに「中国のものと全く違う」と思う。環境汚染に悩む母国と、公害問題の解決に努力した日本。国内にいると急速な発展にうぬぼれがちだ。「同胞たちよ、観光地や買い物以外に、本当の日本を体験しよう」と呼びかけている。

▼「爆買い」が注目される裏に、マナーの悪さにまゆをひそめるニュアンスを読み取る学生もいる。前向きな好奇心、感受性、潔癖感が行間からあふれ、何ともまぶしい。年末年始、日本を離れ海外で過ごす人の出国ラッシュがもうすぐ始まる。日本の若者も異国の素顔を知り、母国を見つめ直す経験を積んでほしいと願う。

「大声で喋る」中国人と「沈黙のなか」で生きる日本人が理解し合う知恵を

佐高信の政経外科《せいけいげか》

Sataka Makoto

連載 683

Layout KazuhiroTada

日中交流研究所所長の段躍中が編んだ『中国人がいつも大声で喋るのはなんでなのか?』(日本僑報社)という『中国人の日本語作文コンクール受賞作品集』がある。「中国若者たちの生の声」を集めたもので、第八回のコンクールの作品集だ。日本への留学経験のない中国人の学生を対象に募集された。

テーマもユニークだが、中にいろいろな声が出てくる。

大連交通大学の李書琪は、パリのノートルダム寺院には、漢字で「静かに」と注意の紙が貼ってある、と書き始める。

山東大学威海分校の李艶蕊の説明が説得力があるが、彼女の実家を含めて中国では十三億の人口のうち、九億ほどが農民であり、彼らは畑や市場で、たとえば、

「君のトウモロコシは良いね」

「そんなことないよ、天候がよくないから」

といった遣り取りを大声でする。中国人は賑やかさこそがいいことだと思っているからでもある。

李は「最近は農村から都市に移り住む人が多くなったが、彼らは大声の習慣も持ってきた」と指摘する。

長春工業大学の黄慧婷は、中国人の彼と日本人の彼女が恋人になったけれども、うまくいかなくなった時のことを書く。

「もう我慢できない。あなたと一緒にいるのは恥ずかしいのよ。いつも大声で喋るなんて、信じられない」

怒りを爆発させた彼女に、彼は一瞬黙り、にっこりと笑って言った。

「皆にはっきりと僕の気持ちを伝えるためだよ。もちろん、君にもそうだよ」

日中友好の象徴パンダの「鈍感力」が両国に必要だ

こうした違いを踏まえて、浙江大学寧波理工学院の王威は「十四億人あまりの二つの国で、たった一%の政治家や経済評論家だけが新聞やテレビにいつも出て、お互いの国の話をするのはおかしくないだろうか。国の中では、政治家や経済学者より働いている一般民衆の方がずっと多い。一つの国の本当の姿は、その国の民衆を見なければならない。利益より、文化の共感と人間の温情を強調し、他国の道徳観に対しては、責めるというより理解するという姿勢こそ両国のマスコミが持つべき態度ではないか」と提言する。

華東師範大学の銭添の「パンダを見てみよう!」も傾聴に値する。

日本と中国の間の暗い過去を乗り越え、偏狭なナショナリズムから脱して、恒久的な平和を築くためにはパンダが教えてくれる「鈍感力」が必要だというのである。

「パンダは物事に対して決して鈍いわけではなく、ただ余裕を持って過ごしているだけだ。いちいち大騒ぎするのではなく、寛容な態度で物事に接することこそ、両国国民の親近感を高めるのに最も欠かせないものなのではないか」

これを読むと、日中友好のシンボルのパンダが、また違って見えてくるだろう。

女優の檀れいは、あるテレビ番組で「海外で心惹かれる国」を問われて、「昔の中国」と答えたらしい。

「昔の中国」は、現在とは逆に、「沈黙」が問題だった。

ドレイ根性を排した魯迅がこう嘆いたようにである。

「私は衰亡する民族の黙して声なき理由を知った。ああ、沈黙! 沈黙のなかで爆発しなければ、沈黙のなかで滅びるだけだ」

いまは、日本が「沈黙のなかで滅び」ようとしている。いずれにせよ、何で日本語なんか学ぶのかという白い眼の中で、それを学んだ若者たちの作文は貴重である。

朝日新聞 2014年（平成26年）12月18日 木曜日 13版 国際 10

対立超える魅力 言葉に

10回目の「中国人の日本語作文コンクール」応募最多

中国で日本語を勉強する若者たちは今、何を思っているのだろうか――。両国関係の悪化にもかかわらず、「中国人の日本語作文コンクール」＝■＝（日本僑報社主催、朝日新聞社など協賛）は今年で10回目を迎え、その応募数は過去最多に上った。受賞者の学生たちの率直な思いを聞いた。

日本語力 アイドルのおかげ

最優秀賞 大学3年・姚儷瑾さん（20）

姚儷瑾さん

最優秀賞・日本大使賞を受賞した姚儷瑾さん(20)は上海にある東華大学の3年生。日本語を勉強し始めたのは大学に入ってからだが、「小さいころから日本のアニメやドラマが好きで、自然に日本語を使っていた」という。

受賞作も、そうした日本のアニメへの思いを両国関係の現状に重ねて書いた。

今、夢中になっているのは人気アイドルグループ「嵐」で、「日本語能力が上がったのは嵐のおかげ」。それだけに副賞で来年、日本に行けるのがうれしい。「わくわく。渋谷とか秋葉原で、日本のファッションを見たいなあ」

木寺昌人大使（右から3人目）から表彰された最優秀賞・日本大使賞の姚儷瑾さん（左から3人目）と一等賞の入賞者＝12日、北京の日本大使館、林望撮影

小遣いで買ったマンガ 宝物

大学3年・陳謙さん（22）

陳謙さん

アニメなどの「サブカル」をきっかけに、日本に関心を持ち始めた学生が目立つ。

山東財経大学3年の陳謙さん(22)は幼い頃、勉強の邪魔になるからと「クレヨンしんちゃん」を取り上げた母親が、自分に隠れて読みふけっていた経験を書いた。小遣いをためて買う日本の漫画は、宝物のようだったという。

大学で第1志望の専攻が定員オーバーでやむなく進んだ日本語学科だったが、「（日本語を軽蔑する人が増えている）今こそチャンス。学べば学ぶほど、日本のことも知りたくなる」。

感情の悪化で つらい思いも

しかし、歴史問題などをめぐり、双方の国民感情は厳しい。日本語を勉強していることで、つらい思いをすることもあるようだ。

重慶師範大学4年の張玥さん(21)は、友人と一緒にテレビを見ていた時、「日本っていいな」と口にした途端、言い合いになった。日本を批判する友人に張さんが「私の知っている日本人はみないい人よ。一面だけ見るべきじゃない」と反論すると、「国の裏切り者」と言われた。

「私だって祖国を愛している。でも、信じるのは、自分で感じたことや見たこと。私の体験を通して、（日本嫌いの人たちの）考えを変えることができたら」と話した。

中国で日本語を学ぶ学生は100万人に上るとされる。日中関係の悪化は、就職などに直結した問題だ。

「政治は政治、自分は自分です」

西安交通大学4年の向頴さん(22)の夢は日本語教師になって、宮沢賢治の作品を中国の子どもたちに伝えていくことだ。「彼の文章は純粋。子どものような心が感じられる」。政治や経済に偏りがちな日本のイメージを、豊かにする力になりたいと意気込む。

南京農業大学の汪婷さん(21)は、故郷の江蘇省に多数進出している日本企業で通訳として働きたいと思っている。

「話すのは難しいです。日本人はみんな敬語を話すじゃないですか。日系企業で働くなら、今の私の敬語じゃダメ」。念願の日本留学を果たすため、奨学金プログラムにもチャレンジするつもりだ。

（北京＝古谷浩一、林望）

日本文化が好き 伝えられた

主催の段躍中さん

コンクールの主催者である日本僑報社編集長の段躍中さん(56)は、日中関係の悪化に関係なく、「中国の若者たちが日本のアニメやドラマといった文化をいかに好きか」ということが、今回のコンクールで如実に表れたと見ている。

段さんは中国湖南省出身。中国青年報の記者を経て、1991年に来日。新潟大学大学院の博士課程を修了後、96年に日本僑報社を設立し、日中の架け橋として、両国関係に関する多数の書籍を出版してきた。

コンクールを主催したのも、「日中の相互理解を進めたい」との思いからだ。両国関係はこの10年間、絶え間なく問題が生じた。日本語を学ぶ学生たちは批判を受けることもあったというが、それでも、「彼らは日本語学習を通じ、日本人や日本文化への理解を深め、そのすばらしさに感動している」という。

段さんは「作文を通じて、そんな中国の学生たちの『生の声』を伝えることができ、うれしく思っている」と話した。

中国人の日本語作文コンクール

中国で大規模な反日デモが起きた2005年、相互理解の促進を目的に「日中友好への提言」をテーマに始まったコンクール。毎年1回開かれ、今年の第10回のテーマは「ACG（アニメ・コミック・ゲーム）と私」と「公共マナーと中国人」の二つ。応募数は過去最多の4133編に上り、12日に北京の日本大使館で表彰式があった。主催の日本僑報社は、受賞作計61本を作文集「『御宅（オタク）』と呼ばれても」として出版。詳細は、同社のサイト(http://duan.jp/jp/index.htm)まで。

朝日新聞

2015年（平成27年）2月3日 火曜日 13版 2

朝日新聞

ひと

中国人の日本語作文コンクールで最優秀賞

姚《ヤオ》 儷瑾《リーチン》さん（20）

上海で生まれ育ち、地元の東華大学日本語学科に合格して祝福されたのは、2012年の春。その秋に日本政府が尖閣諸島を国有化し、中国で反日デモの嵐が吹き荒れたさなかに入学した。

「日本語の専攻を親に反対された級友もいる。でも、中国の若者には、日本のアニメやコミック、ゲームやアイドルが大好きな『オタク』もたくさんいる」

昨年の第10回中国人の日本語作文コンクール（日本僑報社主催、朝日新聞社協賛）は過去最多の4千を超す応募があった。今週、副賞で日本を初めて訪れている。

「日本はきれいで、やさしい」

14歳の時、アニメ「機動戦士ガンダムSEED」と出会う。「日本のアニメは社会問題を反映したものが多く、深い。ガンダムは戦場のリアルな描写が命の尊さを伝えていた。世界情勢を身近に意識するようになった」という。

アニメに絡めて日中関係について書いた受賞作では「殺されたから殺して、殺したから殺されて、それで本当に最後は平和になるのか」というアニメで知った言葉から書き出した。日中関係をチョコに例える。「ミルクの甘い思い出もビターの苦い思い出もある」。時にはけんかをしながらも理解を深めていく、恋人のような関係になってほしい。

記者志望。「私の言葉で、お互いの良さを伝えたい」からだ。

文・坂尻信義 写真・西田裕樹

朝日新聞　2015年（平成27年）12月18日　金曜日　13版　国際　●　12

歴史対立 葛藤を言葉に

中国人の日本語作文コンクール

約100万人が学んでいるとされる中国の日本語教育の現場。複雑さを増す日中関係のなか、学生たちと日本語教師は、どんな思いでいるのだろうか。今年で第11回を迎えた「中国人の日本語作文コンクール」のテーマの一つは「私の先生はすごい」だった。受賞者と指導教官に話を聞いた。

家族の日本観 変えた先生

嶺南師範学院3年　張戈裕さん（21）

張戈裕さん

「私の先生はすごい。彼一人の力で私の家の歴史を変えたのだ。日本を憎む歴史を」

広東省にある嶺南師範学院3年生の張戈裕さん（21）は、1等賞をとった作文でそう書いた。

受験で志望学部に受からず、仕方なく入った日本語学科。曽祖父を日中戦争で亡くした家庭では、「日本を好きだ」ということは、「道徳」や「家訓」に反することだったという。

その張さんが「戦争があったからすべての日本人が悪いという思考回路がおかしい」と思うようになったのは日本語教師の「矢野先生」と出会ってからだった。

「矢野先生」は日本批判を言われても何も言わず、黙々と日本について教えてくれる人だった。その熱心な指導について話を聞いた両親の態度も微妙に変わった。依然として日本をよく言うことはないが、周囲の人に「娘の専攻は英語」と偽っていた母親は「うちの娘は日本語を勉強しています」とはっきりと言うようになった。

張さんは今、「将来は日本語教師になりたい」と思っているという。

多くの学生が、こうした中国で日本語を学ぶことの気持ちの葛藤を作文に盛り込んだ。日中関係の悪化の影響も受け、日系企業への就職は以前より難しくなっている。日本語学科を第1志望とする学生も減ってきているとも言われる。

常州大学の陳静璐さん（21）は「周囲の友だちは日本を理解している方だからいいけど、年齢の高い親戚たちの日本のイメージは昔のままみたい」と話した。

一方、華南理工大学の日本語教師、金華さん（44）は「日本語がうまくなるには、日本人の考え方を理解することが必要だ」と訴える。学生たちにとって、日本人教師は目の前にいる日本人の考え方のお手本。その印象は日本に対する印象自体も変えるというのだ。

「一日中、学生と過ごす教師も」

笈川幸司さん（45）

中国300校で日本語教育

教え子が次々とスピーチ大会で入賞し、「カリスマ日本語教師」と呼ばれる笈川《おいかわ》幸司さん（45）に聞いた。

私はこれまで中国の300の学校の日本語教育の場を回ってきた。感じるのは、中国にいる日本人の日本語教師は、ただ教えるだけでなく、朝から晩まで学生と一緒に過ごすことが多いということ。

地方の多くの大学には、日本人留学生もいない。学生にとっては、先生イコール日本だ。日本人の先生がいなければ日本が分からないといった環境で、日本語を教えている。

歴史問題などで日中関係が緊張すれば、大変な立場に立たされるということもある。多くの教師が地道に仕事をしているが、その苦労は大きい。

教師ら「反日」ほぐす努力

最優秀賞を受賞した山東政法学院の張晨雨さん（20）の作文を指導した藤田炎二教師（57）は元新聞記者。昨年9月から同学院で日本語教師をしている。

ネットで作文コンクールの応募を知り、学生たちに呼びかけたが、クラス16人のうち応募は2人だけだった。日本語の能力はあるのになぜ書かないのか。

「学生たちは反日運動が激しかったときに日本語学科に入った世代。心の中に引っかかりが残っていても不思議ではない」という。「来年はいったい何人が応募してくれるか。これが私の（日本語教師としての）通信簿だ」と話した。

1等賞の受賞作を指導した常州大学の古田島和美教師（59）は学生に対して、「指導ではなく、対話をした」と語る。「どうしたら学生の思いが正確に伝わる作文になるのか、自分も学ばせてもらった」

一方、授業で政治に触れることはタブーだという。ある教師は「大学側から政治と言葉を学ぶことは分けて欲しいと言われている」と話した。

（北京＝古谷浩一、倉重奈苗）

表彰式後、記念撮影する受賞者ら。前列左から4人目が最優秀賞の張晨雨さん＝12日、北京の日本大使館、倉重奈苗撮影

中国人の日本語作文コンクール

応募は計4749本　11回で過去最多

2005年、相互理解促進を目的に始まったコンクールで日本僑報社が主催、朝日新聞がメディアパートナー。今年は過去最多の4749本の応募があった。

最優秀賞（日本大使賞）に選ばれたのは、大阪で働く叔母とのやりとりを書いた山東政法学院の張晨雨さんの「好きやねん、大阪」。12日に開かれた表彰式で、「将来は日本でファッションに関する仕事に就きたい」。

日本僑報社編集長の段躍中さんは「中国の若者の作品を多くの日本人に読んでもらいたい」。受賞作を集めた作文集「なんでそうなるの？中国の若者は日本のココが理解できない」が出版されている。詳細は同社のサイト（http://duan.jp/jp/index.htm）。

朝日新聞

東京新聞　2016年2月28日

「予想していた通り みな親切」

中国人の日本語作文コンクール　最優秀の張さんが訪日

日本語作文コンクールで最優秀賞に選ばれた張晨雨さん＝都内で

十一回目となる「中国人の日本語作文コンクール」で最優秀賞（日本大使賞）に選ばれた山東政法学院四年生の張晨雨さん（二二）が二月下旬に、副賞として日本を訪れた。日本語を学んで三年となる張さんは、日本を実際に見るのは初めて。「予想していた通り、町がきれいで、みな親切。来年ぜひ日本に留学したい」と語った。

このコンクールは、中国で日本語を学び、留学経験のない学生を対象としており、日本僑報社、日中交流研究所（東京都豊島区、段躍中所長）が主催している。

今年は過去最高の四千七百四十九の応募があり、張さんの「好きやねん、大阪」が最優秀賞に選ばれた。今回の入賞作は「なんでそうなるの？」という作品集として発刊された。

国際交流基金によれば、中国では、大学などの教育機関で約百五万人が日本語を学んでいる。日本語教師も約一万七千人（うち日本人約二千四百人）になっている。外国語では英語の人気が高いが、アニメ人気の影響で日本語の学習を希望する学生も多い。

張さんの作品は、中国では北京と上海の人が、「こっちが上」と自慢し合うが、東京と大阪でも同じようなことがあると書き出し、大阪弁のイントネーションや大阪の笑いなどに焦点を当てた。視点のユニークさが評価された。大阪には叔母が住んでおり、親近感があったという。

張さんは二十一日から二十八日まで訪日し、国会を訪れたり、中国の若者事情などについて講演した。

「子どものころから日本のアニメに興味があった」という張さんは、「日本の社会を学びたい。将来はファッションの仕事に就きたい」と語った。（五味洋治）

朝日新聞　2016年(平成28年)12月14日　水曜日　13版　国際　10

「爆買い」超える交流を
中国で日本語学ぶ若者に聞く

今年で12回目を迎えた「中国人の日本語作文コンクール」のテーマの一つは「訪日中国人、『爆買い』以外にできること」。急激に増える中国人観光客とその豪快な買い物ぶりを印象づけた「爆買い」だが、中国の若者はどのように受け止めているのだろうか。12日に北京で開かれた同コンクールの表彰式で、中国で日本語を学ぶ受賞者たちの率直な思いを聞いた。

デジタル版に受賞作文

横井裕・中国大使（中央）から表彰を受けた最優秀賞と1等賞の受賞者たち＝12日、北京の日本大使館、延与光貞撮影

中国人の日本語作文コンクール

日中間の相互理解促進を目的に2005年に始まった。日本僑報社が主催し、朝日新聞がメディアパートナー。12回目の今年は過去最多となる5190本の応募があった。今年のテーマは「中国人訪日観光客による『爆買い』」や「日本語教師の教え」など。日本僑報社の段躍中・編集長は「応募数も質も年々上がっている。日本語ができる人材は日中両国の宝物。これからも応援していきたい」と話す。同社は最優秀賞から3等賞までの受賞作計81本を作文集「訪日中国人『爆買い』以外にできること」として出版。詳細は同社サイト(http://duan.jp/jp/index.htm)で。

「日本の製品 良くて安い」

「もし私が日本に行くなら、100%間違いなく、爆買いするな。1回じゃ持って帰れないくらい」

山東政法学院の劉安さん(21)は、爆買いについて聞くと笑顔で言った。「日本製品の質は良くて安いから。それに、多くの中国人が自分の目で日本を見て感じることはいいことだと思う」

今年、日本を訪れた中国人は9月時点で500万人以上。年内には過去最多の700万人に迫る勢いだ。

中国人民大の金昭延さん(20)は「私自身は爆買いに興味はないけど、その気持ちは分かる。質と価格、あとはブームってことじゃないかな」と話した。

「高い購買力 中国の誇り」

「爆買い」にはマナーの悪さという意味合いが込められることもあるが、「中国の若者のマナーは大きく改善されている。一部の変な行為は年配者のものでは」と湖北省にある中南財経政法大の大学院出身の張君惠さん(26)。

多くの学生はむしろ、爆買いの行為が示す中国人の購買力の高まりを誇りに感じているようだ。

旅行好きで、安徽省の外国語職業学院に通う侯丸さん(27)は、「中国人がみんなお金持ちになったと思って、日本人は複雑な感情なのかもしれない。でも、同じ商品が中国では2倍とかの値段。日本でできるだけ多く買いたいという思いは分かるでしょ」。

一方で、ギクシャクした日中関係が続くなか、中国で日本語を学ぶことへの微妙な感情も浮かぶ。

南京の大学に通う女性(21)は「ネット上に爆買いは売国奴だと書かれているのを見て、そうだなと思った。民族感情があるから。日本旅行は『敵に塩を送る』ことにならないかな、と」。日中戦争を知る祖母からは日本語を学ぶことに反対されたという。

ただ「爆買い」は最近、沈静化してきているとされる。学生たちも、訪日経験者たちの関心は別のものに移ってきているようだ。

「次回の訪日 伝統に興味」

中南財経政法大の大学院出身の王童瑾さん(26)は今年1月の日本旅行の際、友人らから魔法瓶3本や化粧品などを買ってくるように頼まれた。自分の服やお菓子も買った。

でも、近く行く予定の2度目の訪日で興味があるのは「日本のふろしきや着物」。中国で伝統服は気軽に町中を歩く服ではないのに、京都で着物を着た人を見て新鮮に感じた。「おすしを食べるのも楽しみ」と日本語で語った。

「爆買いだけでは物足りない」というのは、中国人民大の郭可純さん(21)。今年2月まで約半年間、神戸に短期留学していた。両親が遊びに来たときは、もっと多くの日本を紹介したいと思った。

「日本人が中国人に対して爆買いのイメージしか持たないとしたら、悲しい。中国もお客さんへのおもてなしなら負けない。礼儀正しくないところもあるかもしれないけど、中国人の親切さも知ってほしい」

（北京＝西岡緒一、延与光貞）

大好きな日本語で 日中つなぐ職が夢

最優秀賞の白宇さん(22)

最優秀賞（日本大使賞）を受賞した蘭州理工大学の白宇さん(22)は中国内陸部・安徽省の農村出身。実家も農家だ。保守的な土地柄で、日本へのイメージは良くないという。

尖閣諸島をめぐって日中関係が悪化した2012年の9月に入学。会計などを勉強したかったが、希望していなかった日本語学科を学校にあてがわれた。「専門を変えることだけを考えていた」と白さん。両親は将来を悲観して泣いた。

作文では、そんな白さんが授業で出会った「江里佳先生」夫妻に支えられ、4年間勉強を続けるうちに日本語が大好きになったことをつづっている。

今秋、南京大学の大学院に進学し、日本語を学ぶ。教師や外交官、通訳など日本と中国をつなぐ仕事に就くのが夢だ。12日の表彰式では、「機会があれば、留学して日本を肌で感じたい」と話した。

昨年7月に訪日した際には、家族や友人らへのプレゼントの「爆買い」を楽しんだ。「買い物を通じて日本や日本人の良さを知るきっかけになる。次は日本人に中国の良さを知ってもらいたい」

2017年3月27日

朝日新聞

特派員メモ

白さんの思いを胸に

◆東京

第12回「中国人の日本語作文コンクール」で最優秀賞に選ばれた南京大学大学院の白宇さん(22)が先月、日本にやってきた。昼食をとりながら本音を聞く機会があった。

白さんは日本好きだったわけではない。ふるさと安徽省の農村は保守的で、日本によい印象はなく育った。ところが大学では希望していない日本語学科に配置された。

思いを変えたのは、2人の日本人教師。熱心な指導に心を打たれた。勉強に没頭し、日本の魅力を知った。春節には日本人を連れて里帰りし、村人と交流した。日本人を受け入れてみると、村の雰囲気も変わった。白さんの受賞をみな喜んでいるという。

語学にとどまらず、訪日の「爆買い」や漫画、文学をきっかけに、日本を体感したいと思う中国人は多い。それぞれの経験を通した日本観が若者を中心に広まっている。

白さんは「日本人に中国の魅力を伝えていきたい」と言う。日本を知る中国人だけでなく、中国を知る日本人も増えれば、お互いをより冷静に見られるはずだ。私はもうすぐ北京へ赴任する。相互理解に、微力ながらも貢献したいと思う。（福田直之）

【編者略歴】

段 躍中（だん やくちゅう）

日本僑報社代表、日中交流研究所所長。

1958年中国湖南省生まれ。有力紙「中国青年報」記者・編集者などを経て、1991年に来日。2000年新潟大学大学院で博士号を取得。

1996年日本僑報社を創立。以来、書籍出版をはじめ、日中交流に尽力している。

2005年から日中作文コンクールを主催。2007年8月に「星期日漢語角」（日曜中国語サロン）、2008年9月に出版翻訳のプロを養成する日中翻訳学院を創設。

1999年と2009年の２度にわたり中国国務院の招待を受け、建国50周年・60周年の国慶節慶祝行事に参列。

2008年小島康誉国際貢献賞、倉石賞を受賞。2009年日本外務大臣表彰受賞。

北京大学客員研究員、湖南大学客員教授、立教大学特任研究員などを兼任。

主な著書に『現代中国人の日本留学』『日本の中国語メディア研究』など多数。

詳細：http://my.duan.jp/

The Duan Press

第13回中国人の日本語作文コンクール受賞作品集

日本人に伝えたい 中国の新しい魅力

日中国交正常化45周年・中国の若者からのメッセージ

2017年12月12日　初版第１刷発行

編　者　段　躍中（だん　やくちゅう）

発行者　段　景子

発行所　株式会社日本僑報社

〒171-0021 東京都豊島区西池袋3-17-15

TEL03-5956-2808　FAX03-5956-2809

info@duan.jp

http://jp.duan.jp

中国研究書店 http://duan.jp

ISBN 978-4-86185-252-7　C0036

二階俊博という歩行者は、東西南北「政治」を求めて働く。

「全身政治家」二階俊博
その本質と人となりに
鋭く迫る最新版本格評伝

政治力とは、人を集める力であるとすれば、これほど人を集めうる二階俊博は、正真正銘の「政治家」といえるであろう。

―― 本書「あとがき」より

二階俊博 －全身政治家－
著 者　石川好
定 価　2200円＋税
ISBN　978-4-86185-251-0

「争えば共に傷つき、相補えば共に栄える」

中曽根康弘元首相 **推薦！**
唐家璇元国務委員 **推薦！**

かつての日本、都心の一等地に発生した日中問題を解決の好事例へと昇華させた本質に迫る一冊。

日中友好会館の歩み
隣国である日本と中国の問題解決の好事例
著 者　村上立躬
定 価　3800円＋税
ISBN　978-4-86185-198-8

日本僑報社好評既刊書籍

日中中日翻訳必携

武吉次朗 著

古川 裕（中国語教育学会会長・大阪大学教授）推薦のロングセラー。著者の四十年にわたる通訳・翻訳歴と講座主宰及び大学での教授の経験をまとめた労作。

四六判 177 頁 並製 定価 1800 円 + 税
2007 年刊 ISBN 978-4-86185-055-4

日中中日翻訳必携 実戦編
よりよい訳文のテクニック

武吉次朗 著

好評の日中翻訳学院「武吉塾」の授業内容が一冊に！
実戦的な翻訳のエッセンスを課題と訳例・講評で学ぶ。
『日中中日翻訳必携』姉妹編。

四六判 177 頁 並製 定価 1800 円 + 税
2007 年刊 ISBN 978-4-86185-160-5

日中中日翻訳必携 実戦編Ⅱ
脱・翻訳調を目指す訳文のコツ

武吉次朗 著

日中翻訳学院「武吉塾」の授業内容を凝縮した『実戦編』第二弾！
脱・翻訳調を目指す訳文のコツ、ワンランク上の訳文に仕上げるコツを全 36 回の課題と訳例・講評で学ぶ。

四六判 192 頁 並製 定価 1800 円 + 税
2016 年刊 ISBN 978-4-86185-211-4

日中中日翻訳必携 実戦編Ⅲ
美しい中国語の手紙の書き方・訳し方

千葉明 著

日中翻訳学院の武吉次朗先生が推薦する『実戦編』第三弾！
「尺牘」と呼ばれる中国語手紙の構造を分析して日本人向けに再構成し、テーマ別に役に立つフレーズを厳選。

A5 判 202 頁 並製 定価 1900 円 + 税
2017 年刊 ISBN 978-4-86185-249-7

対中外交の蹉跌
―上海と日本人外交官―

片山和之 著

彼らはなぜ軍部の横暴を防げなかったのか？現代の日中関係に投げかける教訓と視座。大きく変容する上海、そして中国と日本はいかなる関係を構築すべきか？対中外交の限界と挫折も語る。

四六判 336 頁 上製 定価 3600 円 + 税
2017 年刊 ISBN 978-4-86185-241-1

李徳全
―日中国交正常化の「黄金のクサビ」を打ち込んだ中国人女性―

石川好 監修
程麻／林振江 著
林光江／古市雅子 訳

戦後初の中国代表団を率いて訪日し、戦犯とされた 1000 人前後の日本人を無事帰国させた日中国交正常化 18 年も前の知られざる秘話。

四六判 260 頁 上製 定価 1800 円 + 税
2017 年刊 ISBN 978-4-86185-242-8

中国人ブロガー22人の「ありのまま」体験記
来た！見た！感じた!! ナゾの国 おどろきの国
でも気になる国日本

中国人気ブロガー招へいプロジェクトチーム 編著
周藤由紀子 訳

誤解も偏見も一見にしかず！SNS 大国・中国から来日したブロガーがネットユーザーに発信した「100％体験済み」の日本論。

A5 判 208 頁 並製 定価 2400 円 + 税
2017 年刊 ISBN 978-4-86185-189-6

新中国に貢献した日本人たち

中日関係史学会 編
武吉次朗 訳

続編も好評です

元副総理・故後藤田正晴氏推薦!!
埋もれていた史実が初めて発掘された。登場人物たちの高い志と壮絶な生き様は、今の時代に生きる私たちへの叱咤激励でもある。
－後藤田正晴氏推薦文より

A5 判 454 頁 並製 定価 2800 円 + 税
2003 年刊 ISBN 978-4-93149-057-4

日本僑報社好評既刊書籍

日中語学対照研究シリーズ
中日対照言語学概論
—その発想と表現—

高橋弥守彦 著

中日両言語は、語順や文型、単語など、いったいなぜこうも表現形式に違いがあるのか。
現代中国語文法学と中日対照文法学を専門とする高橋弥守彦教授が、最新の研究成果をまとめ、中日両言語の違いをわかりやすく解き明かす。

A5判256頁 並製　定価3600円＋税
2017年刊　ISBN 978-4-86185-240-4

日中文化DNA解読
心理文化の深層構造の視点から

尚会鵬 著
谷中信一 訳

昨今の皮相な日本論、中国論とは一線を画す名著。
中国人と日本人、双方の違いとは何なのか？文化の根本から理解する日中の違い。

四六判250頁 並製　定価2600円＋税
2016年刊　ISBN 978-4-86185-225-1

同じ漢字で意味が違う
日本語と中国語の落し穴
用例で身につく「日中同字異義語100」

久佐賀義光 著
王達 中国語監修

絶対に間違えてはいけない単語から話のネタまで、"同字異義語"を楽しく解説した人気コラムが書籍化！中国語学習者だけでなく一般の方にも。漢字への理解が深まり話題も豊富に。

四六判252頁 並製　定価1900円＋税
2015年刊　ISBN 978-4-86185-177-3

病院で困らないための日中英対訳
医学実用辞典

松本洋子 編著

海外留学・出張時に安心、医療従事者必携！指さし会話集＆医学用語辞典。本書は初版『病院で困らない中国語』（1997年）から根強い人気を誇るロングセラー。すべて日本語・英語・中国語（ピンインつき）対応。豊富な文例・用語を収録。

A5判312頁 並製　定価2500円＋税
2014年刊　ISBN 978-4-86185-153-7

日本の「仕事の鬼」と中国の〈酒鬼〉
漢字を介してみる日本と中国の文化

冨田昌宏 編著

鄧小平訪日で通訳を務めたベテラン外交官の新著。ビジネスで、旅行で、宴会で、中国人もあっと言わせる漢字文化の知識を集中講義！
日本図書館協会選定図書

四六判192頁 並製　定価1800円＋税
2014年刊　ISBN 978-4-86185-165-0

日本語と中国語の妖しい関係
中国語を変えた日本の英知

松浦喬二 著

「中国語の単語のほとんどが日本製であることを知っていますか？」
一般的な文化論でなく、漢字という観点に絞りつつ、日中関係の歴史から文化、そして現在の日中関係までを検証したユニークな一冊。中国という異文化を理解するための必読書。

四六判220頁 並製　定価1800円＋税
2013年刊　ISBN 978-4-86185-149-0

中国漢字を読み解く
〜簡体字・ピンインもらくらく〜

前田晃 著

簡体字の誕生について歴史的かつ理論的に解説。三千数百字という日中で使われる漢字を整理し、体系的な分かりやすいリストを付す。
初学者だけでなく、簡体字成立の歴史的背景を知りたい方にも最適。

A5判186頁 並製　定価1800円＋税
2013年刊　ISBN 978-4-86185-146-9

日中常用同形語用法
作文辞典

曹櫻 編著
佐藤晴彦 監修

同じ漢字で意味が異なる日本語と中国語。誤解されやすい語を集め、どう異なるのかを多くの例文を挙げながら説明。いかに的確に自然な日本語、中国語で表現するか。初級から上級まで幅広い学習者に有用な一冊。

A5判392頁 並製　定価3800円＋税
2009年刊　ISBN 978-4-86185-086-8